교회교육 현장으로 나가다

교회교육 현장으로 나가다

2016년 11월 21일 인쇄
2016년 11월 26일 발행

지 은 이 ┃ 김도일 조은하 장화선 김인옥 임애경 양승준 신형섭 김성중
펴 낸 이 ┃ 김영호
책임편집 ┃ 김도일
펴 낸 곳 ┃ 도서출판 동연
등   록 ┃ 제1-1383호(1992년 6월 12일)
주   소 ┃ 서울시 마포구 월드컵로 163-3
전   화 ┃ (02) 335-2630
팩   스 ┃ (02) 335-2640
이 메 일 ┃ yh4321@gmail.com
Copyright ⓒ ✝한국기독교교육학회, 2016

이 책은 저작권법에 따라 보호받는 저작물이므로, 무단 전재와 복제를 금합니다.
잘못된 책은 바꾸어 드립니다.
책값은 뒤표지에 있습니다.

ISBN 978-89-6447-336-8 93200

교회교육 현장으로 나가다

김도일 조은하 장화선 김인옥 임애경 양승준 신형섭 김성중 **함께 씀**

동연

추천의 글

기독교교육은 앎과 삶이 통전적으로 이루어지도록 하는 학문입니다. 그렇기에 학문의 시선이 현장을 향하여 있습니다. 최근 이구동성으로 교회와 교회교육의 위기를 이야기하고 있습니다. 각 교단별로 교인 수는 급감하고 있으며 교회의 신뢰도 하락, 다음 세대의 부재, 사회적 영향력 약화 등의 난제에 봉착해 있는 것이 오늘의 현실입니다.

이러한 때에 다시금 교회의 위기를 극복하기 위한 교회교육의 대안을 새롭게 모색한 글이 나왔습니다. 교회교육 현장에서 이루어지고 있는 다양한 교육 프로그램들을 소개함으로써 새로운 교육의 가능성을 제시하고 있습니다. 여러 교단, 다양한 대상의 교육 프로그램들을 소개함으로써 다양성 속에서 새로운 통찰을 제공합니다.

저자들은 모두 학교 현장에서 기독교교육을 연구하고 가르치며 변화하는 시대를 위한 학문적 교두보를 만들어 가는 학자이며, 동시에 교회교육 현장에서 사역하며 현장을 누구보다도 생생하게 잘 알고 실천가들입니다. 그렇기에 글들은 아카데믹한 기초를 든든히 지니고 있는 동시에 현장의 사역자들과 소통할 수 있는 저널리즘의 색채를 띠고 있습니다. 학교 현장의 대학원생부터 시작하여 현장의 평신도 교사에 이르기까지 함께 읽어가며 교회교육의 새로운 모형을 설계해 갈 수 있도록 한 무게감 있으면서도 친절한 책입니다.

책을 읽어가면서 다양한 교육 현장에 대한 관심을 가지고 옥고를 치러주신 박사님들의 수고가 한국교회교육을 새롭게 기경하는 기회가 될 것입니다.

    교회교육의 위기를 걱정하는 오늘날 교회교육현장에 대한 진지한 성찰이 담긴 이 책이 교회 현장에서 교회교육의 새로운 미래를 열어가며 미래 세대를 세우기 위하여 수고하고 헌신하는 모든 이들에게 작지만 강력한 새로운 격려와 가능성을 제시할 것이라는 확신으로 이 책을 추천합니다.

한국기독교교육학회 32대 회장

조은하

머 리 말

교회교육 현장으로 나가다! 기독교교육이 교회교육 현장에서 꽃을 피우는 모습을 목도하는 것은 참으로 즐겁고 행복한 일입니다. 본서『교회교육 현장으로 나가다』는 바로 그런 경험을 하게 해 주는 책입니다. 많은 이들이 한국교회에는 더 이상 희망을 찾아보기 어렵다고 말을 하지만 본서의 저자들은 그렇게 생각하지 않습니다. 여기 한국교회교육의 지도를 제시하고 대학교와 교회교육 현장의 최전선에 서서 열심히 가르치고 배우며 이론(테오리아)과 실제(프락시스)의 접촉점을 늘 모색하는 여덟 명의 학자가 실제 교회를 방문하고 교회 현장에서 사역한 경험을 중심으로 하여 쓴 글이 있습니다.

한국교회에는 희망이 있습니다. 아니 희망이 넘칩니다. 왜냐하면 대학교와 신학대학원에서 배운 기독교교육을 교회교육 현장에서 열심히 실험하면서 땀을 흘리는 창의적인 교역자들과 교사들이 많이 있기 때문입니다. 김도일 교수는 1장에서 "도시 교회의 미래 세대 살리기 프로젝트"를 한남제일교회를 중심으로 연구하였고, 조은하 교수는 2장에서 "가정-교회-마을이 소통하는 교회교육"이라는 주제를 한사랑교회를 중심으로 연구하였으며, 장화선 교수는 3장에서 "교사대학을 통하여 늘 배우는 주일학교 교사"라는 주제로 원주중부교회를 중심으로 연구하였고, 김인옥 교수는 4장에서 "어린이 문학작품(어린이 영문 그림책)을 활용한 인문학적 신앙교육"에 대해 신양교회를 중심으로 연구하였습니다. 또한 임애경 교수는 5장에서 "초고령화 시대를 대비한 노인교육"을 개봉교회의 상록대학을 중심으로 연구하였고, 양승준 교수는 6장에서 "성찬적 삶과 서번트 교육목회"에 대하여 선한목자교회·선한공동체를 중심으로 연구하였으며, 신형섭 교수는 7장에서 "믿음의 다음 세대를 함께 세워가는 교육목회"에 대하여 충신교회를 중심으로 연구하였고, 마지막으로 김성중 교수는 8장에서 "가정을 세우는 부부청년교육"을 하늘꿈연동교회를 중심으로 연구하였습니다.

여덟 명의 저자들은 현재 대학에서 가르치고 있는 기독교교육학 학자들이며, 교회 현장에서 강의와 설교를 하고 있는 현장 전문가들입니다. 모쪼록 본서를 통하여 교회교육 현장에서 열심히 사역하는 모든 교역자들과 교사들이 참신한 아이디어를 얻게 되기를 소망합니다. 무엇보다 미래 세대를 양육하며 땀과 눈물을 흘리며 애를 쓰고 있는 이들이 본서를 읽음으로 "선한 일을 행하다가 낙심하지 말라"고 당부하신 주님의 말씀과 같이 지쳐 쓰러지지 않고 힘을 얻기를 간절히 바랍니다. 어떤 시인의 노래처럼 "나는 꽃이에요. 잎은 나무에게 주고, 꽃은 벌에게 주고, 향기는 바람에게 주었어요"라고 나지막이 노래하며 묵묵히 미래 세대를 양육하는 일에 전념하게 되기를 바라며 머리말에 갈음합니다.

한국기독교교육학회 32대 출판기획위원장

김도일

차 례

추천의 글 • 005
머리말 • 007

1장 _ 도시 교회의 미래 세대 살리기 프로젝트 ― 한남제일교회를 중심으로

　　　　　　　　　　　　　　　　　　　　　　　　　　　김도일 | 013

　I. 들어가는 말
　II. 한남제일교회의 선교적 교회론에 의거한 사역 소개
　III. 도시 교회의 미래 세대 사역을 위한 핵심 아이디어 : 쏙!(SOC) 동기화하라, 열라, 연결
　　　하라
　IV. 나가는 말

2장 _ 가정-교회-마을이 소통하는 교회교육 ― 한사랑교회를 중심으로

　　　　　　　　　　　　　　　　　　　　　　　　　　　조은하 | 041

　I. 들어가는 말
　II. 사회와 교회가 직면한 위기
　III. 위기 극복을 위한 기독교교육적 성찰
　IV. 나가는 말

3장 _ 교사대학을 통하여 늘 배우는 주일학교 교사 ― 원주중부교회를 중심으로

　　　　　　　　　　　　　　　　　　　　　　　　　　　장화선 | 071

　I. 들어가는 말
　II. 원주중부교회
　III. 교회교육 프로그램
　IV. 교사교육 프로그램
　V. 교사교육의 결과
　VI. 나가는 말

4 장_ 어린이 문학작품을 활용한 인문학적 신앙교육 — 신양교회를 중심으로

김인옥 | 099

  Ⅰ. 들어가는 말: 소통의 언어의 연금술, 그리고 아름다운 그림
  Ⅱ. 문제제기와 사역의 동기
  Ⅲ. 실제 사역 진행 과정
  Ⅳ. 사역의 이론적 배경
  Ⅴ. 나가는 말

5 장_ 초고령화 시대를 대비한 노인교육 — 개봉교회의 '상록대학'을 중심으로

임애경 | 123

  Ⅰ. 들어가는 말
  Ⅱ. 노인교육의 이해
  Ⅲ. 개봉교회 상록대학 들여다보기
  Ⅳ. 기독교육적 제언
  Ⅴ. 나가는 말

6 장_ 성찬적 삶과 서번트 교육목회 — 선한목자교회·선한공동체를 중심으로

양승준 | 151

  Ⅰ. 들어가는 말
  Ⅱ. 선한목자 교회·선한공동체
  Ⅲ. 성찬적 삶(Eucharistic Life)을 위한 성찬예배
  Ⅳ. 성찬적 삶을 위한 설계도
  Ⅴ. 나가는 말

7 장 _ 믿음의 다음 세대를 함께 세워가는 교육목회 ─ 충신교회를 중심으로

신형섭 | 187

   I. 들어가는 말: 만일 이런 교회가 있다면
   II. 충신교회 목회사역의 DNA, "온 회중이 하나의 공유된 비전과 사명을 공유하라!"
   III. 강력한 부모교육, "교회의 영적 부모와 가정의 신앙교사가 한 팀이 되라!"
   IV. 다음 세대 리더십학교, "영성, 인성, 실력, 현장성을 갖춘 세계적인 인재를 키우라!"
   V. 교회학교 예배, "연령별 예배와 온 세대 예배의 아름다운 동행"
   VI. 나가는 말: "온 회중의 공유된 목회 DNA위에", "영성 위에 전문성을 더하여", "교회와 가정이 함께" 복음의 리더를 길러내다

8 장 _ 가정을 세우는 부부청년교육 ─ 하늘꿈연동교회를 중심으로

김성중 | 219

   I. 들어가는 말
   II. 부부청년부에 대한 발달이론적 기초
   III. 부부청년부 세우기
   IV. 부부청년부 모델 – 하늘꿈연동교회
   V. 나가는 말

저자 소개 • 253

도시 교회의 미래 세대 살리기 프로젝트
— 한남제일교회를 중심으로

김도일

(장로회신학대학교 교수)

I. 들어가는 말

21세기에 들어선 오늘 "한국교회의 위기와 희망"이라는 주제는 너무도 익숙하고 자주 들어온 터라 우리에게 적지 않은 부담과 지루함 마저 준다. 그러나 아직 한국에 위치한 우리 교회는 이 주제에 대하여 뼈아픈 성찰과 수술의 과정을 거친 것 같지 않다. 종교사회학자인 이원규는 이 주제를 다루면서 이렇게 표현하였다. "한국교회의 현실에 대한 진지한 반성이 없다면, 그래서 교회 갱신의 노력이 없다면 한국교회의 미래는 암울할 수밖에 없다"[1] 매우 지당한 말이다. 어느 민족보다 종교성은 강하나 개인적 부귀영화와 안녕에만 관심을 기울이고 사회적인 책임에

---

[1] 이원규, 『한국교회의 위기와 희망』 (서울: KMC, 2010), 8.

는 상대적으로 관심을 덜 갖고 있는 것으로 보인다. 기독교가 전래되었을 때 즉, 일제에 나라를 잃었을 때와 같이 민족 공통의 적이 존재할 때는 얼마 되지 않는 기독교인 전체가 하나로 뭉쳐서 나라의 정신세계를 이끌었다. 전체인구의 1-2%도 안 되는 기독교인들은 나누어진 민족정신을 하나로 묶어내는 데 일조하였으며 결국 일제도 어찌할 수 없는 만세운동을 불러일으켰다.2 이 시절에 이승훈과 같은 개신교회 장로가 손병희(천교도), 한용운(불교)과 같은 이들과 합세하여 나라를 위해 일어서고 못 백성들이 힘을 모았던 배경에는 기독교가 사회에 미치는 선한 영향력이 있었다. 이원규도 주장한 것처럼, 오늘날 기독교가 사회로부터 비난을 받고 외면당하는 이유는 사회적 공신력과 신뢰를 잃어버렸기 때문이며 "영성, 도덕성, 공동체성을 상실했기 때문"3이다. 물론 이는 어떤 특정한 사람들만 손가락질 할 수 없는 사안이다. 하나님 앞에 서 있는 모든 한국교회의 신자들이 함께 깊이 자신을 성찰하고 새롭게 자신의 삶을 다시 일구어야 할 것이다. 본 연구는 서울특별시 용산구 한남동에 소재한 한남제일교회의 '미래 세대 살리기 프로젝트'라는 이름으로 수행된 것으로 다음과 같은 질문과 주제를 다루었다. 첫째, 오늘의 기독교교육, 무엇이 핵심 문제인가? 둘째, 수평적 사고에서 수직적 사고로의 전환. 셋째, 한남제일교회의 선교적 교회론에 의거한 사역 소개. 넷째, 수직적 반편성의 이론적 배경과 이점. 다섯째, 미래 세대 사역을 위한 열쇠 개념과 실천. 여섯째, 미래 세대 사역을 위한 핵심 아이디어: 쏙!(SOC) 동기화하라, 열라, 연결하라.

---

2 김도일 외,『참 스승』(서울: 새물결플러스, 2014), 7.
3 이원규,『한국교회의 위기와 희망』, 353.

1. 오늘의 기독교교육, 무엇이 핵심 문제인가?

　기독교교육은 가정, 교회, 마을에서 일어난다. 이 말은 예수 그리스도의 복음이 가정과 교회와 마을에서 미래 세대에게 전달된다는 것을 가정할 때만 성립된다. 만일 오늘 우리가 믿는 복음이 우리의 자녀들에게 전수되지 않는다면 신앙공동체로 존속하는 교회는 오늘의 현세대와 이전세대들이 죽은 후에는 더 이상 존재하지 않을 것이다.[4] 그러기에 구약학자 월터 브루그만도 미래 세대가 신앙을 갖기 원한다면 미래 세대를 위해 기독교교육에 힘써야 한다고 주장한 것이다.[5] 그러나 오늘날 수도권에 있는 교회 중 거의 60%의 교회에는 이제 교회학교의 아동부서를 찾아보기 어려운 형편이 되었다. 이러한 현상은 필자가 속한 대한예수교장로회 통합 측(2015년)만의 현상은 아닐 것이다. 초혼연령이 남자는 32세, 여자는 29세를 이미 넘어섰고 평균 출산율이 1.2명밖에 안 되는 오늘 갑자기 어린이들이 늘어나기를 기대하기는 어려운 형편이 되었다. 요즘에는 영아부에서부터 고등부까지의 상향적인 반편성을 무리 없이 하기가 매우 어려운 교회가 많아지고 있다. 예컨대, 1,2,3학년 반에는 학생들이 있어도 4학년에는 한 명도 없는 경우가 있고, 5학년은 있어도 6학년이 없는 경우도 있다는 것이다. 교회에 미래 세대가 넘쳐나던 시절이 한국교회에도 있었지만 그건 모든 교회의 현상은 아니었으며 많은 경우 오래전 전설과 같은 이야기로 남게 될 것이다.[6] 요즘 교회교육

---

[4] 본 연구에서는 이전세대를 60세 이후 세대, 현세대를 21세-59세, 미래 세대를 0세-20세까지로 정의하여 논리를 전개하였다.

[5] 월터 브루그만/강성열, 김도일 역, 『창조적인 말씀을 통한 기독교교육』(서울: 한들, 2011), 13-16. 브루그만은 교육을 통하여 신앙공동체가 자기보존을 할 수 있다고 주장하였으며, 기독교교육을 통하여 새로운 환경에서 신앙공동체가 살아날 수 있게 된다고 하였다.

에서 어렵지 않게 찾아볼 수 있는 문제는 모든 학년에 어린이와 청소년이 없다는 것이다. 만일 여러분의 교회에 이러한 현상이 생기면 어떻게 할 것인가?

2. 수평적 사고에서 수직적 사고로의 전환
   : 이 빠진 톱니 같은 교회학교의 모습에 대한 대처 방안

실제 있었던 한 예를 들어보겠다. 서울 이태원에 있는 한남제일교회에 위에서 말한 현상이 실제로 벌어졌다. 학생들이 전혀 없는 학년이 생겼다. 오창우 담임목사는 고민에 빠졌다. 이전에 없던 일이 생긴 것이다. 교회 창립 이래로 교회학교의 모습이 이빨 빠진 톱니와 같은 모습을 띤 적이 없었기에 충격이 작지 않았다. 기독교교육학을 전공한 전문사역자로서 그는 이 상황에 현명하게 대처할 묘수를 찾기 위해 백방으로 노력하였으나 뚜렷한 결과를 내지 못하였다. 그러다가 하나님이 그에게 주신 묘수가 떠올랐다. 그것은 바로, 수평적 반 배정에서 수직적 학급 조성으로의 전환이었다. 기존의 반 배정이 학교식 방법을 딴 학년별 배정이었다면, 그가 고안한 학급 배정은 수직적 배정이었다. 이전에는 한 반에 나이와 학교 학년이 같은 아이들이 모여서 공부를 했다면 새로운 반에

---

6 오늘날(2016년 9월 현재)에도 교회학교에 학생이 넘쳐나는 경우도 더러 있다. 그중의 하나가 서울 신길동의 영동교회(최동환 담임목사, 배윤환 교육목사)이며 수원의 수원성교회(안광수 담임목사)이다. 특히 수원성교회에는 3,200명의 성인교인, 450명의 청년교인, 1,500명의 아동, 청소년교인이 출석 중이다. 요즘 한참 알려지기 시작한 군산드림교회(임만호 담임목사)도 2,000명 성인교인과 2,000명의 어린이, 청소년교인이 출석하고 있는 것으로 알려졌다. 물론 숫자가 많은 것이 모든 것을 말해주는 것은 아니지만 요즘처럼 출산율이 낮고 초혼연령이 높아진 세태에 결코 쉽게 일어날 수 있는 일은 아니다.

는 유치원생부터 고등학생까지 한 반에 모여서 같이 어우러지게 된다.

담임목사는 이러한 새로운 아이디어를 도입한 반을 편성하기 위하여 오랫동안 준비해온 청년들을 설득하기로 하였다. 그는 소박한 호텔 뷔페식당을 예약해 놓고 훈련된 청년들을 식당으로 초대하였다. 그리고 맛있는 음식으로 그들의 배와 마음을 달랬다. 그러고 나서 이렇게 부탁하였다. "그동안 오랜 세월을 훈련을 통하여 함께 주 안에서 교제하고 신앙교육을 받아온 너희들에게 한 가지 소원이 있다." 그때 청년들은 "목사님, 무슨 말씀인지 모르지만 저희가 할 수 있는 일이라면 함께하겠습니다"라고 답하였다. "이제 기존 교회학교 방식을 탈피하여 어린 아동들에서부터 고등학생에 이르는 동생들을 너희가 돌보아 주면서 함께 먹고, 마시고, 놀면서 함께 신앙생활을 하기 바란다"라고 하였다.

그리고 교회학교를 '목장'으로 재편성하였다. 잘 훈련된 청년은 목장의 캡틴이 되고 유치부부터 고등부까지의 학생들은 한 목장에 편성되어 하나의 목장을 이룬다. 그들은 이제 함께 놀고, 먹고, 성경공부를 하게 된 것이다.

II. 한남제일교회의 선교적 교회론에 의거한 사역 소개

한남제일교회는 마을에 있는 것 같으면서도 도시 한가운데에 존재하는 교회이다. 한쪽으로는 서울특별시 용산구 한남동 산동네를 바라보는 위치에 교회가 자리하고 있으나 다른 한쪽으로는 밤과 낮이 바뀌어 살아가는 이들이 많은 유흥가 이태원을 바라보며 교회가 우뚝 서 있다. 미군들과 외교관들이 많이 거주하는 지역에 매우 가까운 한남제일교회는 오래전에는 중국과 타국에서 들어오던 외교관의 배와 궁으로 들어오는 배들이 정박하던 한강변에 뚝섬과 가까운 곳에 있다. 일전에 한남제일교회가 위치한 한남동에서 6대가 살아온 한 장로님의 증언으로 그곳의 역사를 조금이나마 알 수 있었다. 문물이 들어오던 이곳에 기독교도 같이 들어왔고 그러기에 그곳은 순교를 마다하지 않고 예수 그리스도의 도를 전하던 선조들이 살던 동네였다. 20세기 초에는 이곳에서 독립운동이 활발하게 일어났었다고 박택순 장로는 증언하였다. 한남제일교회는 1964년에 창립되었다. 한남동/이태원 지역에 살고는 있으나 그 지역에서 하루바삐 벗어나고자 하는 바람을 가진 이들이 적지 않은 지역이 바로 도심 속의 양극화 현상이 심한 그곳이다. 그러므로 심리적으로 안정되지 않은 상태에서 살아가는 어른들의 영향을 받으며 하루하루를 지내는 미래 세대들이 비교적 많이 있다.7 그러기에 미래 세대들을 위한 교회의 사역은 매우 중요하다. 다음의 그림은 한남제일교회의 마을과 함께하는 청소년 사역을 도식화한 것이다(제공: 한남제일교회).

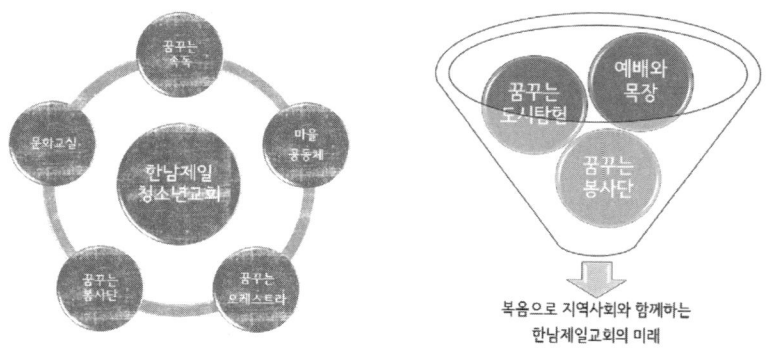

---

7 최준, "선교적 교회론의 지역교회 적용: 한남제일교회 사례를 중심으로", 장로회신학대학교 대학원 선교신학 석사학위 논문, 2014, 118-121.

복음으로 지역사회를 섬기는 예수 공동체

한남제일교회 21C 비전

이 지역에서 자신의 사역지를 한남제일교회 안으로만 제한하지 않고 교회가 위치한 한남동과 이태원, 그리고 용산구 등 지역사회로 자신의 사역지를 넓게 설정한 오창우 2대 담임목사의 역할이 매우 중요하다. 그는 1985년에 부임하여 현재까지 담임목사로 사역하고 있으며 지역주민을 전도의 대상으로만 생각하지 않고 지역사회 속으로 스며들어 가서 지역민들의 이웃과 친구로 존재하는 것을 자신의 존재 이유로, 교회의 사역 목표로 삼고 오늘까지 사역한다고 말하였다. 이 교회야말로 복음으로 지역사회를 섬기는 예수 공동체라는 생각을 하게 되었다.

한남제일교회는 교사와 학생들이 힘을 모아 네 가지 정도의 지역사회 봉사 사역을 하고 있다. 현재 교육부서에서 사역하고 있는 전수희 전도사에 의하면 매월 첫째 토요일에는 구립한남노인요양원에 가서 거동이 불편한 노인들을 위하여 교사와 학생들이 노인들의 수발을 들어주는 봉사를 하고 있다. 또한 매월 둘째 주일 오후에는 어린이와 청소년 교회학생들을 중심으로 한남동 마을 청소를 도맡아 하고 있다. 이뿐만이 아니다. 매월 셋째 토요일에는 산동네 독거노인들을 위하여 사랑의 도시락을 교회와 지역사회 어머니들과 함께 만들어 전달하는 봉사를 하고 있다. 마지막으로 한남제일교회가 수년 동안 진행해온 한남동드림오케스트라의 활동을 소개하고자 한다. '바이올린 교실'이라는 이름으로 시작한 조그만 음악 교실이 오늘날 동네 오케스트라를 이루게 된 것이다. 교회를 다니는 아이들과 교회를 다니지 않는 아이들이 어우러진 이 오케스트라는 어느덧 60명이 넘는 동네 오케스트라가 되어 행복한 한남동을 이루어가는 교회라는 멋진 별명을 얻게 했다고 최준은 말한다.[8] 이러한 사역을 교회 내의 어린이, 청소년, 성인들이 함께 하는 이유는 한남제일교회가 지역사회에서 선교적 교회로서의 존재적 사명을 다하고자 노력하는 교회이기 때문이다. 이러한 사역을 한남제일교회는 '꿈꾸는 봉사단'이라고 명명하였다.

선교적 교회는 선교하는 교회와는 차별이 된다. 선교하는 교회는 "Doing Mission"을 강조하지만 선교적 교회는 "Being Mission" 즉 선교적 존재로서 지역사회에서 지역민들과 함께 살아가는 것을 강조하는 신학이다. 선교가 교회가 수행하는 하나의 사역이 아니라 하나님의 백성인 교회 전체가 선교적 삶을 사는 것을 의미하는 것이다. 바로 이런 의미에서 한남제일교회는 선교적 교회의 신학을 실천하는 교회라고 할 수 있다.

---

8 최준, "선교적 교회론의 지역교회 적용: 한남제일교회 사례를 중심으로", 160.

1. 수직적 반편성의 이론적 배경과 이점

1) 신앙공동체론

이러한 수직적 반편성의 이론적 배경은 '신앙공동체' 이론이다. 일찍이 기독교교육학자 C. 엘리스 넬슨은 신앙은 가르쳐서 전수되는 것이 아니며 신앙공동체 안에서 다른 이들과의 상호교류를 통해 발전되고 사회화되는 것9이라고 하였다. 물론 좋은 교사를 통하여 신앙의 기본적인 지식에 대하여 배운다. 그러나 배운다고 그 배운 것을 바로 실천하는 것은 아니다. 신앙은 머리에 집어넣는 것이 아니고 인간의 정서(sentiments)에 자국을 남겨 영향을 주는 것이다. 이런 맥락에서 볼 때 사람은 수업을 통하여 배우기보다는 오히려 영향력 있는 사람(멘토)들과의 교류를 통하여 학습하는 존재이다. 이런 의미에서 신앙은 전통적인 학교식 수업보다는 예전(레이투르기아)과 교제(코이노니아)를 통해 은연중에 전수되는 것이다. 이것을 존 웨스터호프는 신앙-문화화 패러다임으로 불렀으며10 이는 일방적인 학교식 교육보다는 공동체를 이루어 함께 어우러져 사는 것이 훨씬 더 교육적이라는 말이다.

2) 함께하는 삶의 양식

위에 소개한 한남제일교회에서는 잘 훈련된 청년이 목장을 맡고 고3부터 유치원까지 같은 그룹에서 같이 지내며 삶을 나눈다. 이러한 시도

---

9 C. 엘리스 넬슨, 박원호 역, 『신앙교육의 터전』 (서울: 한국장로교출판사, 1996), 8.
10 J. 웨스터호프 III, 정웅섭 역, 『교회의 신앙교육』 (서울: 대한기독교교육협회, 1985), 181.

를 용감(?)하게 한 이 교회에서는 아주 흥미로운 일이 벌어졌다. 예를 들어, 초등학교를 졸업한 후배가 이 공동체에 들어오게 되면 선배들은 그를 챙겨주었으며, 아주 어린 후배가 들어오게 되면 바로 위의 선배가 그를 돌봐주는 일이 비일비재하다는 것이다. 요즘 들어 한 가정에서 한 자녀 이상 낳는 경우가 흔치 않다. 그러다 보니 대부분의 자녀들은 형제가 없이 자라나게 되어 다른 이들을 배려하고 협동하는 것에 매우 어색한 경우가 많다. 그러나 어린 동생부터 고등학교 3학년까지의 자녀들이 함께 모여 공부하고 서로를 챙겨주다 보면 자연스럽게 배려하는 법과 함께 생각하며 협동하는 법을 배우게 된다. 포스트모던 시대를 살아가는 우리의 자녀들이 가장 결핍된 삶의 양식이 바로 이웃과 함께 사는 것이다. 여기에서 소개하는 공동체 신앙교육론은 이 시대에 가장 필요한 협동과 공존의 비결을 습득하게 도와준다고 본다. 현재는 한 달에 한 번 이러한 형태의 주일학교가 시행되고 있으나 실험의 결과에 따라 매주 시도하게 될 수도 있다고 한다. 아래는 한남제일교회의 전경이다.

3) 수양회 진행의 구체적인 예

서울 시내 중심에 위치한 이 교회는 미래 세대들에게 지역사회 즉 마을에서 신앙생활을 하며 살아간다는 의미를 전달하려는 시도를 했다. 특히 서울에서 많은 세금을 내며 살아간다는 의미는 서울에 집중되어 있는 우리나라의 자랑스러운 문화를 충분히 음미하며 살아야 한다고 결론을 내린 것이다. 그리하여 한남제일교회의 교육부에서는 목장으로 이루어진 교육공동체에 속한 미래 세대들을 위하여 "꿈꾸는 도시탐험" 프로그램을 운영하여 큰 효과를 보았다. 큰 형을 선두로 하여 각 목장의 동생들은 서울의 고궁과 문화재를 돌아보며 함께 도시탐험을 하였다고 한다. 그러면서 서로를 돌보고 같이 손을 잡고 여행을 하며 배웠다. 그리고 서로를 알아가며 친해지는 계기를 만들었다고 한다. 또한 기존 수양회와는 달리 학생들에게 교회에서 책정한 간식비를 각자에게 나누어 주어 돈을 관리하게 하였다. 그런 결과 그들은 이전에 교회에서 간식을 준비하여 나누어줄 때보다 더 검소하게 간식비를 사용하였으며 경제생활을 배우는 계기가 되었다고 한다. 교회에서 나누어 주는 것을 아끼지 않고 사용하던 이전의 태도와는 확연히 달라진 모습을 목격하게 되었다고 한다. 교회에서는 담임목사를 통하여 성경공부를 철저히 함으로 목장을 운영할 수 있는 성경적 토대를 다지고, 교회 내 목장에서는 수직적인 반편성을 통하여 선후배 간의 유대관계를 다지게 되는 아주 좋은 공동체 훈련이 되고 있다는 것이다.

2. 미래 세대 사역을 위한 열쇠 개념과 실천

전술한 내용에서 우리는 이전의 교회학교 상황과는 판이하게 달라지는 새로운 교육환경에 대하여 어떻게 대처할 것인가를 논의하였다. 사실 한반도의 교회는 짧은 시간에 엄청난 수적 부흥을 하였다. 이 수적 부흥에 기여한 주요 연령대는 바로 주일학교에 소속된 학생들이었다. 우리는 아직도 이들을 학생으로 부른다. 또 딱히 다르게 부를 호칭이 없는 것이 사실이다. 그러나 우리의 미래 세대를 살려내기 위한 프로젝트를 가동하면서 기억해야 할 것은 학교식 교육 패러다임을 여전히 교회에 적용하려는 시도는 이제 재고해 보아야 한다는 점이다. 미래 세대는 포스트모던 문화 속에서 자라나는 세대이다. 이전 모더니즘과는 판이하게 다른 포스트모더니즘은 이성적인 판단보다는 감성적 동의가 더 앞서는 시대이며, 절대주의적 신관보다는 상대주의적인 신관이 더 익숙해져 가는 세태이다. 그리고 중심화에서 주변화로 변이해가는 모습을 띤다. 그러므로 이런 문화 속에서 자라나는 미래 세대의 속마음을 잘 읽고 그들의 필요를 잘 파악할 필요가 있다.

미래 시대를 살아갈 미래 세대로 하여금 물질과 육신 세계를 넘어선 영적인 세계에 눈을 뜨게 하고 자신의 개인 중심적인 삶에서 벗어나 공동체 중심의 삶으로 나가는 세계관의 근본적인 변화를 일으킬 수 있을까?

1) 나는 누구인가?

모든 인간은 하나님의 뜻 가운데서 만들어진 하나님의 피조물이다.

그 하나님의 피조물은 하나님이 만드신 인간인 어머니와 아버지를 통하여 세상에 나오게 된다. 그런데 짧은 인생을 살면서도 마치 자신이 인생의 주인인 양 자기 중심적으로 살아가는 것이 비일비재하다. '나는 누구인가?'라는 질문은 이러한 자기중심에 빠져있는 인생으로 하여금 자신의 진정한 모습을 보게 해 준다. 오래전 파스칼도 그의 책 『팡세』에서 말한 바 있고 도날드 블러쉬도 역설한 것처럼 모든 인간은 위대하면서도 비참하다.[11] 모든 인간은 자신이 비참한 존재라는 것을 알면서도 마음에 영원한 것을 추구하고자 하는 바람을 동시에 갖고 있다. 그러기에 인간은 비참하면서도 위대한 존재이다. 그 이유는 간단하다. 모든 사람은 하나님의 형상대로 지음을 받았기에 위대한 존재이다. 그러나 인간은 하나님의 명을 어기고 자기 호기심을 충족시키고 하나님 노릇을 하려고 시도하다 결국 불순종에 빠져 죄의 노예가 된 것이다. 그러기에 모든 인간은 본래 위대한 하나님의 형상을 지고 나왔지만 죄에 빠져 비참한 존재가 된 것이다. 그러므로 미래세대로 하여금 진정한 자신의 모습을 보게 하여 자신이 본래 하나님이 만들어주신 소중한 존재라는 것을 확인하게 해 주는 길은 '나는 누구인가?'라는 질문을 하게 하는 것이다. 예수 그리스도를 통하지 않고서는 죄의 문제를 해결할 능력이 결코 없는 인생의 불가항력적인 모습을 정직하게 보게 하는 첫 번째 열쇠는 '나는 누구인가?'라는 질문이다.

인간의 비참한 탐욕과 새로운 삶에 대한 갈구를 다룬 빅토르 위고르의 〈레미제라블〉이라는 소설은 이미 뮤지컬과 영화로 수도 없이 많이 다루어졌는데 그중의 백미는 아마도 장발장이 미리엘 주교의 배려에도

---

[11] B. 파스칼, 최현, 이정림 역, 『팡세』 (서울: 범우사, 1985), 155-156(단구 416-417).

불구하고 은그릇을 훔쳐 나오다가 발각되어 주교 앞에 잡혀오게 되었을 때 주교가 화를 내기는커녕 그 그릇은 그에게 선물로 준 것이라고 말하는 것을 듣고 장발장이 경악하며 자신의 비참한 모습을 돌아보는 장면일 것이다. 장발장은 개과천선하여 새로운 인생을 살기로 다짐하고 자기를 몰라보는 동네에 가서 새로운 삶을 추구한다. 그곳에서 그는 이름도 바꾸고 수염도 새로 길러서 아무도 이전의 범죄자 장발장인 줄 몰라본다. 그의 범죄자 번호는 24601이었지만 그는 자신의 존재를 숨기고 한동안 무고하게 지낸다. 그는 그곳에서 존경받는 사업가로 크게 성공하였다. 시장에도 추대되어 모든 명예와 영광을 누린다. 행복한 삶에 겨워하던 중 그는 해괴한 소문을 듣게 된다. 옆 동네에 장발장으로 보이는 이가 드디어 붙잡혔다는 것이다. 그의 모습이 흡사 장발장과 닮았다는 것이다. 그는 이제 법정에 서서 판결을 받게 된다는 것이다. 장발장은 심각한 고민에 빠진다. 그러면서 이런 질문을 던진다. 만일 내가 진짜 장발장이라고 말해서 잡혀가면 회사가 망하게 되어 내 밑에서 일하며 식구들을 먹여 살리는 수많은 직공들이 직업을 잃을 것이다. 그러나 나와 비슷하게 생겼다는 이유로 법정에 잡혀 온 가짜 장발장은 곤경에서 벗어날 것이다. 내가 만일 가짜 장발장이 나 대신 처벌받는 것을 모르는 척하면 그는 나대신 평생 교도소에서 감옥살이를 하게 될 것이다. 그는 어떻게 처신을 해야 하나 하며 고민한 것이다. 그러면서 자신의 인생을 깊이 돌아보게 하는 중요한 질문을 던진다. 그것이 바로 '나는 누구인가?'라는 질문이었다.

영어로 만들어진 영화 뮤지컬 〈레미제라블〉(주연: 휴 잭맨, Les Miserables, 2012)은 이 장면을 매우 드라마틱하게 연출해내었다. 장발장은 화면에서 과연 '나는 누구인가? 나는 비참한 내면의 문제를 해결하지 않은 채 가면을 쓰고 살아가는 나로서 충분한가 아니면 그 내면의 문제를 담담하게 드러내고 만인과 하나님 앞에서 안팎으로 새로움을 추구하는 존재로 다시 거듭나야 하는가'라는 심각한 질문을 던진다. "Who am I?" 이 질문을 밤새 던진 끝에 장발장은 가짜 장발장이 있는 법정으로 담대하게 들어가 재판장 앞에 선다. "여보세요. 재판장님. 저기 앉아 있는 이는 장발장이 아닙니다. 그는 그저 비슷하게 생긴 사람일 뿐입니다. 나를 보세요. 제가 장발장입니다. 죄수 번호 24601. 나를 잡아 가두세요"라고 외치며 자신이야말로 죄에 대한 대가를 치러야 하는 존재임을 선언한다. 파스칼과 같은 이가 누누이 말한 것처럼 인간은 자신이 비참한 존재라는 것을 모를 때 하나님을 찾지 않는다. 그는 자신이 죄를 이길 만한 어떤 힘도 없는, 아니 죄를 너무도 사랑하는 존재임을 깨닫고 자신의 비참함을 뼛속 깊이 깨달을 때 자신의 진정한 주인이신 하나님께 자신을 의탁하게 된다. 바로 이때 그는 하나님의 형상에 가장 근접한 존재로서의 자신을 회복할 가능성을 갖게 된다는 것이다. 자신이 비참하여 그리스도를 의지하여 하나님께 나갈 수밖에 없다는 것을 알게 될 때 그는 위대한 존재, 하나님의 아들로서의 자신을 찾을 존재가 된다는 것이다. 인간이 하나님을 알게 되는 첫 열쇠 질문은 '나(우리)는 비참한 존재(The miserable)입니다'라고 고백하게 하는 '나는 누구인가?'이다.

이 질문은 자신이 죄라는 실체에 대하여 무기력한 존재임을 고백하게 하는 질문이면서 동시에 겸손한 존재로 거듭나게 하는 근본적인 해결책을 얻게 한다. 어린이, 청소년, 성인 할 것 없이 모든 인간은 비참하며 동시에 위대하다. 이를 확실히 이해할 수 있도록 배움의 기회를 주고 실천할 수 있도록 격려하는 것이 매우 중요한 기독교교육의 내용이 된다. 만일 19-20세기 호레이스 부쉬넬(Horace Bushnell)이 살았던 시대에 벌어졌던 논쟁처럼 부모와 목회자들이 어린이를 죄 가운데 살도록 내버려 두다가 성인식을 치를 무렵(만 13세 정도)에 이르러 비로소 복음이 선포되는 설교를 듣고 나서 죄를 깨닫게 하여 그리스도께로 나오게 하면 충분하다는 식의 개념을 갖고 미래 세대를 대한다면 그것은 마치 부쉬넬이 인용한 예레미야애가 4장 3절의 타조와도 같은 부모와 같다고 할 것이다. "들개들도 젖을 주어 그들의 새끼를 먹이나 딸 내 백성은 잔인하여 마치 광야의 타조 같도다."12 그런데 나를 아는 지식과 하나님을 아는 지식은 떼려야 뗄 수 없는 지식이므로 미래 세대를 기독교교육적으로 양육하기 원하는 이들은 이 점에 주목해야 한다. 잘 알려진 것처럼, 존 칼빈은 『기독교강요』에서 하나님을 아는 지식과 자신을 아는 지식 사이에는 아주 밀접한 관련이 있다고 말하였다.13 이 말은 창조주 하나님을 올바르게 알게 하고 믿음에 이르게 하기 위해서는 자신에 대한 진정성 있는 질문을 던져야 하며 죄로 인하여 죽을 수밖에 없는 비참한 자신을 바르게 아는 지식을 가진 사람은 자신을 창조하신 전능하신 하나님을 향하여 열린 마음을 갖고 살게 되어 모든 인생이 돌아오기를 기다리시는 천부 하나님에 대한 지식에 근접하게 된다는 것이다. 물론 신앙은 전적으로 신앙의 주인이자 저자이신 하나님께 속한 것으로서, 한 인간이 신앙을 갖기 위해서는 하나님이 신앙/믿음을 선물로 주셔야

---

12 성경에 나오는 타조에 대한 이해는 현대 동물학의 연구에 의하면 과장된 표현일 수 있다고 본다. 왜냐하면 겉으로 보기에는 타조가 알만 낳고 알을 땅에 묻은 채로 양육의 책임을 잊은 것 같으나 실제로는 타조도 자신의 후세를 위하여 최선을 다하여 돌보고 양육한다는 것이다. 부쉬넬은 성경의 내용을 그대로 인용하여 자신의 논지를 강화하였다. 호레이스 부쉬넬, 김도일 역, 『기독교적 양육』(서울: 장로회신학대학교출판부, 2002), 제3부의 주제가 바로 "타조의 양육"이다.
13 존 칼빈, 원광연 역, 『기독교강요』(서울: 크리스천다이제스트, 2015), 1559년 최종판(개정판), 1장.

한다(엡 2:8). 그러나 인간의 마음 밭을 기경하고 준비하는 것은 사람의 몫이다. 그러므로 가정의 부모들과 교회학교의 교사, 그리고 교회의 사역자들은 이 점에 주목하여 미래 세대로 하여금 "나는 누구인가?"라는 질문을 정직하게 던짐으로써 하나님을 향한 마음밭 기경함에 최선을 다해야 할 것이다.

2) 무엇을 하며 평생을 살 것인가?

우리가 관심을 갖고 있는 미래 세대를 교육하는 데 관심을 가지려면 먼저는 자기 정체성에 관한 진정성 있는 질문을 던질 수 있도록 도와야 하며, 이러한 과정 이후에는 그들이 어디서 무엇을 하며 평생을 살 것인지를 찾도록 도와주어야 한다. 우리나라에 특별하게 존재하는 좋은교사 운동, 전교조운동, 수많은 대안학교들처럼 교육을 걱정하며 만들어진 기관과 단체들의 공헌은 인정하지만 이러한 현상이 일어나는 현실에 대해서는 매우 마음이 아프다. 분단된 작은 나라에서 태어나 강대국에 둘러싸여 있는 대한민국 미래 세대들이 가진 안팎으로부터의 압박, 숨 막히는 무한 경쟁, 상위 1%만 인정받는 문화 등은 우리의 미래 세대들에게 너무도 피곤한 상황을 제공한다. 한병철이 말한 피로사회[14]를 가장 심각하게 느끼는 이들은 이 땅의 샐러리맨들과 88만 원 세대, 그리고 앞이 보이지 않는데도 끊임없이 공부와 싸우는 우리의 미래 세대들이다. 더 심각한 것은 우리 사회는 미래 시대의 주역인 청소년과 청년들에

---

[14] 한병철, 김태환 역,『피로사회』(서울: 문학과 지성사, 2012). 이 책은 무한 긍정의 무게에 짓눌린 현대사회가 피로라고 명명하고 그 원인을 사회심리학적으로 파헤쳤다.

게 취업조차 보장하기가 어려운 시대가 되었으며 알파고 이후의 시대는 더더욱 장래의 직업에 대한 확신을 주기가 어려워졌다는 점이다. 주요 기업의 대졸자 채용 추이는 점점 더 우리의 미래 세대를 암울하게 만들고 있으며 이제는 대학 졸업장이 더 이상 위력을 발휘하기가 어렵게 된 형국이다. "너 지금 행복하니?"라고 물어볼 때 미래 세대들은 "그렇지 않아요"라고 답하게 된 세상이다. 행복은 어떤 직업이든지 자신이 가장 좋아하는 일을 하면서 경제생활도 넉넉하게 될 때 찾아온다. 그러나 우리사회는 아직도 소위 '좋은' 직업 즉, 돈과 명예가 따라오는 직업을 가질 수 있는 전공에만 치중하는 경향이 강하다. 우리 사회에서 수입이 높은 상위 20위 내의 직업군은 변호사, 항공기 조종사, 기업 고위임원, 출판/영화/방송/공연예술관리자, 변리사, 의사, 마케팅/광고관리자, 회계사, 치과의사, 세무사, 보험/금융관리자, 경영지도/진단전문가, 컴퓨터 관련 관리자, 전신/전화/우편과 통신관리자, 한의사, 영업 및 판매관리자, 감정사/감정평가사, 정보행정 관리자, 법무사, 전기/가스/수도 관련 관리자 순이다.[15]

아직 미래의 그림이 그려지지 않은 청소년, 청년 시절에 수입이 높은 직종에서 일하기 위하여 전공을 선택하는 것은 이상한 일이 아니다. 물론 수입이 모든 것을 말해주는 것은 아니며 그들을 지원하고 양육하는 현세대 부모들이 그들의 자녀가 가장 원하고 잘할 수 있는 재능을 파악하는 것이 중요하다고 말할 수 있는 사회적인 분위기를 만드는 것이 매우 중요하다. 이렇게 되기 위해서는 변호사나 의사의 수업이 배관공의 그것과 큰 차이가 나지 않는 사회를 만들어야 할 것이다. 실제로 독일이

---

15 김도환, 정태연, 『청년기의 자기탐색』(서울: 동인, 2002), 200.

나 호주에서는 우리에게는 꿈과 같은 이런 일이 현실 속에서 일어나고 있는 것을 직접 확인한 바 있다.

이제는 우리의 미래 세대들에게도 소위 경력 발달, 경력 설계, 경력 상담과 같은 도움을 주어 구체적으로 직업 선택을 할 때 개인의 행복과 사회에 대한 공헌 그리고 의미와 가치를 추구할 수 있도록 해야 할 것이다. 일반적으로 사람은 현실적 유형, 탐구적 유형, 예술적 유형, 사회적 유형, 기업가 유형, 관습적 유형 중 한 가지 유형에 속하기 쉽다.[16] 이 점을 잘 활용하여 자신에게 맞는 유형의 직업군에서 일하게 하는 것이 개인의 가치 추구와 행복 그리고 만족도와 깊은 연관이 있다. 그리고 중요한 사실은 모든 사람은 다 다르며 일정한 지능의 조합을 갖고 세상에 나온다는 사실이다. 일찍이 하버드대의 하워드 가드너(Howard Gardner)는 다중지능이론을 발견하여 세상에 존재하는 수많은 미래 세대들의 지능을 찾는 데에 일조하였다. 그는 언어지능, 논리수학지능, 음악지능, 신체운동지능, 대인관계지능, 자성지능, 공간지능, 자연친화지능, 그리고 영성/실존지능을 발견하였다.[17] 각 지능은 우리 뇌에서 일정한 부분을 사용한다는 생리의학적 증거가 있어야 하며, 각 지능을 활용하여 일정한 학문적 성과가 지속적으로 드러나야만 지능으로 인정을 받는다. 가드너의 다중지능이론은 미래 세대들의 개인적 장점을 발견하여 개발하는 데에 매우 중요한 기여를 하였으며 실제로 미래의 전공분야와 직업군을 찾는 데에 구체적인 도움을 준다고 본다. 다중지능이론의 백미는 인간이 다양한 상황 가운데서 어떻게 문제 상황을 잘 풀어나가는지를 다양한 시각에서 살펴본다는 것이다. 이는 인간의 행복추구와도 밀

---

16 김도환, 정태연, 『청년기의 자기탐색』, 215-217.
17 하워드 가드너, 문용린, 유경재 역, 『다중지능』 (서울: 웅진지식하우스, 2007).

접한 관련이 있으며 실제로 인생성장보고서를 작성한 조지 베일런트(George E. Vaillant)는 행복의 첫 번째 조건을 건강이나 물질이나 직업 종류에서 발견한 것이 아니라 "고통에 대응하는 성숙한 방어기제"에서 찾아내었으며 그다음이 교육, 안정된 결혼생활, 금연, 금주, 운동, 알맞은 체중 순에서 찾아내었다. 그리고 행복의 조건 중 운동의 힘이 중요했으며, 인간관계의 힘과 긍정적인 심리학의 힘의 상관관계를 밝혀낸 것도 중요한 공헌 중의 하나라고 본다.18 이런 점들을 종합적으로 정리한 베일런트에 의하면 인간의 삶이란 "과학으로 판단하기에는 너무나도 인간적이고, 숫자로 말하기에는 너무나도 아름답고, 진단을 내리기에는 너무나 애잔하고, 학술지에만 실리기에는 영구불멸의 존재"로 결론지을 수 있겠다.19 한마디로 인간은 아주 가능성이 없는 것 같다가도 무한 가능성을 지닌 신비로운 하나님의 피조물이라고 하겠으며 그러기에 인간은 아직도 진정한 행복을 추구할만한 충분한 가치를 지닌 존재라고 하겠다.

오늘날과 같은 디지털 시대에는 종이책보다는 손 안의 스마트폰을 더 많이 들여다보는 사람이 많아졌다. 이것은 비단 어린 세대들만의 특성은 아니다. 아이 어른 할 것 없이 거의 대부분의 사람들이 손바닥에 있는 스마트폰을 들여다보며 먹고, 대화하고, 걷는 형국을 보인다. 이제 산업계에서는 가상공간현실(Virtual Reality)에 대하여 구체적으로 말하는 시대가 되었다. 오늘 아침 조간신문에 페이스북의 저커버그(Mark Zuckerberg) 대표가 삼성전자의 고동진 사장과 가상현실 분야에서 공동연구와 투자를 하기로 하였다는 기사가 나온 것은 결코 예사로운 일

---

18 조지 베일런트, 이덕남 역, 『행복의 조건』 (서울: 프런티어, 2010), 16-20.
19 조지 베일런트, 이덕남 역, 『행복의 조건』, 25.

이 아니다. 30년 전에 누가 스마트폰의 일반화를 예견하였는가? 집안에 전화가 한 대밖에 없던 시절이 어제 같은데 이제는 초등학생들도 자기 전화를 주머니에 넣고 다니며 사는 시대가 된 것이다. 이토록 디지털 시대는 우리 곁에 가까지 있으며 우리와 미래 세대의 삶을 지배하고 있다. 이렇게 디지털 시대의 한복판에 있는 우리가 미래 세대를 신앙으로 양육하기 위하여 꼭 염두에 두어야 할 핵심 아이디어는 무엇일까?

III. 도시 교회의 미래 세대 사역을 위한 핵심 아이디어
   : 쏙!(SOC) 동기화하라, 열라, 연결하라

첫째, 미래 세대의 필요와 우리의 교육적 필요 파악 사이의 간격을 최소화해야 한다. 요즘 우리가 디지털 기기를 사용하여 주소록이나 정보를 스마트폰에 저장해 놓은 후 그 정보를 매일 사용하는 컴퓨터에 옮겨 놓기 위하여 꼭 하는 작업이 있다. 그것이 바로 동기화(Synchronization)이다. 유선이나 무선으로 스마트폰과 주 작업 컴퓨터의 정보를 동기화시켜 놓아야 정보 활용이 용이해진다. 클라우드와 같은 가상공간의 저장 장치를 사용하여 자신의 주요 정보를 거기에 저장해 놓게 되는 것이다. 언제 어디서나 자신의 정보를 꺼내 쓸 수 있도록 하기 위해서는 수시로 정보를 동기화시켜야 한다. 현세대인 우리가 미래 세대와 같이 해야 할 첫 번째 사역은 미래 세대의 필요를, 사역을 감당하고 있는 우리와 동기화시키는 것이다. 동기화를 통하여 사역자는 늘 미래 세대의 필요를 느끼고 알고 파악할 수 있게 된다. 이를 영어로 표현하면 이렇게 된다. "Synchronize future generations needs."

둘째, 미래 세대를 위하여 몸과 마음을 바쳐 일할 젊은 지도자들을 발굴하여 그들이 뛰어놀 플랫폼(flatform, 마당)을 만들어 주어야 한다. 디지털시대를 살아가는 미래 세대를 위한 사역자를 발굴하는 일은 무엇보다 중요하다. 디지털 세계에 익숙지 않은 기성세대들은 아무리 노력해도 미래 세대들의 사고방식이나 노는 방식을 따라가기가 어렵다. 더욱이 우리나라는 스마트폰 보급률이 이미 83%로 전 세계에서 UAE, 싱가포르, 사우디에 이어 4위를 달리고 있고(kt 경제경영연구소 2015년 상반기 모바일 트렌드 보고서, 2015.07), 100인당 광통신망을 통한 인터넷 서비스 가입자는 12.2명으로 OECD 국가 중 1위다(OECE 초고속 인터넷 통계현황. 2016.01). 우리가 상대해야 하는 미래 세대 중 20대는 그야말로 모바일 세대이며 일일 평균 3시간 44분을 모바일 폰을 이용하는 세대이다. 이들을 이해하고 이들과 같이 모바일 폰을 사용하는 트렌드 리더들이 아니면 미래 세대를 위한 사역을 효과적으로 감당하기 어렵다. 그러므로 이 미래 세대를 이해하는 리더들이 함께 뛰어놀 수 있는 플랫폼을 만들어서 제공해야 한다. 그리고 그들을 현실 세계에서도 묶어주어 같이 아이디어를 나눌 수 있도록 도와주어야 한다. 이를 영어로 표현하면 이렇게 된다. "Open platform for leaders for the future generations."

셋째, 미래 세대들이 같이 연결될 수 있도록 교회는 역할을 다해야 한다. 더욱이 교사와 목회자는 미래 세대들이 교사를 중심으로 모일 수 있는 사이버 그룹을 만들어 주고 현실세계에서도 정기적으로 만나 교제하여야 한다. 몇 년 전부터 페이스북(Facebook)을 통하여 수업시간에 함께하는 학생들과 만남을 이어가고 있다. 학생들은 비공개그룹인 페이스북을 통하여 자신의 삶을 나누고 이른바 거꾸로 수업을 실천하며 공부에 매진하고 있다. 오늘 장신대에는 EBS 방송국에서 편성기획부 차장으로 일하고 있는 고범석박사가 방문하여 "EBS를 통해 본 교육의 변화"라는 주제의 특강을 하였다. 그가 나눈 자료가 매우 도움이 되었다. 강의 중 그가 특별히 강조한 것은 이것이다. "교수님들이 아무리 힘들도 분주하여도 가상공간에서 페이스북과 같은 학생들과 함께하는 양방향 교류는 꼭 하셔야 합니다." 포스트모던 시대를 살아가는 미래 세대의 가장 큰 병은 '외로움' 병이다. 혼자서 살아가야 하는 미래 세대들이 서로 간에 연결되고 교사와도 연결되어 자신의 고민을 털어놓고 같이 삶을 나눌 수 있게 도와주는 것은 무엇보다 중요한 일이다. 이를 영어식 표현으로 하면 이렇게 된다. "Connect with the future generations." 이 세 가지 아이디어의 영어 첫 자를 따서 필자는 쏙(SOC)이라고 표현하였다.

성경말씀과 하나님의 은혜는 기독교교육의 원천이다. 이는 아무리 세태가 바뀐다고 하여도 절대 양보할 수 없고 양보하여서도 안 된다. 그러나 성경과 하나님의 은혜 외에는 모든 것을 바꿀 각오를 해야만 미래 세대를 이끌 수 있다. 복음은 바꿀 수 없으나 복음을 담아 전달하는 그릇은 시대와 세대를 따라 늘 변해야 하는 것이다. 이런 의미에서 서두에 다룬 수직적 반편성을 통한 미래 세대를 묶는 한남제일교회의 목장 운영은 우리가 눈여겨보아야 할 새로운 시도인 것이다.

"쏙! 동기화하라, 열라, 연결하라"는 미래 세대 사역을 위하여 우리가 반드시 기억해야 할 중요한 연결 개념이다. 이것이 미래 세대를 세우는 중요한 한 프로젝트의 시작이며, 한남제일교회가 시험적으로 실시하고 있는 수직적 교회교육은 이러한 창의적 개념의 실천이다.

Ⅳ. 나가는 말

미래 세대를 예수님에게 인도하여 인생의 목표를 발견하게 하고 인생의 존재이유를 확인하게 하는 일의 중요성은 아무리 강조해도 지나치지 않다. 오늘날처럼 저출산, 노령화가 심해지고, 초혼연령이 높아지며, 실제 아기를 낳는다 해도 여러 명을 낳아 잘 키우기가 매우 어려운 한국 사회에서 무조건 아기를 많이 낳아야 한다고 강조하는 것은 별반 설득력이 없다. 한 시대를 살아가는 사람들의 숫자가 어느 정도는 되어야 한 나라의 경제가 원활하게 돌아가며 내수 시장이 활성화되는 것은 당연한 이치이다. 그러나 꼭 인구가 많아야 나라가 활성화되며 훌륭한 인물이 나올 확률이 높아지는 것은 아닌 것 같다. 조선 시대의 인구가 현재보다 훨씬 적었고 그 시절에도 정치적 갈등이나 대내외적 도전이 적지 않았지만 실제로 정약용, 정약전 같은 인재가 나와서 나라를 위하여 자신의 인생을 바친 경우를 보아도 인구의 다소가 인재의 다소를 의미하는 등식이 성립하지 않는 것이다. 정약용은 오랜 세월 동안 유배를 다니며 결국 유배 중에 생을 마쳤지만 백성을 위하는 저술 활동과 제자 양육에 힘썼다. 그 결과 그는 거의 오백여 권에 가까운 저서를 남겼고 우리가 익숙하게 아는 책만 해도 목민심서(牧民心書), 흠흠신서(欽欽新書), 경세유표(經世遺表)와 같은 정치, 법률, 경제와 같은 핵심 주제에 대한 연구를 실사구시(實事求是)의 정신으로 수행했던 인류역사에 길이 남을 학자요 실천가로서의 삶을 살았다. 그는 황상과 같은 대학자를 키워냈을 뿐 아니라 진정성 있는 지도자로서 모범적인 인품을 지닌 사람이었다.[20] 정

---

20 김도일 외, 『미래시대, 미래 세대, 미래교육』 (개정판) (서울: 한국기독교교육학회,

약용은 시대를 초월한 진정한 멘토요 선생이었다. 이러한 인물을 대할 때면 한 시대를 살리는 것은 진정한 한 사람의 출현이고, 이런 사람을 통하여 당대와 후대의 수많은 이들이 배우게 된다는 사실을 확인하게 된다.

기독교교육은 생명을 살리고 번성케 하는 교육이다. 이를 위하여 미래 세대를 잘 양육하기 위해서는 가정과 교회와 마을이 힘을 합쳐 온전한 교육, 하나님의 교육을 수행해야 한다. 사랑과 관심과 보살핌이 결핍된 이 시대의 자녀들을 위하여 가정은 거룩한 영적인 인큐베이터가 되어 신앙적 분위기를 자연스럽게 풍기는 부모와 자녀가 만나는 장이 되어야 할 것이다. 그리고 교회는 건물이나 지역사회 혹은 마을과 격리된 장소가 아니라 예수님을 믿는 하나님의 자녀들이 모인 신앙공동체로서의 모습과 분위기를 가져야 할 것이다. 하나님의 백성이자 부르심을 받은 거룩한 백성이 마을에서 자연스럽게 삶으로 전도하고 그들의 삶의 틀(matrix)을 통하여 보이지 않는 교회, 흩어지는 교회로서의 모습을 가지게 된다면 믿는 사람들이 존재하는 그곳에 하나님의 나라가 형성될 것이다. 그래서 자연스럽게 하나님을 믿는 것이 세상의 기준이 되고 그곳에 정직의 영, 사랑의 영, 교제의 영, 섬김의 영, 예배의 영, 배움과 가르침이 통합되는 영이 편만하게 될 것으로 믿는다.

한남제일교회는 작지만 건강한 교회, 지역사회에서 영향력을 발휘하며 사랑받는 교회로 존재하고 있다. 이러한 교회는 우리나라에 얼마든지 있다. 예를 들어, 부천의 새롬교회는 마을을 춤추는 하나님의 공동체로 만들어나가는 데 최선을 다하고 있으며 심지어 기독교 신앙을 갖

2016), 28-29.

지 않는 도시의 공무원이나 시민들이 교회를 신뢰하고 칭찬하는 매우 모범적인 도시 교회로 성장하고 있다. 수원성교회는 성인과 청년과 어린이, 청소년이 멋지게 어우러져 아름다운 신앙공동체로 활기찬 모습을 보여주고 있으며 마을의 온갖 필요를 채워주기 위하여 많은 노력과 희생을 아끼지 않고 있다. 최근에는 어린 자녀를 둔 부모들이 구립·시립 어린이집에서 아이들을 돌봐주는 시간 이후, 저녁 두세 시간 때문에 안타까워하는 모습을 보고 교회에서 저녁 어린이집을 운영하여 지역사회에서 호응을 얻고 있는 모습을 보았다.

포스트모던 시대에 탈중심화, 다원화, 개인 중심화, 감성 중심화 되어가는 경향이 농후하여 기독교 신앙을 갖기가 이전보다 어렵고 교회를 찾는 이들이 줄어든 것이 사실이다. 그러나 아직도 교회는 세상의 희망이고 그 사실은 영원할 것이다. 왜냐하면 모든 인간은 비참하여 자신의 죄를 해결할 능력이 없고 오직 하나님만이 그 근본 문제를 해결하실 수 있기 때문이다. 미래 세대를 위하여 늘 귀와 마음을 열어놓고 창의적 사역 마인드를 갖기 위해 노력하며, 이전세대와 현세대들에게 집중되어 있는 교회의 예산과 프로그램과 에너지를 미래 세대를 위하여 투자하고 계획하고 프로그램을 활성화한다면 우리 가운데서 미래시대를 이끌어 나갈 이순신, 이황, 정약용과 같은 인물이 나오지 말라는 법이 없다. 한남제일교회에서 목회자들과 평신도지도자들이 머리를 맞대고 고민하며 청년들과 함께 교회 내에 존재하고 앞으로 교회를 나오게 될 미래신자들을 위하여 수직적 미래 세대 사역을 시도한 것과 같은 창의성을 발휘한다면 하나님의 나라는 날로 확장될 것이며 가정과 교회와 마을은 하나님의 영으로 가득 차게 될 것이다.

참고도서

Brueggmann, Walter. 강성렬, 김도일 역.『창조적인 말씀을 통한 기독교교육』. 서울: 한들, 2011.
Calvin, John. 원광연 역.『기독교강요』. 서울: 크리스천다이제스트, 2015. 1559년 최종판(개정판).
Gardner, Howard E. 문용린, 유경재 역.『다중지능』. 서울: 웅진지식하우스, 2007.
Nelson, Ellis C. 박원호 역.『신앙교육의 터전』. 서울: 한국장로교출판사, 1996.
Pascal, Blaise. 최현, 이정림 역.『팡세』. 서울: 범우사, 1985.
Vaillant, George E. 이덕남 역.『행복의 조건』. 서울: 프런티어, 2010.
Westerhoff Ⅲ, John H. 정웅섭 역.『교회의 신앙교육』. 서울: 대한기독교교육협회, 1985.
김도일 외.『미래시대, 미래 세대, 미래교육』(개정판). 서울: 한국기독교교육학회, 2016.
김도일 외.『참 스승』. 서울: 새물결플러스, 2014.
김도일, 한국일. "다음 세대의 생명을 살리고 번성케 하는 교회교육모델 모델 탐구."『다음 세대 신학과 목회』. 서울: 장로회신학대학교 출판부, 2016.
김도환, 정태연.『청년기의 자기탐색』. 서울: 동인, 2002.
이원규.『한국교회의 위기와 희망』. 서울: KMC, 2010.
최준. "선교적 교회론의 지역교회 적용: 한남제일교회 사례를 중심으로." 장로회신학대학교 대학원 선교신학 석사학위 논문, 2014.
한병철. 김태환 역.『피로사회』. 서울: 문학과 지성사, 2012.

가정-교회-마을이 소통하는 교회교육
— 한사랑교회를 중심으로

조은하

(목원대학교 교수)

그리스도인이 된다는 것은
저 멀리 인간 세상과는 동떨어진 곳에서가 아니라
가장 인간적인 모습으로
더불어 살아가기를 원하는 것입니다.
그리스도인은
사람이 사람 되어
하나님 앞에서 살 수 있고
또 그렇게 살아가는 삶에 가치를 둡니다.
 _ 본회퍼[1]

---

[1] 디트리히 본회퍼, 만프레도 베브 엮음, 정현숙 역, 『정말 기독교는 비겁할까?: 본회퍼가 말하는 그리스도인의 자유, 행동, 의』 (서울: 국제제자훈련원, 2011), 18.

Ⅰ. 들어가는 말

최근 마을이 중요한 사회적 화두이다. 이것은 우리 시대의 우울하고 암울한 사회적 현상들에 대한 반사적인 현상이기도 하며 그동안 급격한 성장이면에 드리워진 우리 사회의 불평등, 인간소외, 파편화된 관계, 인간경시 풍조, 폭력의 대중화 등의 문제에 대한 반동현상으로 나타난 것이라 볼 수 있다. 철학자 파스칼이 이야기한 것처럼 우리의 오늘의 삶은 지극히 양면적이다. 행복을 추구하지만 행복하지 않고 진리를 추구하지만 오히려 거짓이 횡횡하는 현실 앞에 놓이며, 선을 추구하지만 오히려 폭력과 전쟁의 암울한 소식에 무기력할 뿐이다. 이러한 상황에서 개인의 고독은 가속화되고 인간의 존엄성과 가치에 대한 혼돈과 경시현상은 심화되고 있다. 이러한 인간존재 본질의 문제들을 개인의 차원에서 해결하고자 하나 그것은 역부족이다.

또한 탈현대의 시대를 살아가면서 개인주의 현상은 더욱 가속화되고 있는 현실이다. 탈현대 속에서 집단보다는 개인이 중시되고 집단보다는 자신을 느끼려는 경향이 강해지면서 탈학교, 탈교회 등의 현상과 더불어 이혼, 독신, 성해방운동, 가족의 풍속 해방 등의 현상이 나타나고 있다. 이러한 현상은 교회교육의 위기뿐 아니라 오늘날 기독교 신앙의 정체성과 아울러 급감하는 기독교 인구수라고 하는 현실적인 문제를 가지고 왔다.[2] 그렇다면 이러한 위기 속에서 교회는 기독교 신앙의 보존과 다음 세대로의 전수를 위하여 어떠한 준비를 하여야 할 것인가에 대

---

2 정재영, 『교회 안 나가는 그리스도인: 가나안성도를 어떻게 이해할 것인가?』 (서울: IVP, 2015), 144-145.

한 진지한 고민을 해야 할 것이다. 따라서 이 글에서는 오늘날 우리 사회 및 교회가 직면한 다각적인 위기에 대한 진단과 아울러 그 위기를 극복할 수 있는 교회의 교육적 대안을 모색하고자 한다.

II. 사회와 교회가 직면한 위기

1. 심리적 위기: 행복하지 않은 다음 세대

우리의 다음 세대가 행복하지 않다. 2015년 8월 19일 발표된 '행복한 성장기 보고서'에서 세계적으로 가장 불행하다고 생각하는 어린이 비율이 높은 곳이 바로 한국이었다. '어린이 사회'는 '2015 행복한 성장기 보고서'를 인용해 삶에 만족하지 않는다는 한국 어린이가 9.8%에 달해 15개 조사 대상국 가운데 가장 비율이 높았다고 보도했다. 영국이 7.1%로 한국 다음으로 어린이가 불행한 국가로 꼽혔다. 한국 어린이들은 주로 외모, 자신감 등에 있어서 만족하지 못하고 있다. 특별히 외모에 대한 만족도는 15개 대상국 중 가장 낮았다. 자신감에 대해서도 만족하지 못한다는 답변(12.7%)이 영국 다음으로 많았다. 학교생활 만족도에선 10세 어린이는 8.8점으로 다섯 번째로 높았지만 12세 어린이는 7.6점으로 최하위로 나타났다.[3]

---

3 경향신문 2015년 8월 19일 기사.
   http://news.khan.co.kr/kh_news/khan_art_view.html?artid=201508192235281&code=9701. 2016년 7월24일 보고서 내용이다. '어린이 사회'는 요크대와 함께 2013~2014년 15개 국가의 8, 10, 12세 어린이 5만 3000여 명을 대상으로 가족과 경제력, 교우관계, 학교생활, 지역 환경 등을 조사했다. 조사 대상국은 알제리, 콜롬비아, 영국, 에스토

초등학교 고학년으로 올라가면서 학업에 대한 스트레스 등이 급격하게 상승하는 것으로 보인다. 그런데 그 스트레스 상승의 시기가 초등학교로, 지나치게 이른 시기라는 것은 우리 사회의 교육현실의 문제를 그대로 보여주는 것이다.

이러한 현실은 비단 2015년에만 나타난 것은 아니다. 연세대학교 사회발전연구소나 한국 방정환재단에서 조사한 '아동, 청소년 행복만족감'은 2009년부터 2015년까지 OECD 국가 최하위를 기록하는 것을 볼 수 있다. 이것은 우리의 다음 세대가 삶에 있어서 가장 중요하고 핵심적인 마음의 문제, 또한 기독교교육에 있어서도 가장 핵심적이고 본질적으로 다루어야 하는 인간의 정체성에 대한 문제의 위기를 말하는 것이다.

2. 사회적 관계의 위기: 고독한 성인

대한민국은 외로운 나라이다.

"만약 당신이 곤경에 처했다면, 당신이 도움받기를 원할 때 의존할 가족이나 친구가 있습니까?" 위의 질문에 대한 긍정적인 답변의 비중은 우리나라가 경제협력개발기구(OECD) 회원국 중 가장 낮은 것으로 조사되었다.

국회 입법조사처의 'OECD 사회통합지표 분석 및 시사점' 보고서에 따르면 2015년 OECD 사회통합지표를 분석한 결과, 한국은 '사회적 관계' 부문에서 10점 만점 중 0.2점을 받았다. 사회적 관계는 곤경에 처했

니아, 에티오피아, 독일, 이스라엘, 네팔, 노르웨이, 폴란드, 루마니아, 남아프리카공화국, 한국, 스페인, 터키 등 15개국이었다.

을 때 의지할 가족과 친구가 있는지에 긍정적인 답을 한 사람들의 비율로 사회구성원들의 상호지지 정도를 나타내는 지표이다. 이런 물음에 대해 한국인의 72.4%만 긍정적인 답을 했으며 27.6%는 어려울 때 주위에 도움을 받을 가족·친구가 없는 고독과 단절의 상태에 있는 셈이다. 고령일수록 이러한 고립상태는 심화된다. 15~29세의 긍정적인 답변율은 93.26%로 전체 평균(93.16%)보다 높았지만, 50세 이상은 60.91%(전체 평균 87.20%)로 조사 대상 중 가장 낮았다. 두 연령대 사이 긍정적 답변율의 격차 역시 조사 대상 중 가장 컸다.[4]

OECD의 사회통합지표는 이런 사회적 관계를 비롯해 11개 영역에 대해 0~10점을 부여하는데, 한국은 전체 평균 5.0점으로 OECD 평균보다 약간 낮은 '중간 수준 국가'이다. 일과 삶의 균형, 삶의 만족도가 낮은 점수였고 사회적 관계(0.2점)에서 점수가 극히 낮았다.[5] 이것은 세대 간의 단절 및 개인적 삶의 불만도가 높아지고 있으며 우리 사회의 공동체성이 점차 약해지고 있다는 것을 보여주는 극명한 사례이다.

3. 사회경제적 구조의 위기: 세대불평등의 심화와 청년위기

한국 사회의 불평등이 소득의 빈부 격차를 넘어 자산·주거·교육·문화·건강 등 다층적 영역에서 복잡하고 정교하게 관계되어 회복 불가능한 새로운 단계에 진입했다. 불평등의 대물림 현상이 고착되어 한 개인의 성취보다는 부모로부터 물려받은 귀속 지위가 우세한 세습자본주

---

[4] http://news.heraldcorp.com/view.php?ud=20160724000010 헤럴드경제, 2016년 7월 24일.
[5] 위의 글.

의 징후가 보이는 것이다.

다중격차는 소득, 자산, 주거, 교육과 같은 개별 불평등 범주들이 상호작용하며 영향을 주어 중첩된다고 보는 것이다. 소득·교육 다중격차가 대표적이다. 즉 부유한 가정의 사교육비 지출의 정도에 따라 높은 성적이 나오고 이것은 대학을 결정하고 추후 취업 및 임금소득의 격차까지 발생시킨다는 것이다. 다중격차 시대에는 하나의 불평등 영역에서 낙오하면 다른 영역에서 회복하는 것이 어려워진다. 거의 불가능하다. 가정의 소득과 자산 → 사교육 → 대학진학 → 노동시장 → 소득의 연결고리에서 어떤 한 부분이 낙오되면 다시 회복하기 어렵다. 이러한 다중격차는 우리 사회에 흙수저론, 금수저론을 제기할 만큼 심각한 현상으로 나타나며 이러한 피해의 중심에는 청년들이 있다. 실례로 29세 이하 청년층의 정규직 비율이 매년 축소되고 있다는 점이다.6 이러한 다중격차는 청년들로부터 미래에 대한 희망을 상실하게 하며 자신에 대한 자존감을 상실하고 인간을 물질적 가치로 측정하고 판단하는 악순환의 고리를 만들어 내는 것이다.

4. 개신교회의 위기: 교인의 급감과 교회의 사회적 신뢰의 추락

기독교 감리교는 2016년 4월 통계에 의하면 137만 5316으로 작년 대비 약 8만여 명이 떠났고 5년 동안 20만 명이 감소했다. 2016년 전국

---

6 경향신문, 2016년 7월 13일.
http://news.khan.co.kr/kh_news/khan_art_view.html?artid=201607132125005&code=940100. 한신대 공공정책연구소 다중격차 연구단은 최근 〈다중격차〉에서 이와 같은 불평등 현상을 설명한다.

11개 연회에서 보고된 결과에 따르면 통계를 작성한 1998년 이후 가장 큰 감소세이며 2011년 이후 지속적인 감소이다.[7] 또한 예장 통합이 발표한 결과에 따르면 총회 전체 교인 수(등록교인 기준)가 지난해에 비해 2만여 명 감소했다. 감소자 중 77%가 어린이·청소년이다. 10년 전보다 16만 3,356명이 줄어든 현상 중 아동부 학생 감소가 64%를 차지했다. 특히 교단 산하 8,843곳의 교회 중 어린이나 청소년이 한 명도 없는 교회가 무려 3,017곳으로, 전체의 3분의 1 이상이었으며. 영·유아·유치부가 없는 교회는 절반에 가까운 4,229곳(48%)이었다. 이 외에 전체 교회 중 중·고등부가 없는 곳은 43%(3,814곳), 아동부가 없는 곳은 42%(3,714곳)였다.[8]

다음 세대의 위기를 이야기한 것은 벌써 10여 년 전부터이다. 사회문화적으로 세속적 물질문화의 팽배, 입시 위주의 교육, 신자유주의 물결로 인한 지나친 개인주의와 경쟁중심으로 파편화된 현실과 교회적 요인으로 개신교가 당면하고 있는 윤리적이며 도덕적인 권위와 사회적 영향력의 상실, 포스트모던 시대의 다양한 질문에 폐쇄적인 태도, 어린이 청소년 교육에 대한 관심 및 투자저조, 성인중심의 교회구조, 교회교육의 전문성과 현대성 결여 등을 볼 수 있다.[9]

이러한 현상은 아동 인구의 저하라고 하는 인구수 감소와 긴밀하게 연결되어 있으나 청년들과 성인들의 수적 감소는 교회가 가지고 있는 내적 문제와 더불어 사회적 신뢰의 추락에 기인하고 있다. 교인이 급감

---

[7] 기독교타임즈, 2016년 5월 13일.
[8] http://kr.christianitydaily.com/articles/89105/20160826/ 기독일보, 2016년 8월 7일.
[9] 고용수, "한국교회교육의 현실진단과 방향", 고용수 외, 『21세기 한국교회교육의 과제와 전망』(서울: 장로회신학대학교 기독교교육연구원, 2008), 10-35.

하고 있는 현상을 분석한 자료 중 목회사회학연구소에서 수행한『그들은 왜 가톨릭교회로 갔을까』에서는 개신교가 지나치게 감정 중심으로 '덮어놓고 믿기'식의 경향을 보이며 지나치게 외향 및 성장에 치중하고 있고 가족과 같은 분위기의 이중성에서 느끼는 공동체의 신뢰의 진정성에 문제가 있다는 점을 보고한다.[10] 제3시대 그리스도교연구소의『시민 K, 교회를 나가다』에서 개신교의 배타주의, 성공/성장지상주의, 극우친미 등의 원인을 청년들이 개신교를 떠나는 이유로 분석하고 있다.[11] 이와 더불어 최근 발생하고 있는 목회자의 윤리적·도덕적 타락은 교회의 사회적 영향력감소를 가지고 왔다.

III. 위기 극복을 위한 기독교교육적 성찰

이러한 문제들에 대한 대안들이 다양한 관점에서 제시되고 있는데 이러한 논의를 총체적으로 몇 가지로 정리하면서 다음 세대를 위한 교회교육의 주요한 통찰을 제시할 수 있는 교육 현장의 구체적 모델을 제시하도록 하겠다.

1. 돌봄과 관계가 있는 가정의 회복

가정은 기독교신앙이 형성되고 성숙되는 가장 기본적인 장이다. 가

---

10 조성돈, 정재영,『그들은 왜 가톨릭으로 갔을까』(서울: 예영, 2007) 참고.
11 김진호,『시민 K, 교회를 나가다: 한국개신교의 성공과 실패, 그 욕망의 사회학』(서울: 현암사, 2012) 참고.

정은 하나님이 창조하신 가장 본래적인 인간의 기구이며, 호레스 부쉬넬의 논의대로 하나님의 은총의 매개이다. 행복을 상실한 다음 세대, 고독하고 외로운 성인이 만나는 가장 기초적인 장은 가정이다.12 그러나 오늘날의 가정은 만남의 장이자 은총의 매개로서의 기능을 상실하고 경쟁사회 속에서 경쟁력을 부여하는 전략소로 전락한 것이 현실이다. 이러한 가정이 본래적 기능인 신앙 전수의 장, 인성과 인격교육의 장, 돌봄과 위로와 격려의 장이 되도록 돕는 것이 필요하다.

이것을 위하여 가장 우선적인 것은 부모교육이다. 자녀가 태어나면서부터 부모도 태어나는 것이다. 그렇기 때문에 부모로서의 역할, 은총의 장으로서의 가정의 역할을 위한 교육이 우선되어야 한다. 기독교교육의 시초인 히브리인들의 교육에서도 교육의 시작은 성인교육에서부터였다. 부모들이 예언자와 주기적으로 반복되는 하나님께 드리는 제사를 통하여 그들의 하나님에 대한 믿음을 곤고히 하였으며 이것은 자녀에 대한 가정의 절기교육 및 의례교육, 그리고 훈육으로 이어져왔다.13 이러한 절기교육은 다음 세대에게 전통과 변화를 엮어갈 수 있는 문화적 사회적 고리를 만들어 주는 것이었으며 더 나아가 부모세대의 정신과 가치를 공유할 수 있도록 하는 중요한 교육의 형식이다.

현대 사회의 가정은 다양한 형태로 존재한다. 조손가정, 한 부모가정, 독신가정, 미혼모가정 등 다양한 가정의 형태들을 세워갈 수 있는 목회적 접근이 필요하다. 또한 단순히 교육차원을 넘어서서 이러한 가

---

12 Horace Bushnell, *Christian Nurture*, 김도일 역,『기독교적 양육』(서울: 장로회신학대학교출판부, 2006), 109-139.
13 Lewis Sherrill, *The Rise of Christian Education*, NewYork: Macmillan Company, 1943, 17-28.

정들이 건강하게 지속되어 질 수 있도록 공동체를 형성시키고 그 안에서 신앙적 결속과 경험들을 나눌 수 있는 신앙적 의미의 가정을 세워가는 것도 필요하다.14 후천 가족으로 형성된 공동체들을 기독교교육적으로 염두에 두고 가정교육의 의미를 구성하는 것은 오늘의 상황에 있어서 아주 중요하다. 또한 오늘의 사회문화적 이해와 요구 속에서 가정의 역할과 개념에 대한 새로운 이해를 하는 것이 필요하다. 근대화를 경험하고 급속한 경제성장을 이루어온 우리나라의 현실에서 가정은 가장 본래적인 기능인 '돌봄'의 기능이 점차 축소되고 사회의 능력있는 사람들을 키우기 위한 사회화와 경쟁과 생존의 전초 기지화 되어 버린 것이 오늘의 현실이다. 그러나 오늘날 우리보다 먼저 근대화 과정을 거친 일본의 경우를 보면 사회적으로 가장 문제가 되고 있는 것이 은둔형 외톨이의 문제이다. 그래서 이 문제를 해결하기 위해서 일본은 뉴스타트 운동을 벌여 학생들을 돌보고 도와주는 경험을 하도록 하고 있다. 이러한 맥락처럼 오늘날 우리의 가정이 입시경쟁연구소처럼 전락해버리고 고성장·저고용의 불안한 현실을 살아가는 우리의 다음 세대들에게 개성과 독창성, 자기주도성에 대한 일방적 압박에서 벗어나 따뜻한 돌봄과 관계가 있는 가정을 경험하게 하는 것이 중요하다.15

---

14 최근 EBS 다큐프라임 "가족쇼크: 식구의 탄생"에서 보여주는 독신가정의 식구로서의 연대는 고독과 파편화된 삶의 극복을 위한 새로운 의미의 식구의 결합을 보여주는 좋은 사례이다.
15 조한혜정, 『다시, 마을이다』 (서울: 또 하나의 문화, 2007), 116-117.

2. 신앙 정체성 형성을 위한 교회교육 : 예전과 전통의 회복.

마르틴 루터는 자기 책상 위를 긁어 "밥티자투스 숨(Baptizatus Sum: 나는 세례 받았다)"라고 새겨놓았다 한다. 그리고 고난의 순간마다 다음과 같이 읊조렸다고 한다.

"나는 세례 받았다."

그에게 있어서 세례를 받았다는 의미는 고단하고 지난한 삶속에서 하나님의 은혜로 살아간다는 고백이었고 하나님의 조건 없는 사랑을 전적으로 고백하는 행위였다.16

초대교회가 그들이 가지고 있는 내적·외적 고난을 이겨낼 수 있는 중요한 의식은 그들이 가지고 있는 두 가지 의식, 즉 말씀을 나누기 위해 모이는 모임과 함께 음식을 나누며 공동체 애를 나누는 모임이었다. 그들이 죽음을 불사하면서 그들의 신앙을 지킬 수 있었던 것은 바로 공동체의식을 통하여 서로가 서로를 지지해 줄 수 있는 강력한 힘이 되었기 때문이다. 이후 이러한 공동체 애를 확고히 하고 자신의 정체감을 세워갈 수 있는 식탁공동체는 세례와 성찬의 모임으로 변화되어 간 것이다.17

오늘날 극심한 개인주의와 경쟁주의 속에서 그리고 불투명한 현실과 다중격차의 위기를 살아가는 다음 세대들이 가장 먼저 공고히 해야

---

16 안셀름 그륀, 정한교 역,『세례성사』(왜관: 분도출판사, 2005), 58. 조은하, "세례문답교육, 오늘의 교회에 말하다."「목회와 신학」2013에서 재인용.
17 안셀름 그륀, 정한교 역,『세례성사』12.

하는 것이 있다면 무엇일까? 그것은 이러한 위기를 극복해 갈 수 있는 인간으로서의 정체성과 하나님의 자녀로서의 존귀성을 상실하지 않는 것이다. 이것을 가능하게 할 수 있는 것이 바로 세례와 같은 기독교 의례의 회복이다. 또한 공동체 속에서 함께 살아갈 수 있는 연대의 정신이다. 이러한 맥락에서 세례는 연대의식(solidarity ritual)이다. 세례는 새로운 정체성을 가지고 새로운 존재로 태어나는 의식임과 동시에 공동체와 하나가 되는 연대적 체험이다.[18] 그렇기에 세례는 어떠한 의식보다도 중요하다. 한 개인의 신앙 성장에 있어서 앎과 신앙적 삶이 일치되는 전인적 경험이 되어야 하며 가정과 직장과 같은 일상의 삶과 교회의 활동이 일치되는 통전성이 이루어지는 과정이 되어야 한다.[19] 그런데 이러한 통전성과 연대성 형성에 있어서 중요한 역할을 하는 것이 세례와 같은 의식(ritual)이라는 연구를 주목해 보아야 한다.

1989년 미국의 사회학자 딘 호게(Dean Hoge), 벤톤 존슨(Benton Johnson), 도날드 루덴스(Donald Luidens)는 1947년에서 1957년 사이에 태어나 미국 장로교에서 입교를 받은 성인 500명을 조사했다. 1989년을 시점으로 48%의 입교인들은 교회에 나가지 않고 있었다. 이 조사는 세례와 입교가 기독교인들의 정체성 형성과 신앙적 연대감 생성으로 인하여 후일 어떻게 신앙생활을 하게 되는지를 살펴보는 세례의 교육적 효과에 대한 연구였다. 그리하여 프린스턴 대학의 리처드 아스머(Richard Osmer)와 호게 교수가 그들이 경험한 '입교'(confirmation)에 대해 인터뷰를 실시했는데 인터뷰 결과는 명료했다. 교회에 남아있

---

[18] 조은하, "세례문답교육, 오늘의 교회에 말하다."『목회와 신학』 2013.
[19] Robert L. Browning, Roy A. Reed, *The Sacrament in Religious Education and Liturgy; An Ecumenical Model* (Birmingham, alabama: R.E.P.1985), 251-252.

는 자들이 경험했던 입교는 그들의 공동체성을 회복할 수 있도록 전교인들이 참여하여 기도하고 축하하며 이들의 신앙적 질문에 답하기 위하여 노력한 공동체적 경험이었다. 반면 떠난 자들은 단지 형식적 입교의 과정을 거쳐 그들이 제기하는 신앙의 본질에 대한 질문들을 그 어디서도 찾지 못했던 것이다.[20] 최근 많은 교회들이 이러한 전통적인 의례를 다음 세대의 교육에 있어서 간과하고 있는 것은 기독교만이 가지고 있는 고유한 종교적 정체성을 상실하고 있는 것이다.

이러한 의례는 비단 초대교회 속에서만 중요한 의미를 지닌 것은 아니었다. 기독교교육이 발생된 히브리시대의 교육은 몇 가지의 중요한 특징을 지닌다. 그중 하나는 바로 의례를 교육에 있어서 중심에 놓고 있었다는 점이다. 태어나면 그들이 자녀를 위해 행하는 다양한 의례들, 즉 삼나무와 소나무를 심어주고, 태어난 지 8일 만에 할례를 행하며, 열세 살이 되면 '율법의 아들' 의식을 행하고 매년 반복되는 유월절에는 평소 먹지 않는 무교병과 쓴나물을 먹는 등 일상적인 일들이 중지되고 다른 일들이 대체되었다. 이것은 다음 세대로 하여금 과거의 역사에 대한 상상력을 발동하는 주요한 계기가 되는 것이며 추상적 관념들을 구체적인

---

[20] Richard R. Osmer, *Confirmation: Presbyterian Practices in Ecumenical Perspective* (Louisville, Kentucky: Geneva Press, 1996), vi-viii. 유아세례 이후 청소년 시기에 받는 입교 (confirmation)는 성인 회심자들이 받는 세례예식과 동일하지는 않지만 세례를 위한 교육의 설계를 위하여 동일한 카테고리에서 이야기하였다. 교회에 나가지 않는 사람들은 그들이 입교를 받은 과정을 '가족들을 실망시키지 않기 위하여' '기독교에 대하여 많은 의문을 가지고 있었지만 교회에 속해 있는 것을 좋은 것이라 생각하여' '대학생이 되어 모든 것에 회의를 가지게 되었을 때 어린 시절 받은 입교는 그 질문에 답해 주지 못했다' 등의 반응을 보인다. 반면 여전히 교회에 나가고 있는 사람들은 입교는 그들이 자신을 이해하고 정체성을 형성시켜 가는 데 신앙공동체가 깊이 개입하고 있음을 고백한다. 조은하, "세례문답교육, 오늘의 교회에 말하다"에서 재인용.

행동과 연관시킬 수 있는 동기를 마련하는 교육 방법이었다.[21]

결론적으로 교회는 교회만이 가지고 있는 신앙교육을 위한 본래성을 회복하고 그 본래성을 기반으로 가정과 마을과 소통하는 연대적 존재로서의 실천들을 추구해 가야 한다는 점이다. 최근 다양한 영역에서 일고 있는 마을 만들기 운동은 교회교육의 측면에서도 중요하게 살펴보아야하는 변화이다. 그리고 교회교육에 새로운 도전을 주는 변화라고 볼 수 있다. 그것은 바로 교회가 이제는 마을로 나아가는, 즉 지역의 삶에 적극적으로 참여하고 동행하는 역할을 해야 한다는 것이다. 가정과 교회와 마을이 다음 세대를 세우고 키우기 위하여 서로의 담을 허물고 소통하고 참여하는 공동체로서 상호존재 해야 하는 것이다. 그러기 위한 기초적 출발은 무엇인가? 바로 교회는 교회로서의 신앙적 정체감 형성에 대한 기본적 교육들을 확고히 하고 그것을 기반으로 가정과 마을과 연대하고 소통할 때 그것이 바로 사회운동의 차원을 넘어서 교회의 신앙적 고백과 실천으로 승화될 수 있는 것이다.

3. 마을이 교육의 장이 되는 교육

연세대학교 사회발전연구소의 "2015년 어린이, 청소년 행복지수국제 비교연구"에 따르면 우리나라 어린이 청소년 주관적 행복지수는 OECD 23개국 중 19위이다. 어린이 청소년 행복지수의 측정지표는 물질적 행복, 보건과 안전, 교육, 가족과 친구 관계, 행동과 생활양식, 주관

---

21 Lewis Sherrill, *The Rise of Christian Education* (New York: Macmillan Company, 1943), 22-28.

적 행복으로 구성되어 있다. 생활과 생활양식은 1위, 물질적 행복은 2위이다. 그러나 주관적 행복은 19위이다. 이러한 주관적 행복이 낮은 수치를 기록하며 삶의 만족도는 떨어지고 있다. 물질적 행복과 외형적인 모습은 부모세대보다 나아졌지만 내면의 모습은 더 불행하게 느끼는 것이다.[22] 그렇다면 이러한 어린이 청소년들이 흥미와 적극성을 가지고 그들의 삶을 설계해 가면서 살아가도록 돕는 데에는 어떠한 방법이 있을까? 그중 하나는 바로 '참여'의 교육이다.

교육학자인 로저 하트(Roger Hart)는 아동·청소년들이 그들의 삶에 책임감 있고, 주도적이며 주체적으로 살아갈 수 있도록 하기 위해서는 학습자가 속해 있는 공동체와 지역공동체 안에서 적극적 참여를 통해서 배울 수 있도록 해야 한다고 한다. 이를 위하여 자신의 삶에 영향을 주는 그리고 자신이 살고 있는 지역사회에 영향을 주는 의사결정을 공유하는 과정이 필요하다.[23] 청소년들이 참여하는 기술이나 책임감에 대한 경험 없이 갑자기 책임감 있고 성숙한 성인이 될 수 없기 때문이다. 이러한 참여는 청소년들을 사회구조에 통합하며 그들의 사회적 영향력과 권한을 강화할 수 있으며 청소년들이 독립적이며 책임감 있는 시민으로 발달하도록 기회를 제공하는 수단이 되는 것이다. 여기서 참여라는 의미는 구체적인 행사나 모임에 참가하는 것뿐 아니라 그러한 일에 지속적인 관심을 갖는 것을 의미하며 관심을 가지고 있는 일에 모종의 관계를 가지고 유지하는 것을 포함하는 것이다.[24]

---

22 Heri Review, 2016년 봄호, 039, 40.
23 Roger Hart, *Children's Participation: from Tokenism to Citizenship*, New York: Unicef, 1997 참고.
24 김정래, 『아동권리향연』 (서울: 교육과학사, 2002), 129-130.

기독교인으로서 철저한 예수의 제자의식을 가지고 책임적이며 실천적인 삶을 살 수 있도록 하는 방법은 바로 그들의 삶의 자리에서 참여적 실천을 할 수 있는 기독교교육과정을 설계하는 것이 필요하다.25 예를 들면, 하나님의 창조의 세계를 배우면서 그들은 지구 온난화의 문제와 지역 자연생태계의 문제에 대하여 연결해서 공부하고 그들의 지역공동체의 환경보전을 위하여 할 수 있는 일이 무엇인가를 고민할 수 있도록 하는 것이 필요하다. 그리하여 한 사람의 신앙인으로, 그리고 지역인으로서 어떤 실천을 해 나갈 수 있도록 성찰하고 구체적으로 실천할 수 있는 참여의 기회와 방법을 학습자들이 주도적으로 찾아 나갈 수 있도록 하는 것이다. 토마스 그룹(Thomas H. Groome)의 '공유적 실천'(Shared Praxis) 모형이 앎과 삶을 연계하는 모형을 제공하고 있다.26 지역공동체로 나아가는 교육은 이러한 공유적 실천의 모형이 답보하고 있는 실천의 담론들이 일상적으로 매일 살아가는 현장 속에서 즉각적으로 실천하고 참여할 수 있도록 돕는다는 점에서 적극성이 있다고 볼 수 있다.

이러한 구체적인 예는 한국기독교 초기의 교육적 현상에서 볼 수 있다. 예를 들면 1907년 대부흥운동을 가지고 왔던 근거가 되는 사경회에서도 구체적인 성경공부 양식이 토론과 문답법이었으며 이러한 토론과 문답은 '조혼', '노비', '축첩' 같은 사회적 현상들에 대한 기독교적 답을 찾고자 하는 노력이 있었고 이러한 과정을 거쳐 교회는 지역사회에서 영향력 있고 실제로 사회를 변화시키는 동력이 될 수 있었다.27

---

25 장신근,『공적실천신학과 세계화시대의 기독교교육』(서울: 장로회신학대학교출판부, 2007), 4.
26 Thomas H. Groome, *Christian religious education: sharing our story and vision*, 이기문 역,『기독교적 종교교육』(서울: 대한예수교장로회출판국, 1991), 267-290.
27 조은하, "온전하고 재미있던 날"『각성, 갱신, 부흥』(서울: 감신대출판사, 2006),

더 나아가 지역 공동체의 한 일원으로서 교회는 마을을 향해 개방하고 지역공동체가 교회 안으로 자연스럽게 들어 올 수 있도록 하는 것이 필요하다. 최근 이러한 노력은 곳곳에서 많이 이루어지는 것을 볼 수 있다. 예를 들면 어린이 발표회를 위해 교회를 다양한 학습 기관에 개방하는 일이라든지 교회를 주중에 갤러리로 개방한다든지 하는 일들이 바로 그것이다. 이러한 것을 실천하기 위하여 지역 행정단체에 연계하여 지역주민들이 좀 더 수월하게 교회를 드나들 수 있도록 개방하는 적극적 참여가 필요하다.[28] 이것이 교육적으로 필요한 것은 바로 모든 교육은 교육생태계 안에서 이루어지기 때문이다. 웨스터호프(John H. Westerhoff Ⅲ)가 교육은 공동체 안에서 이루어지는 문화화 과정이라고 이야기한 것이 바로 이러한 맥락이다.[29] 교회가 공공의 교육의 장으로 개방되는 것은 이미 그 자체로도 기독교인의 지역공동체 안에서의 삶에 대한 중요한 교육적 환경이 되는 것이다.

4. 가정과 교회 마을이 소통하며 연대하는 교육

아이 한 명을 키우기 위하여 마을 하나가 필요하다는 격언이 있다. 기독교교육도 이와 다르지 않다. 기독교교육이 가정교육이나 교회교육으로만 한정되어서도 안 된다. 가정, 학교, 사회 등의 전통적 교육의 장들이 독립적이되 서로 연대하고 협력할 수 있는 구조를 갖는 것이 필요

457-462.
28 최근 마을만들기 계획단에 대한 대대적인 모임이 일어나고 있는 때에 기독교인은 또 한 명의 시민으로서 마을활동에 참여하는 것이 필요하다.
29 John H. Westerhoff Ⅲ, *Bring up Children*, 이숙종 역, 『기독교신앙과 자녀양육』 (서울: 대한기독교서회, 1991) 참고.

하다. 달리 서술하여 다음 세대들을 가정과 교회, 마을이 협력하여 키워 갈 수 있도록 연대하고 소통해야 한다. 교회가 신앙공동체이면서 지역 공동체로 존재한다는 것은 바로 지역의 아이들을 교회가 함께 키워간다는 의식과 교육적 소명을 갖는 것을 의미한다. 이러한 교육적 활동의 첫 번째는 바로 지역공동체의 위원회 및 활동에 적극적으로 참여할 필요가 있다는 것을 시사한다. 기독교교육학자인 마리아 해리스(Maria Harris)는 그의 저서 *Fashion me a People*에서 교육목회의 구조를 다섯 가지 범주에서 설명한다. 즉 케리그마, 디다케, 레이투르기아, 디아코니아, 코이노니아이다. 여기서 봉사를 의미하는 디아코니아는 목회사역의 왕적 기능, 제사장적 기능, 예언자적 기능에서 예언자적 기능이 강조되는 것을 의미하는데 이것은 적극적으로 지역사회의 구체적 행정 및 정치에 참여하는 것을 포함한다. 즉 다양한 시민 단체에 가입하여 지역이 더 좋아질 수 있는 정책에 적극 참여하고 다양한 기관의 운영위원으로도 적극 참여하여 더 좋은 삶의 공간으로 만들어 가는 일에 협력하는 것이 필요하다고 설명한다.[30]

그러기 위해서 중요한 것은 타자에 대한 공감과 대화와 소통의 능력이다. 선교신학을 기반으로 기독교교육론을 전개했던 레티 레셀(Retty M. Russell)은 교회의 역할을 모이는 교회와 흩어지는 교회로 설명하면서 모이는 교회를 통하여 하나님의 음성을 듣고 하나님과 대화하며, 흩어지는 교회를 통해서는 지역의 음성을 듣고 그들과 소통하고 대화하는 것이 기독교교육의 중요한 두 축이라고 설명한다. 모이는 교회로서의

---

30 Maria Harris, *Fashion Me a People*, 고용수 역, 『교육목회 커리큘럼』 (서울: 한국장로교 출판사, 1997) 52-61.

역할과 더불어 흩어지는 교회로서 존재하기 위한 교육, 그리고 타자성에 대한 공감의 태도와 대화의 능력은 바로 교회가 지역교회로서의 정체성을 실현해 갈 수 있는 중요한 역할이며 교육에서는 이러한 능력들을 함양할 수 있도록 돕는 것이 필요하다. 이러한 대화의 능력을 함양하기 위하여 교회 안의 언어와 교회 밖의 언어, 즉 '성 안의 언어'와 '성 밖의 언어'를 모두 사용할 수 있는 능력을 고취하는 것이 필요하다. 이것은 매우 상징적인 표현으로서 즉 기독교인들이 교회의 문화와 언어, 그리고 신앙적 표현에 익숙해져 있으나 교회 밖의 다양한 문화와 대화하고 소통하기 위해서는 그들의 언어와 문화와 표현들을 통전적으로 사용할 수 있는 능력이 필요하다는 것이다.[31]

가정과 교회와 마을이 연대한다는 것은 다음 세대의 전인적이고도 건강한 성장을 위하여도 필연적인 교육체계이다. 1955년 하와이 카우아 섬에서는 신생아 833명이 18살이 될 때까지 추적하는 대규모 연구를 했다. 40여 년간의 연구 분석을 통해 열악한 환경에서 자란 201명중 3분의 1인 72명이 출생과 환경의 영향을 받지 않고 훌륭하게 자란 원인을 밝혀냈다. 그들은 어떤 상황에서도 그들을 믿어주고 응원해준 그 누군가가 한 명 이상 있었다. 즉 가족뿐 아니라 친구, 이웃 등 그를 믿고 지지해준 사람들이 있을 때 환경을 넘어서 훌륭하게 자랄 수 있다는 것을 보여준 것이다.[32] 이것은 가정과 교회와 마을이 하나의 연대성을 가지고 한 명의 아이를 키워 가는데 협력하고 소통하고 대화해야 한다는

---

31 Walter Bruegemann, "분파주의적 해석학의 타당성", Mary Boys, ed., *Education for Citizenship and Discipleship*, 김도일 역,『제자직과 시민직을 위한 교육』(서울: 한국장로교출판사, 1999), 27-28.
32 Heri Review, 2016년 봄호, 039, 41.

것을 시사하는 중요한 근거이기도 한다. 최근 많은 교회들이 가정과 교회와 마을이 소통하는 가운데 마을이 또 하나의 교육의 장이 되도록 하는 그리고 교회가 마을의 교육의 장이 되도록 하는 활동에 적극적으로 나서고 있는 것을 볼 수 있다. 그중의 한 사례로서 한사랑교회의 교육적 시도를 간략하게 살펴보도록 한다.

한사랑교회는 1976년 창립되어 현재 서울 목동지역에 자리 잡고 있다. 서울 양천구의 목동지역은 대한민국 교육특구 중의 한 지역으로서 아파트를 주거형태로 하여 청소년 주거비율이 다른 곳보다는 높은 특징을 가지고 있으며 그만큼 대학입시에 대한 관심과 열기가 뜨거운 곳이다. 이러한 상황에서 한사랑 교회는 '선교하는 교회'라는 교회 표어를 가지고 전반적인 목회방향을 정하고 있으며 특별히 2016년도에는 "이웃을 사랑하는 교회에서 이웃이 사랑하는 교회로"라는 구체적 표어를 가지고 있을 만큼 지역사회에 대한 관심과 지역으로 나아가는 교회로서의 정체감을 확고히 하고 있다. 특별히 이웃이 사랑하는 교회로 자리매김하기 위한 노력은 몇 가지 차원에서 병행되어 나타나고 있는데 그것은 바로 교육

환경과 교육체계와 교육방법에서 특징을 보인다.

1) 지역주민과 소통의 장으로서의 교회

한사랑교회는 교육환경의 차원에서 목동이라는 지역적 특징을 반영하면서 지역주민과의 소통을 위한 장을 형성하고 있다. 그것이 가장 가시적으로 나타난 것은 바로 교회가 최근 리모델링한 카페 Forest이다. 최근 교회마다 카페를 많이 운영하고 있지만 한사랑교회의 카페는 무엇보다도 지역사회와의 소통을 최우선으로 한다는 점에서 그 특징을 지닌다. 우선 그 설계에 있어서도 교회 밖의 지역주민들이 교회를 들어오지 않고도 출입이 가능하도록 하였으며 운영 주체를 교회에서 하지 않고 장애인을 돕는 단체에서 하도록 하였다. 그리하여 가격을 설정하는 부분에 있어서도 지나치게 저렴하여 지역의 다른 카페들에 간접적 손해가 가지 않도록 다양한 시장조사와 논의를 통해 책정하였다. 그리고 교회의 로비를 작가들이 작품을 전시할 수 있는 갤러리로 활용하여 마을주민들이 쉽게 드나들 수 있는 장소로 개방한 점도 주목할 만하다. 교회를 예배만 드리는 공간이 아니라 지역주민들과 소통하고 일상에서 그들의 관심과 삶이 교차하는 장으로 만들고자 시설을 활용한 것은 주목할 점이다.

2) 교육의 출발, 성인교육 강화

한사랑교회의 교육 시스템 중 가장 주목할 만한 것은 바로 성인교육 프로그램이다.

한사랑교회 전경

"G2G, Good to Great"라는 표어아래 성인 교인들의 개인적 성장과 아울러 지역사회와 소통할 수 있는 다양한 기독교적 소양과 가치를 함양해 갈 수 있도록 하는 체계화된 성인교육프로그램이다. 성경연구를 기본으로 시작하여 우리의 일상과 삶 속에서 필요한 다양한 주제들에 대한 기독교적 접근을 할 수 있는 다양한 과목이 진행된다. 성인교육이 중요한 것은 교육의 차원에서 교사의 역량이 그 교육의 결과 및 방향성, 효율성 등에 절대적인 영향을 미치는 것처럼 성인들은 가정과 교회와 마을이 소통하고 연대하며 새로운 변화를 추구할 수 있는 우선적 주체들이기 때문이다. 성인교육을 설계하면서 가장 우선적으로 염두에 둔 것은 성경에 대한 공부이다. 교회의 교육, 봉사 및 선교, 교제는 성경에 대한 바른 앎에 기초하여야 하며 앎이 삶으로 통합되는 전인적 과정에서 가정과 교회, 학교, 지역공동체의 새로운 변화를 기대할 수 있는 것이라는 논의 속에서 시작된 것이다. 교육과정 설계에 있어서 체계성, 연속성, 효율성을 염두에 두고 설계하되 그 체계를 필수과목과 선택과목으로 크게 이분화 하면서 교육과정이 심화될수록 선택과목의 폭이 넓어질

한사랑교회 성인교육 과정

100단위

한사랑교회의 성도라면 누구나 필수적으로 배워야 하는 과정이며 G2G 아카데미의 모든 강의는 100단위를 수료해야만 수강할 수 있습니다.

101 (B2B)
5주 동안 B2B를 통해 한사랑교회와 담임목사님의 목회 비전을 공유함으로 위대한 교회로의 도약을 준비하는 과정입니다.

101 (C2C)
5주 동안 성경을 통해 우리가 그리스도인으로 마땅히 알고 실천해야 하는 삶의 문제를 함께 고민하며 배우는 과정입니다.

300단위

301반 (속회 인도자 과정)
속회 인도자를 위한 교육으로 속회 리더십, Q.T의 이론과 실제, 기질 강의, 정통과 이단 등의 다양한 과목을 배우며 속회를 건강하게 성장시킬 수 있는 인도자로 훈련받습니다.

400단위

300단위까지 모두 마친 성도들을 위한 과정으로 일대일 제자양육, 전도폭발, 선교학교 등의 과목을 통해 1인 1사역을 감당할 수 있도록 훈련합니다. (현재 300단위까지 진행중이며, 2015년도에 개설 예정입니다.)

800단위

801반 (M2M: MOM TO MOM)
성경적 자녀 양육을 위한 교육과정으로, 혼란스러운 세상에서 바르게 자녀를 양육 시키며 행복한 가정을 만들어가는 '크리스천 어머니' 가 되기위해 훈련 받습니다. 모든 수업은 강의와 소그룹 활동을 통해 진행되며 특별히 자녀를 둔 모든 어머니들은 한사랑교회 성도가 아니어도 참여 가능합니다.

200단위

100단위의 수업을 수료한 성도들을 대상으로 신앙의 기초를 더욱 단단히 다지기 위한 성경공부 과정입니다.

201 (구약길라잡이)
12주간 창세기부터 말라기까지의 흐름을 짚어 우리를 향하신 하나님의 마음을 알아가는 과정입니다.

202 (신약길라잡이)
12주간 마태복음부터 요한계시록까지의 통독을 통해 하나님의 마음을 품어가는 과정입니다.

900단위

기본 과정인 100단위부터 400단위의 이수 여부와 상관없이 다양한 과목을 배울 수 있는 과정입니다.

901 (교사대학)
교회학교의 교사로써 갖추어야 할 마음과 자세를 배우가며, 차세대 양육을 위해 준비하는 과정입니다.
기독교 교육의 기본 원리를 비롯해 아이들을 이해하기 위한 학습자 이해 교육, 성서교수법, 성품 강의 등 다양한 강의를 통해 좋은 교사로 훈련받게 됩니다.

902 (크라운 재정교실)
하나님의 신실한 청지기를 꿈꾸는 크리스천을 위한 재정교육입니다. 10주 동안의 소그룹 과정을 통해 성경에서 이야기하는 바른 재물 사용 원칙을 배우게 됩니다. (계절학기 동안 컨퍼런스에 참석하신 분들만 참여하실 수 있습니다.)

903 (영어로 배우는 요한복음)
선교적 사명을 품고 하나님의 말씀과 더불어 세계 공용어인 영어를 배움으로 사역을 준비하는 과정입니다. 요한복음을 영어로 읽으며 영어 공부와 더불어 말씀을 깊이 묵상합니다.

수 있도록 하였다. 구체적으로 보면 성인들이 우선 단위를 정하여 수강해야 하는 순서를 정하여 주고 필수과목과 선택과목으로 수강의 다양성을 확보하고 있는데, 교회에서 소개하는 다양한 영역의 교육과정을 인용하면 다음과 같다.33

이러한 성인교육의 체계성 및 반복성은 기독교교육적 차원에서 중요한 의미를 지닌다. 이스라엘의 신앙교육의 시작에 있어서 그 기원은 성인교육에서부터 출발한다. 즉, 성인들이 예언자들과 제사장들이 참여하는 교육에 참여하고 거기서 지속적인 하나님의 뜻을 발견하는 것은 가정에서 다음 세대들을 양육하는 가장 기초적인 신앙적 교육내용이 되었으며 그들이 발견한 하나님의 뜻은 공동체의 사회적 규범으로 자리매김할 수 있었던 것이다. 이러한 맥락에서 보자면 다음 세대를 위한 교육과 지역사회가 소통하는 역량을 갖기 위하여 먼저 성인들을 위한 교육이 시작될 필요가 있었고 이러한 필요에 의하여 2013년부터 실시된 성인교육은 교인들의 적극적 참여와 긍정적 호응으로 자리를 잡아가고 있다. 성인교육의 중요한 교육요소는 바로 성인들의 교육에 대한 요구가 반영되었는가 하는 점인데 성경 자체에 대한 탐구로 시작된 교육에서 그들이 관심을 갖는 다양한 영역의 교육을 자생적으로 형성된 소그룹공동체에서 자체적으로 진행하는 모습으로까지 발전되는 것은 성인교육의 자기주도성이 확보된 긍정적인 변화라고 볼 수 있다.34

---

33 http://www.newhsr.org/church/history.asp 한사랑교회 홈페이지 참조.
34 기독교인문학 모임, 영어로 성경공부하기 등의 모임은 위에 제시한 교회교육적 차원에서의 교육의 결과로 자생적으로 성인교육을 이어가는 모임이 만들어진 사례를 보여주고 있다.

3) 지역과의 연대, 디아코니아를 넘어 코이노니아로

지역과 소통하는 교회의 교육을 위하여 우리 사회의 돌봄이 필요한 다양한 사회계층에 대한 봉사와 지역공동체와의 연대를 확대하고 있는 점이다. 다문화 임산부를 위한 지원, 노숙자를 위한 식사 지원, 주거환경개선을 위한 집수리 프로젝트, 이·미용봉사, 환경미화 봉사, 장수 사진 촬영 및 예배시간 광고를 통하여 장애인 에티켓을 교육하는 활동들을 하고 있다. 특별히 다문화 임산부 지원을 위하여 교회의 지역 행정부서들과 연계하고 그들과의 논의를 통해 프로그램의 방향을 잡아가는 것은 사회적 필요에 교회가 적극적으로 응답하며 마을과 소통하고자 하는 대표적인 사례이다. 지역과의 연대를 위한 활동을 봉사 및 구제의 영역을 뛰어넘어 지역주민과 어울리고 교제를 나누고자 하는 적극적 활동을 하고 있다. 그 예로 카페 포리스트에서 대중을 위한 음악회를 진행한다. 이는 교회안의 사람들만의 교제가 아닌 교인과 마을주민이 문화를 매개로 하여 자연스럽게 교제할 수 있는 장을 교회가 마련하는 것이다.

4) 예전의 회복, 세대통합과 세상 속에 살아가는 그리스도인 정신 함양

한사랑교회는 매달 첫날 새벽기도회 때마다 성만찬을 베푼다. 그리고 아동들과 청소년들의 세례예식은 성인들 예배가운데서 동시에 이루어진다. 세례받는 자뿐 아니라 세례의 의례에 참여하고 있는 자들도 그들의 신앙성장과 성숙을 위하여 공동체로서 책임을 다하겠다는 고백을 하며 같은 신앙공동체로서의 의무와 책임 그리고 정체성을 확인하는 시간을 갖는다. 이것은 앞에서 논의한 바대로 교회공동체의 본래적 연대감을 형성하는 것에 있어서 중요한 의미를 지니는 목회적이며, 교육적인 활동이다. 이것이 곧 세대와 세대를 연합하고 전통과 변화를 동시에 추구할 수 있는 잠재적 가능성을 갖도록 하는 것이다. 세대와 종교와 남녀와 계층간의 관계가 분열되고 단절되며 파편화되어가는 오늘날의 현실 속에서 교회부터 시작하는 이러한 세대의 연결, 공동체성의 회복에 대한 신앙적 고백은 그 어느 때보다도 중요한 일이다.

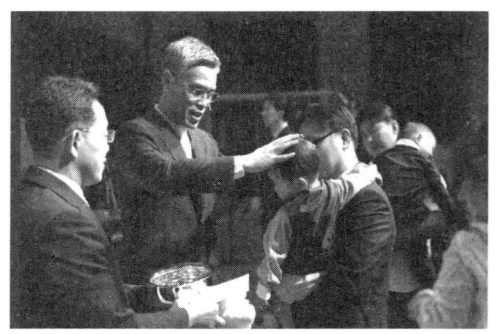

이러한 교육적 시도들을 통하여 성인들이 가정 회복의 주체자로 설 수 있도록 하며, 교회가 마을의 공동체로서 공적 책임감을 다할 수 있도록 돕고 있다. 이러한 시도와 노력들이 추후 다음 세대들의 교육에 대한 혁신적이며 시대반영적인 교육으로 이어질 수 있는 계획을 세우는 것이 당면한 과제이기도 하다. "이웃이 사랑하는 교회"라는 표어는 최근 교회의 신뢰도가 추락하고 가나안성도가 증가하고 있으며 교회의 성도들이 큰 폭으로 줄어들고 있는 오늘의 상황 속에서 하나님나라의 백성 공동체로서 지역사회에서의 역할에 대한 중요성을 핵심적으로 제안하고 또 실천

하며 교회공동체가 그 정신을 이어갈 수 있도록 하는 중요한 교육적 제시라고 볼 수 있다.

Ⅳ. 나가는 말

오늘날 우리가 당면한 교회의 위기는 그동안의 기독교교육의 전반적 구조 자체에 대한 비판적 성찰을 요구하는 것이다. 과거 위기라고 진단한 문제들이 오늘날의 현실이 되었다. 이와 마찬가지로 지금의 위기를 슬기롭게 대처하지 못한다면 교회의 신앙교육은 다음 세대를 이어가지 못하는 또 다른 위기를 맞이할 것이다.

지금의 복합적인 위기에 가정과 교회와 마을이 연대하여 교육적 지평을 세워갈 때 우리는 여전히 우리 안에 남아 있는 희망의 불씨를 이어갈 수 있을 것이다. 우선적으로 목회자의 다음 세대에 대한 관심과 교회교육에 대한 구체적 지원 그리고 그동안의 패러다임에서 벗어나 이제는 가정과 마을이라는 교육적 생태계 안에서 교회교육의 청사진을 그려가는 것이 가장 시급한 일이라 하겠다.

참고문헌

고용수. "한국교회교육의 현실진단과 방향." 고용수 외. 『21세기 한국교회교육의 과제와 전망』. 서울: 장로회신학대학교 기독교교육연구원, 2008.
기독교타임즈. 2016년 5월 13일.
기독일보. 2016년 8월 7일.
김정래. 『아동권리향연』. 서울: 교육과학사, 2002.
김진호. 『시민 K, 교회를 나가다: 한국개신교의 성공과 실패, 그 욕망의 사회학』. 서울: 현암사, 2012.
디트리히 본회퍼/만프레도 베브 엮음. 정현숙 역. 『정말 기독교는 비겁할까?: 본 회퍼가 말하는 그리스도인의 자유, 행동, 의』. 서울: 국제제자훈련원, 2011.
안셀름 그륀/정한교 역. 『세례성사』. 왜관: 분도출판사, 2005.
장신근. 『공적실천신학과 세계화시대의 기독교교육』. 서울: 장로회신학대학교출판부, 2007.
정재영. 『교회 안 나가는 그리스도인: 가나안성도를 어떻게 이해할 것인가?』. 서울: IVP, 2015.
조성돈, 정재영. 『그들은 왜 가톨릭으로 갔을까』. 서울: 예영, 2007.
조은하. "세례문답교육, 오늘의 교회에 말하다." 『목회와 신학』, 2013.
조은하. "온전하고 재미있던 날." 『각성, 갱신, 부흥』. 서울: 감신대출판사, 2006.
조한혜정. 『다시, 마을이다』. 서울: 또 하나의 문화, 2007.
Browning, Robert L & Reed, Roy A. *The Sacrament in Religious Education and Liturgy; An Ecumenical Model*. Birmingham, Alabama: R.E.P., 1985.
Bruegemann, Walter. "분파주의적 해석학의 타당성." Mary Boys. ed. *Education for Citizenship and Discipleship*. 김도일 역. 『제자직과 시민직을 위한 교육』. 서울: 한국장로교출판사, 1999.
Bushnell, Horace. *Christian Nurture*. 김도일 역. 『기독교적 양육』. 서울: 장로회신학대학교출판부, 2006.
Groome, Thomas H/이기문 옮김. *Christian religious education: sharing our story and vision*. 『기독교적 종교교육』. 서울: 대한예수교장로회 출판국, 1991.
Harris, Maria/고용수 옮김. *Fashion me a People*. 『교육목회 커리큘럼』. 서울: 한국장로교출판사, 1997.
Hart, Roger. *Children's Participation: from Tokenism to Citizenship*. New York: Unicef, 1997.
Heri Review, 2016년 봄호.
Osmer, Richard R. *Confirmation: Presbyterian Practices in Ecumenical Perspective*. Louisville, Kentucky: Geneva Press, 1996.
Sherrill, Lewis. *The Rise of Christian Education*. New York: Macmillan Company, 1943.

Westerhoff Ⅲ, John. 이숙종 옮김. *Bring Up Children*.『기독교신앙과 자녀양육』. 서울: 대한기독
  교서회, 1991.
http://news.heraldcorp.com/view.php?ud=20160724000010 헤럴드경제, 2016년 7월 24일.
http://news.khan.co.kr/kh_news/khan_art_view.html?artid=201508192235281&code=9701.
http://news.khan.co.kr/kh_news/khan_art_view.html?artid=201607132125005&code=940100.
http://www.newhsr.org/church/history.asp 한사랑교회 홈페이지.
경향신문. 2015년 8월 19일.
경향신문. 2016년 7월 13일.

*본 글은 2016년 <신학과 현장> 26집에 게재했던 것을 수정 보완한 것이다.

교사대학을 통하여 늘 배우는 주일학교 교사
— 원주중부교회를 중심으로

장화선

(안양대학교 교수)

I. 들어가는 말

기독교가 우리나라에 전래되었을 때 선교사님들은 우리나라 사람들에게 성경을 가르쳤고 그로 인해 기독교의 진리를 믿는 사람들이 생겨났고 이들은 성경을 배우면서 기독교의 진리를 깨닫고 교회를 위해 헌신하였다. 당시 교회의 성도들은 하나님의 말씀 배우기를 사모하여 먼 거리를 걷기도 하였다. 우리나라 교회 주일학교가 성장하던 시기에 주일학교 교사들은 노회, 교사 주일학교 연합회 혹은 전도협회에서 개최하는 '교사 세미나'에 참여하여 배우고 주일학교 교사로서의 소명을 갖고 사명감을 고취하면서 주일학교교사로서의 정체감을 형성하고 교회로 모여드는 어린이와 청소년들을 열정적으로 지도하며 가르쳤다. 주일학교 교사로서 섬기던 자들은 훗날 신실한 평신도, 선교사, 교육자, 목회자, 신학자 등이 되기도 하였고 당시 어린이 및 청소년들은 오늘날 우리 사회와 교회의 주요한 구성원으로 성장하였다. 교회 주일학교 교사는 다음 세대들에게 성경을 가르치고 그리스도인의 생활을 지도하는 자이기에 지속적으로 배움의 기회를 갖는 것이 필요하다. 본 글은 '늘 배우는 주일학교 교사'를 주제로 '원주중부교회 교사대학' 사례를 소개하면서 우리나라 교회 주일학교 교육이 침체하고 있는 시점에 교회 주일학교 교육을 위한 회복의 가능성을 찾고자 한다.

II. 원주중부교회

1. 영적으로 변화하는 교회

원주중부교회는 대한예수교장로회총회(합동) 강원노회 소속교회로 원주시에 소재하고 있으며 강원지역에서는 모범적인 목회사역을 통하여 부흥하고 있는 교회이다. 1960년에 설립되어 2016년 6월에 56주년 설립 기념 주일을 맞이하였다. 현 담임목사가 2003년에 부임하여 말씀에 기초하고, 교회교육을 강조하며 목회해온 이래로 교회는 크게 부흥하고 있다. 2016년에도 "엎드려 기도하는 성도! 일어나 증인되는 성도!"라는 목표를 중심으로 하여 3가지 사역에 힘쓰고 있다; 하나님을 더욱 사랑하기, 이웃을 더욱 섬기기에 힘쓰기. 받은 사명을 각자의 자리에서 감당하기 등이다.[1]

---

1 원주중부교회 2016 교회요람, 5-6.

　원주중부교회의 외형적인 변화로는 시내에 있던 전형적인 지역교회의 건물에서 새로운 아파트 밀집지역이면서 시청 청사가 옮겨간 새로운 개발지역에 대형 교회건물을 건축한 것이다. 교회는 영적인 면과 질적인 면에서 변화를 가져왔다. 영적인 면에서의 변화는 예배와 교육, 친교, 그리고 헌신 등에서 볼 수 있다. 성도들이 은혜를 체험함으로 예배를 드릴 때 신령과 진정으로 하나님을 찬양하게 되었을 뿐 아니라 교육을 통하여 성도들의 신앙과 헌신을 더 심화시키고 있으며, 그 결과 전도에 힘쓰는 교회가 되었다. 한 예로 2016년 9월에 아파트 전도 세미나를 통하여 전도팀 구성법, 복음제시요령, 15분 전도법 등에 대하여 훈련하였다. 이는 현대 도시 교회의 부흥의 한 방편으로 아파트 전도를 위한 훈련이다. 지방교회이면서도 급격히 도시화되어가는 원주지역에는 적합한 전도법이다. 특히 교회와 가까운 곳에 '원주 혁신 도시' 등이 건설되어 젊은 층과 중장년층이 새로 원주시로 이주해옴에 따라 그들을 목표로 전도하고 있다. 이와 함께 성도들 간의 교제를 위하여 예배 후에는 식사를 제공하며, 또한 각 구역모임과 전도회, 선교회, 주일학교 등이 활성화되어 있다. 이렇게 생명력 있는 예배와 활성화된 기관들의 모임은 외형적인 변화와 내적인 친밀함을 드러냄으로 원주중부교회는 지역에서 좋은 평가를 얻고 있다.

질적인 면에서의 변화는 당회원들이 예배 30분 전에 미리 모여 기도회를 하기 시작하였는데 기도회를 꾸준히 하게 된 것이다. 이러한 당회의 변화는 성도들에게도 영향을 끼쳐 성도들이 드리는 예배는 감사와 찬양이 넘치고, 교육현장에는 헌신된 교사들과 예수님을 사모하는 어린이, 청소년 그리고 청년들로 활기가 넘치게 되었다. 교회 각 부서와 가정들이 주님께 대한 헌신과 봉사에 적극적으로 참여함으로서 생기가 돋는 교회로 변화되었다. 이렇게 교회가 영적으로 질적으로 변화가 되어감에 따라 교회는 양적인 면에서 눈에 보이게 큰 변화를 가져왔다. 전도되거나 새로 이사 오는 교인의 수가 많이 늘어나서 그 회집수가 2,000명에 이르는 교회로 성장하였다. 교회는 전도회 별로 특별새벽기도회를 가지며, 분기별로 구역장, 부구역장을 위한 세미나를 개최한다. 예수 그리스도의 제자로 양육하는 프로그램으로 사무엘 아기학교(0-4세), 늘 푸른 대학(65세 이상), 파이디온 토요학교(토요일), 제자교육(매 주일)[2]을 실시함으로 성도들을 예수님의 제자로 준비시키고 있다.

2. 하나님을 높이는 교회, 세상을 축복하는 교회

원주중부교회는 '하나님을 높이는 교회, 세상을 축복하는 교회!'를 모토로 정하고, '오직 예수 그리스도'를 교회의 비전으로 삼아 이것을 실천하는 구체적인 비전 여섯 가지를 제시하고 있다: 세계에 선교하는 교회, 민족에 전도하는 교회, 가정을 세워주는 교회, 평신도 사역하는 교

---

[2] 앞의 책.

회, 일군을 양육하는 교회, 영성을 주도하는 교회3. 교회의 모토와 비전 그리고 구체적인 비전 여섯 가지 모두가 교회중심으로 되어있다. 교회를 중심으로 하는 사역들을 보면 교회의 핵심적인 사역인 말씀, 기도, 교육, 그리고 교제와 전도 등이다. 이러한 교회사역들을 보면 교회가 개혁신학적인 기반 위에 매우 건전한 교회사역을 추구하고 있음을 볼 수 있다. 그리고 교회의 목회사역은 개혁신학의 핵심인 하나님 중심, 교회 중심, 성경 중심의 방향으로 나아가고 있다.

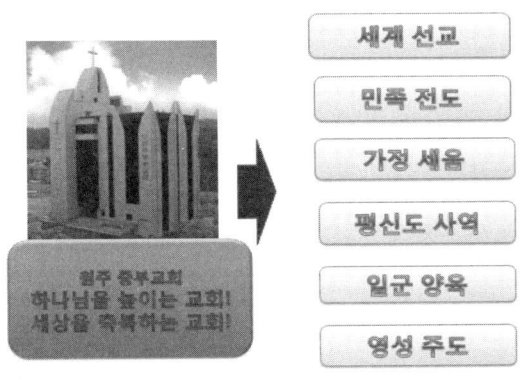

담임 목사는 성도들의 신앙 성숙을 추구함에 있어 교회교육의 중요성을 인식하고 전 교인을 대상으로 하는 교육과 각 부서별 교육을 통하여 성도들의 교회생활과 영적 삶을 세워주는 목회사역을 하고 있다. 이러한 교회교육의 강조하는 목회사역을 통하여 내적 성숙과 외적 성장이라는 결실을 보고 있다. 원주중부교회가 교회교육 그중에서도 교사교육

---

3 앞의 책, 1-3.

을 강조하는 것은 담임목회자의 교육목회 비전에 근거한다. 교회의 목회적 모토는 "Jesus Christ, leading the way to God, WJPC, leading the way to Jesus Christ"로서 이는 원주중부교회의 목회방향이 하나님께로 인도하는 예수 그리스도 중심인 동시에 성도들을 예수 그리스도에게로 인도하는 것임을 보여준다.

이러한 교회의 목회방향과 더불어 각 부서 지도자로는 교육적 사고와 학문적 배경을 지닌 교역자들을 청빙함으로써 교회 전체뿐 아니라 각 교육부서들도 교육목회를 시행할 수 있는 기초를 만들었다. 이는 교회의 목회적 성격은 담임목회자 한 사람의 영향도 크지만 각 기관을 맡은 부교역자들의 지도력 또한 중요한 것임을 나타낸다. 이러한 배경에는 담임목사의 교육목회적 배경이 영향을 미친 것으로 보인다. 그는 학부에서부터 박사과정까지 기독교교육을 전공하였다. 그리고 원주중부교회에 담임으로 부임하기 전에 부교역자로 사역하던 곳도 교육목회 중심의 교회였고 그곳에서 교육목회자의 마음을 가지고 사역하다가 담임목사가 된 이후로는 평소에 가지고 있던 교육목회의 비전을 실천하고 있다. 이러한 교육목회는 내용적으로는 다음과 같은 각 부서별 프로그램과 주중 교육 프로그램으로 나눌 수 있다.

III. 교회교육 프로그램

원주중부교회의 각 교육부서별 교육프로그램과 주중 교육프로그램을 소개하고자 한다.

1. 각 부서 교육프로그램

1) 유치부[4]

- 대상: 초등학교 학령전 어린이
- 내용: 총회의 교육주제에 맞추어 유치부 교육목적을 설정하여 교육함. '하나님의 성전으로 지어져가는 아름다운 우리성품'(엡 2:22)에 기초하여 2016 유치부 교육목적을 "예수님과 함께, 같이 걸어요(엡 2:22)"로 설정하고 이러한 목적에 기초하여 교육목표를 두 가지로 정함
  - 예수님과 함께 → 성전 되시는 예수님과의 인격적 만남과 교제
  - 같이 걸어요 → 예수님을 닮아가며 성전이 되어가는 지체들 간의 연합

유치부의 특징은 예배와 공과공부이다. 예배에서는 준비, 태도, 기도를 통하여 교사들이 본을 보이며 예배의 중심인 찬양, 설교말씀. 그리고 공과를 한 주제로 조화되게 한다. 공과공부시간은 성경말씀에 기초하되 그 말씀을 삶 가운데 적용하고, 결단하게 한다.

새친구반을 설치하여 새친구를 3주간 세 가지 주제로 교육하며 그 내용은 아래와 같다.
- 제1주: 복음제시
- 제2주: 하나님의 사랑
- 제3주: 하나님과 친구와의 교제

---

[4] 원주중부교회, 2016 유치부 교육계획서.

교회와 가정과의 연계교육을 위하여 '부모님과 함께해요'라는 주제로 신앙교육커리큘럼을 만들어 매달 한 가지씩 가정에서 하는 과제를 제시한다.

2) 유년부[5]

매년 교회 전 부서가 총회 주제에 맞추어 교육하는데 올해는 '주 안에서 함께 지어져 가는 교회'(엡 2:22)를 목적으로 네 가지의 목표를 가지고 교육한다.

- '주 안에서' → 이는 하나님과의 친밀하고 인격적인 만남과 사랑에 초점을 두며
- '함께' → 그 안에서 허락하신 공동체를 향한 이웃 사랑을 강조하며
- '지어져 가는' → 평생의 푯대를 향한 경주로서의 신앙생활을 중심으로 하며
- '교회' → 물리적 개념이 아닌, 새로운 성전으로서의 무형적 교회가 되어가도록 가르침

예배에서는 타부서와 같이 준비, 태도, 기도를 중심으로 삼고 공과에서는 설교에서 제시된 일반적인 신앙원리를 전하고 공과 공부시간에는 주어진 신앙원리를 개별화하도록 하는 데 힘쓴다. 그리고 어린이들의 삶의 변화를 추구하기 위하여 '달란트' 방법을 채택하고 있다.

주일학교 교육에서의 교사의 중요성을 인식하여 교사기도회를 매주

---

[5] 원주중부교회, 2016 유년부 교육계획서.

일 예배시간 전에 실시한다. 이와 더불어 교사교육을 실시하는데 이러한 교육시간에는 가르쳐야 할 '성경 내용'과 효율적인 교수를 위한 방법론을 학습한다. 교육의 핵심내용은 성경, 교리, 기독교교육 방법론, 발달이론 등이다.

3) 중등부[6]

똑·닮(예수 판박이)을 목적으로 삼아 이를 실천하기 위해 세 가지의 교육목표를 지향한다.
- 말씀 속에 나타난 예수 그리스도의 성품을 아는 학생이 되게 함
- 공동체 안에서 예수 그리스도의 성품을 경험하는 학생이 되게 함
- 자신이 속한 공동체와 세상 속에서 빛과 소금의 역할을 감당하는 학생이 되게 함

이러한 목표와 더불어 신앙과 삶의 일원화를 실천하는 목표로 다음의 네 가지를 설정하고 교육한다.
- 지도자 위주가 아닌 학습자 위주의 공과를 통하여 그리스도의 성품을 알아감
- 분명한 기독교 가치관과 정체성을 가지고 삶에서 적용하며 살아감
- 교회와 가정, 학교에서의 모습이 하나 될 수 있도록 노력함
- 빛과 소금의 사명을 감당하며 살아감(복음전도, 제자도)

---

6 원주중부교회, 2016 중등부 교육계획서.

이러한 실천목표를 구체적으로 실천하기 위하여 다음과 같이 정하였다.

- 주일예배 시간을 철저히 지킴
- 총회 공과(생명의 빛) 어플을 활용한 공과 내용의 충분한 숙지 및 협동학습을 준비함
- 청소년기의 중학생들에게 삶의 모습을 제시하기 위하여 교사와 사역자들이 롤 모델링이 됨
- 믿음의 공동체 안에서 폭넓은 교제와 사귐을 갖게 함

4) 고등부[7]

타부서와 같이 예배와 성경공부에 중점을 두는데, 특히 설교와 분반공부내용이 서로 조화를 이루게 한다. 고등부 신앙교육의 특별한 내용은 전도와 상담이며 특별교육으로 고등부 자체의 동계 수련회와 총회 주체의 하계 수련회가 있다. 특별 활동으로 중고등부 주관 찬양집회와 전교인 관계전도축제, 기도회, 매주 생일 및 전도자 축하, 새신자 등록 후 4주가 지나고 선물 증정이 있다.

신앙교육을 실천하는 내용은 첫째, 교회 성도 중에 고등학교를 다니는 자녀를 둔 가정을 대상으로 교회주보 광고와 직접적인 심방 활동을 통해 "교인 자녀 주일학교 보내기 운동"을 실시한다. 둘째, 지속적이고 일관된 전도교육을 통해서 고등부의 양적 부흥에 힘쓴다. 셋째, 나의 나된 것은 하나님의 은혜임을 교육하여 감사할 줄 아는 학생들이 되도록

---

7 원주중부교회, 2016 고등부 교육계획서.

한다. 넷째, 학생들의 신앙성장을 실제적으로 돕고, 늘 말씀과 함께 하는 삶을 익숙하게 만들기 위해 매일 말씀 묵상 훈련을 갖도록 한다.

5) 청년부[8]

청년부는 '제자되고, 제자삼는 사역을 통하여 30명의 순장, 300명의 청년 예배자를 세워 원주와 민족과 세계의 복음화와 부흥의 주역이 되는 것'을 목적으로 삼았는데, 네 가지의 구체적인 목표는 다음과 같다.
- worship together - 예배의 영광을 경험하도록 함
- pray together - 기도의 기쁨을 누리도록 훈련함
- mission together - 선교와 복음 전도의 역사를 보게 함
- Bible together - 말씀의 능력을 경험하도록 함

이를 기초로 한 청년부의 사역방향은 다음과 같다.
- 대학 청년부 개인들로 하여금 매해 복음을 정리하도록 도움
- 대학 청년부 한 명, 한 명이 복음을 증거하고 양육하도록 도움
- 개인의 삶의 끝과 역사의 끝을 매 순간 바라보며 준비하도록 도움
- 규칙적인 성경 읽기와 기도생활을 통해 신앙의 기초체력을 기르도록 도움
- 믿음공동체의 소중함을 알고 깨닫도록 도움

성숙한 청년으로의 양육계획은 다음과 같다.

---
8 원주중부교회, 2016 청년부 교육계획서.

- 새내기부-(4주 이상) 담당교역자와 새가족 리더 및 대학부 순장이 양육함. 기존 청년부 선배들이 새내기들의 멘토가 각각 되어줌으로 의미 있는 대학생활뿐 아니라 행복한 교회생활을 할 수 있도록 도움
- 새가족부- 새가족 교육의 내용과 진행은 다음과 같음
  1주차: 담당교역자가 교회소개 및 새가족 교재인 '하나님은 누구신가?'로 진행함
  2주차: 새가족 담당자가 2주차 교재 '나는 누구인가?'로 진행함
  3주차: 새가족 담당자가 3주차 교재 '예수는 어떤 분이신가?'로 진행함
  4주차: 순배치 및 바나바 배정
  3개월 마다 그동안 누적된 새가족들을 중심으로 새가족 확신반을 진행(토요일 또는 주일)하여 구원, 성경, 예배(기도, 설교, 헌금, 찬양, 성도의 교제 등)에 대해 교육함
- 성경 맥잡기(성경개관): 2월/8월 진행(토요일 오전 또는 오후)
- 기타특별훈련: 교리학교/기독교강요기초/데이트스쿨
- 제자훈련: L.T.C. 1-2-3 진행: 기존 순장 및 예비 순장을 위한 훈련
- L.T.: 집중 교육을 위한 L.T.를 분기별로 진행함

위와 같은 부서별 교육을 통하여 주일학교 학생들의 신앙을 세워간다.

2. 주중 교육프로그램

1) 사무엘 아기학교

이는 주중에 개설되는 아기학교로서 어린 아기와 그들을 돌보는 어

머니들을 대상으로 하는 교육프로그램이다. 이 아기학교는 아기의 연령에 따라 두 반으로 나누어 교육한다.
- 18개월 이하: 좋은 성품을 교육하는 성품학교로 운영함
- 18~24개월: 엄마들을 '유니게 엄마교육'이란 제목으로 교육함

2) 파이디온 토요학교

이는 학교의 개학과 더불어 매주 토요일 오전에 개설되는 성경학교이다. 어릴 때부터 성경교육을 함으로 초등학교 아이들의 신앙을 키운다.
① 교육목적: 하나님의 완전한 형상이신(골 1:15) 예수님을 좇아, 그를 닮은 성품과 이를 통한 재능의 실현으로 이웃을 섬기는 어린이
② 교육목표
성품교육: 성경의 여러 인물로부터 시작, 그 불완전함을 넘어선 예수님의 마음을 닮는다(빌 2:5).
재능교육: 각기 주신 재능을 발견하고 실현하는 중에 배운 성품대로 적용할 수 있다(엡 4:7).
③ 내용
a) 기존의 한계 인식
기존의 성품 교육은 성경으로부터 나온 것이 아닌 일반 학문의 토대에서 성경을 접목시켰기 때문에 성경에서 요구하는 성품의 수준에 미치지 못한다. 각 성품의 근원이 그러하다. 가령 긍정적인 태도를 살펴보자. 일반적인 긍정은 자신의 사고를 통제함으로 나오지만, 성경은 하나님으로부터의 긍정을 말한다. 각 성품이 어떻게 형성되고, 왜 이런 성품으로 살아야 하는지 그 당위성을 배제한 채 성품을 가르친

다면 윤리·도덕적 교육으로 그치고 말 것이다. 같은 맥락으로 파이디온 토요학교에서의 성품과 성경인물을 접목시키는 데에서의 난점이 발생한다. 창의성 같은 경우는 창조 혹은 지혜라는 표현으로 재정의 하였고, 또 비슷한 정도의 성품의 항목을 수정하다보니 대대적인 수정이 필요했다. 마지막으로 저작권의 문제이다. 기존의 토요학교에서 이루어지던 성품교육은 직접 기존의 성품교육을 가져와 가르쳐서 문제가 없었지만, 앞으로의 파이디온 토요학교에서는 이에 대한 수정 및 보완이 필요한데 이때 저작권 문제가 발생한다. 결국 성경에서 말하는 예수 그리스도를 닮은 인격 및 성품에 기초하여 성품항목을 조정하기로 하였다.

b) 성경적 성품

기존에 사용하였던 교재에서는 두 가지 덕목, 공감인지능력과 분별력을 토대로 각 6가지 성품을 만들어 총 12가지 성품을 구성했다. 성경적인 성품은 하나님으로부터 나오며, 예수 그리스도의 사랑을 모르고서는 절대 발현될 수 없다고 생각하여 하나님 사랑에서 이웃 사랑으로의 방향성을 만들었다. 나무라는 은유를 통해 보았을 때 하나님 사랑으로부터 이웃 사랑이라는 나무가 나고, 그 나무의 열매 또는 잎에 각각의 구체적 성품을 고안했다. 각 성품은 성령의 아홉 가지 열매를 기초로 기존의 성품학교에서 착안했다.

④ 진행

- 시간

10:00-10:30 성품교실 10:30-12:00 재능교실
12:00-12:45 점심식사 12:45-13:00 귀가

- 성품교실

교회 주일학교 사역자들이 준비하여 가르침
- 재능교실

축구, 탁구, 인라인스케이트, 만들기, 요리반 등을 개설함

IV. 교사교육 프로그램

1. 교육프로그램 핵심으로서의 교사대학

원주중부교회의 교육프로그램의 핵심은 교사대학이다. 교사대학은 교회 전체 교육사역중에서 가장 중요한 교육사역이다. 교육사역은 교회의 사역 중에서 중심이 된다. 교사교육이 이렇게 중요한 것은 헌신된 교사 한 명을 통하여 많은 어린이와 청소년들의 신앙이 바로 서고, 교회가 건전해지기 때문이다. 현재의 유럽교회가 과거에는 종교개혁의 발상지로서 가정과 사회와 국가적 차원의 신앙전통이 굳건함에도 불구하고 자녀세대들을 제대로 교육하지 못하였고, 지금도 못하고 있기 때문에 선교국가에서 지금은 선교대상국가로 전락하였다. 국가 차원의 교회교육 뿐 아니라 지역교회 차원의 교회교육은 교회의 건전성과 부흥을 유지하는 데 있어 매우 중요한 역할을 한다.

원주중부교회의 담임목사는 기독교교육적 시각과 실천력을 가진 목회자이다. 교회교육에 대해 비전을 가진 목사가 담임목사로 부임한 2003년부터 시작하여 2016년 8월까지 연 2회 매년 2월과 8월에 매회 3일간 교회주관으로 교사대학을 운영하고 있다[9]. 이렇게 교사대학을 운영하는 것은 담임목사의 비전 때문이다. 교사대학의 목표는 "자격을 갖

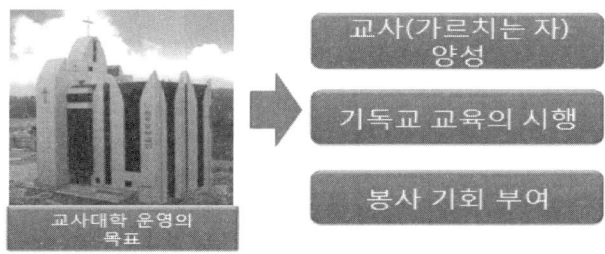

춘 교회학교 교사 및 교회 내에 가르치는 자를 양성하여 올바른 기독교 교육을 시행하고, 숨겨진 일군을 발굴하여 봉사의 기회를 부여한다"10 라는 것에 두고 있다.

　이 목표는 몇 가지의 내용을 포함하고 있다. 첫째는 교회학교 교사의 양성이다. 이는 교회를 부흥시키고 든든하게 지켜줄 핵심 성도와 다음 세대에 대한 기대를 나타내는 것이다. 교회학교 교사는 교사일 뿐 아니라 그들 자신이 교회의 기둥과 같은 존재들이므로 이러한 교사의 양성은 교회사역의 기초와 기둥이 된다. 둘째는 양성된 교사들을 통한 올바른 기독교교육의 시행이다. 교회가 올바른 기독교교육을 실시하기 위해서는 담임 교역자 및 부서담당 교역자의 소명의식과 자질이 중요하다. 그러나 문제는 대부분의 조직교회에서는 그들 자체만으로 교회 내의 모든 교육사역을 감당할 수 없다는 점이다. 그들의 교육사역에 대한 책임은 교사들을 세워서 실천해야 한다. 그러므로 교회는 교회학교의 교사들을 세워서 전체 성도들을 대상으로 하는 교육을 시행해야 한다. 셋째는 교회의 성도들에게 봉사의 기회를 제공하는 것이다. 원주중부교회

---

9 원주중부교회, 2016년도 전반기 교사대학 교안, 50-60.
10 앞의 책, 1.

교사대학의 특징은 수강대상이 꼭 교회학교 교사 혹은 지망생만이 아니라 교회 각 기관의 핵심 회원들이다. 이러한 교사교육의 대상으로는 각 부서의 모든 교사만이 아니라 각 전도회 임원과 각 사역팀의 부장은 의무적으로 수강해야 한다. 그 외의 대상으로는 구역장이나 강사로 사역하기를 원하는 성도들이다. 이는 교사대학 안에 다음과 같이 문서화 되어있다.

- 만 18세 이상의 학습 또는 세례교인
- 교회학교 교사로 활동하기를 원하는 자
- 각 구역장 및 강사로 활동하기를 원하는 자

원주중부교회는 성도들에게 교사대학에 참여하여 계속 배울 수 있는 기회를 제공하여 미래 교회 주일학교의 교사를 양성함으로 교회를 말씀으로 든든하게 세우고 있다[11].

교사교육 프로그램을 구체적으로 소개하면 다음과 같다.

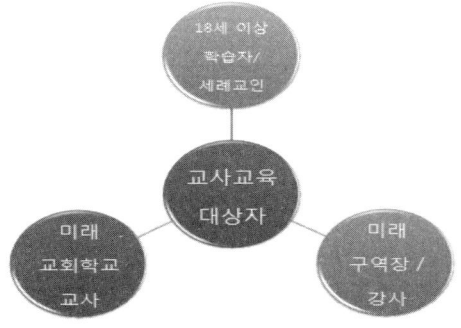

---

11 앞의 책, 3.

2. 교사대학 교육과정

교사대학의 교육과정은 2년간에 걸쳐 총 4학기로 구성되어 있으며 20개의 학과목과 매 학기 기도회를 통하여 교사들의 영성훈련을 강조한다. 학기별 교과목은 다음과 같다. 1학기에는 교사론(1), 상담과 생활지도, 공과교수법, 한국교회사, 발달심리학, 교사사역을 위한 기도(철야기도회). 2학기에는 신약개요, 기초교리론(1), 반 목회법, 주교예배, 찬송 및 율동 교사사역을 위한 기도(철야기도회). 3학기에는 교사론(2), 심방과 생활지도, 시청각 교수법, 세계교회사, 기독교 윤리, 교사사역을 위한 기도(철야기도회). 4학기에는 구약개요, 기초교리(2), 주교행정, 특별모임 운영법, 성경 손유희, 교사사역을 위한 기도(철야기도회) 등이 있다.

학기	과목
1학기	교사론(1), 상담과 생활지도, 공과교수법, 한국교회사, 발달심리학, 교사사역을 위한 기도(철야기도회)
2학기	신약개요, 기초교리론(1), 반목회법, 주교예배, 찬송 및 율동, 교사사역을 위한 기도(철야기도회)
3학기	교사론(2), 심방과 생활지도, 시청각 교수법, 세계교회사, 기독교 윤리, 교사사역을 위한 기도(철야기도회)
4학기	구약개요, 기초교리(2), 주교행정, 특별모임 운영법, 성경손유희, 교사사역을 위한 기도(철야기도회)

이러한 과정에 따라 2016년 2월에 제25차 교사대학에서는 '간략한 한국교회사', '연령별 이해와 눈높이 대화법'(부서별), 공과교수법(창의적인 성경교수법), 상담 및 생활지도(구원상담을 시행하라), 교사심령부흥

회를 3일에 걸쳐 진행하였다. 그 내용을 간략히 소개하면, '간략한 한국교회사' 강좌에서는 1901년 '장로회 공의회' 출범에서부터 대한예수교장로회 노회와 총회의 시작과 신학적인 문제로 말미암은 일제강점기 시대의 장로교 분열, 신사참배 결의, 조선신학교 개교, 그리고 해방 후에는 고려신학교 설립, 남산 장로교 신학교 설립, 통합 측의 분열 등 정통 개혁신학을 견지해온 합동을 중심으로 한국교회사를 살펴본다.12 그리고 '창의적인 성경교수법'-문제중심의 성경공부방법 강좌에서는 한국교회 성경공부의 실태분석을 서론으로 '소집단내에서 문제해결을 위한 과정을 거치면서 해결안을 찾아가는 교수-학습 방법인 PBL'을 소개하고, 그 학습의 모형을 제시하고, 문제해결을 위한 프로세스, 그리고 PBL을 활용한 성경공부 예제에 대하여 부서별로 강의한다13. '심방 및 생활지도' 강좌에서는 소제목을 '구원상담을 시행하라!'로 설정하여 구원상담에 대하여, 그 필요성, 고려해야 할 점, 상담의 실제를 구체적으로 강의한다14. 매차 교사대학 강좌에는 해당 부서 교육자들이 기독교교육에 대한 과목—2016년도 전반기의 예를 들면 '연령별 이해와 눈높이 대화법'—을 강의한다. 특히 강조되어야 할 것은 마지막 날은 언제나 참여자들을 위한 심령부흥회를 계획하여 교사대학 교육이 지식만이 아니라 심령의 변화를 목표로 하고 있음을 볼 수 있다.

---

12 앞의 책, 6-7.
13 앞의 책, 38-41.
14 앞의 책, 42-47.

3. 교사대학 교육과정 분석

교사대학 프로그램은 현재의 담임 목사가 부임한 다음 해인 2004년 2월부터 2년 4학기제로 시작하였다. 2016년 전반기 현재 제25기를 시행하였다. 매 학기 5학과목과 기도회를 시행한다. 전체 학과목의 내용을 분석해보면, 신·구약 2강좌, 교리 2강좌, 교회사 2강좌, 교육이론(교사론, 교수법, 발달심리, 주교교육) 9강좌, 실천과목 4강좌 등이다. 이러한 강좌내용은 신·구약, 조직신학, 교회사, 그리고 기독교교육(교회교육)으로 구성되어 있다. 원주중부교회의 교사대학 교육과정은 매우 실천적인 성격을 띠고 있음을 볼 수 있다. 이를 도표로 표시하면 91쪽 표와 같다.

이러한 교사대학 교육과정은 목회자교육을 위한 신학과정의 구성과 유사한 형태를 띠고 있으면서도 실천신학의 이론과 실제분야를 강화하고 있음을 볼 수 있다. 이들 학과목의 강사는 신학대학의 교수들과 해당 교회의 사역자들을 중심으로 하고 있다. 이러한 교육과정 구성은 주일학교 교사들을 신학적으로 균형을 잡아줌으로 교회의 다음 세대 지도자를 양성함에 필요한 성경, 신학 그리고 교육에 능한 교사를 양성함을 목표로 하고 있기 때문이다.

교사대학 교육과정

분야	세부분야 및 강좌명		강좌수	비율
영성	교사성령부흥회/철야기도회		6회	23%
신학/ 윤리	신·구약	신약개요, 구약개요	2강좌	27% (7강좌)
	기독교교리	기초교리론(1), 기초교리(2)	2강좌	
	교회사	한국교회사,세계교회사	2강좌	
	윤리	기독교윤리	1강좌	
기독교 교육/ 교회교육	교사론	교사론(1),교사론(2)	2강좌	50% (13강좌)
	학생이해 및 지도	상담과 생활지도, 발달심리학, 심방과 생활지도	3강좌	
	교수(가르침)	공과교수법,시청각교수법	2강좌	
	예배 및 행정	주교예배, 주교행정	2강좌	
	응용(실제)	반목회법, 찬송과 율동, 특별모임 운영법, 성경손유희	4강좌	
총계	학과목 (교사 성령 부흥회 포함)			100% (26강좌)

4. 교사교육 교육과정의 강조점

원주 중부 교회 교사대학 교육과정의 강조점은 온전한 그리스도인 지도자를 양성함에 있다. 이러한 교육과정이 강조하는 내용은 크게 네 영역으로 분류할 수 있다. 첫째는, 신학 분야이다. 교사들의 신학적 기초를 든든하게 하기 위하여 신·구약 성경, 기초교리 1·2, 한국교회사 및 세계교회사, 그리고 기독교윤리 등의 일곱 과목을 개설하고 있다. 평신도 교육이지만 성경을 가르치는 교사는 교단의 신학적 입장을 이해하고 그에 따라야 한다. 그래서 교단 입장의 신학을 평신도들에게도 교육하는 것이다. 둘째는, 교육이론 부분이다. 이 영역에서는 교회교육을 바르게 하기 위한 이론적 배경을 제공한다. 즉 교사에 관해서는 교사론 1·2,

학생에 관해서는 상담과 생활지도, 발달심리학, 심방 및 생활지도, 교수법에 관해서는 공과 교수법 및 시청각 교수법, 그리고 운영에 관해서는 예배와 행정에 대한 강좌이다. 셋째는, 교육 실제 부분이다. 이 영역에는 반 목회법, 찬양과 율동, 특별활동 운영법 그리고 성경 손유희 등이 개설된다. 이는 교사들이 실제 학급을 지도하는 데 필요한 실천에 관한 것들이다. 마지막으로는, 신앙훈련 부분이다. 이를 위해서는 교사대학 교육과정 네 학기의 매 학기 심령부흥회와 철야기도회를 통하여 교사들의 영성과 헌신을 새롭게 하고 있다.

교사대학 교육과정이 이론 중심이 아니라 교육 실제에 필요한 내용들을 강조한다는 것은 교사교육을 충실히 하여 그들로 하여금 신학적 견고성과 성경 지식, 그리고 교단의 개혁신학적 정체성에 조화되는 교사들이 되게 하는 데 있다. 그리고 이를 통하여 교회학교를 강화하고 교회를 말씀 중심의 교회로 만드는 데 있다. 이러한 교육은 결과적으로 양적인 면에서의 변화를 통해서도 그 영향을 찾아볼 수 있다.

V. 교사교육의 결과

1. 교사로서의 반성

교사대학에 참여하였던 어떤 교사는 "영아부 아이들이 어려서 교육이 잘 안 되는 것 같아도 준비를 많이 했다면 더 도움이 되었을 터인데… 교사로서의 준비가 얼마나 중요한가에 대해 배우며 굉장히 부끄럽고 기도를 많이 해야겠다"라고 하였다. 다른 교사는 "예배시간(교사 심령 부흥회/철야기도회 시간)에 은혜를 받고 교사로서 반성하고 다짐해 보는 시간이 되었다 …하나님께서 교사로 세워 주심에 감사하며 더욱 사랑을 베풀어 주어야겠다는 마음의 결단을 가지게 되었다"라고 하였다. 어떤 교사는 "좀 더 공과에 대한 준비를 철저히 해야겠다 … 하루에 한 번 정도 아이들을 위해 기도해야 하겠다"라고 하였으며 어떤 교사는 "교사 대학에 참여할 때마다 지금보다 더 많은 기도와 관심이 있어야 하겠다는 깊은 반성이 있었다"라고 하였다. 이와 같은 교사들의 소감은 교사대학 교육의 과정이 교사들로 하여금 교회 주일학교에서 가르치는 자로 반성의 태도를 갖게 하는 기회를 제공한다고 볼 수 있다.

2. 교사로서의 자질 함양

교사대학에 참여하였던 어떤 교사는 "아이들에게 실질적으로 적용할 수 있어서 좋았다"라고 하였고 다른 교사는 "다양한 수업 방식은 아이들에게 정말 바람직한 방법이라고 생각한다 … 다양한 방법론을 적용하기 위해서는 이와 같은 교육의 빈도가 더 늘어나야 한다"라고 하였다.

어떤 교사는 "교사 대학을 생각하면 매번 새로움을 기대하고 오게 된다 … 실질적이고 새로운 사례 중심적인 수업을 더 들었으면 좋겠다"라고 하였다. 다른 교사는 "정리되지 않은 생각들이 간단명료하게 정리되는 느낌이 있었다"라고 하였다. 이와 같은 교사들의 소감은 교사대학 교육의 과정이 주일학교 교사로서의 자질 함양을 돕는다고 볼 수 있다. 원주중부교회 주일학교 교사들은 "교사대학 프로그램이 매우 소중하다! 교사로서의 사명감을 갖게 한다"라고 말한다.

3. 교회 주일학교의 양적 부흥

원주중부교회가 교사교육을 강조함으로 성도들이 영적으로 성숙함은 물론이고 더불어 교회의 양적 부흥을 맞고 있다. 그 내용을 보면 주일학교는 급격한 증가는 아니지만 완만한 성장을 지속하고 있다. 최근의 통계인 2014년과 2016년 현재의 교회학교 재적생수와 평균출석수는 다음 도표와 같다.

위의 도표에 나타난 주일학교의 통계에 대한 수치를 보면(영아부에서 청년부까지) 재적수는 2014년과 비교해볼 때 2016년에는 105.8%가 증가하였고, 평균출석수는 107.4%가 증가하였다. 그리고 교사들의 헌신은 더욱 열정을 더해가고 있다. 이는 전체 교회의 분위기와도 무관하지 않고 교사교육을 통한 교사들의 헌신과 봉사가 이러한 결과를 가져왔다고 볼 수 있다. 좀 더 구체적인 결과는 교사들을 대상으로 설문조사를 진행하면 교사들의 영적, 정서적, 그리고 지적인 성장의 변화를 찾아볼 수 있을 것이다.

이와 함께 장년부의 회집수는 크게 증가하였다. 현재의 담임목사가

주일학교 재적수와 출석수

부서	2014년		2016년	
	재적수	평균출석수	재적수	평균출석수
영아	73	65	70	60
유치	95	62	105	72
유년	133	89	213	129
초등	133	79	136	95
중등	100	63	116	63
고등	80	43	106	50
대학	146	72	97	49
청년	142	69	111	64
합계	902	542	954	582

부임한 13년 전에는 500명 미만의 장년성도가 회집하였으나 지금은 2천 명의 성도가 네 번의 주일집회에 회집하고 있다. 더불어 전도회와 구역들도 크게 활성화되고 회집하는 성도수도 크게 증가하고 있다. 한편으로는 원주시가 혁신도시로 지정되어 정부기관 아홉 개가 이전해온 것도 원주시의 인구 증가와 함께 성도의 증가로 교회가 크게 부흥하는 여건을 조성해주는 것도 있지만 다른 교회와 비교할 때 원주중부교회는 교회의 목회 방향과 담임목회자의 교육목회의 실천 그리고 교사교육의 활성화로 말미암아 교회가 크게 성장하고 있다.

VI. 나가는 말

본 글은 '원주중부교회 교사대학'을 통하여 '늘 배우는 주일학교 교사' 사례를 소개하였다. 원주중부교회는 담임 목회자가 기독교교육에 대한 진지함을 가지고 목회사역을 함에 있어 교육목회를 실천함으로써 성도들을 온전케 하며 더욱 봉사하는 일에 집중함으로 교회를 든든히 세워가고 있다. 담임 목회자의 교사교육에 대한 강조는 교사들로 하여금 지속적으로 배우는 자가 되게 하며 교사들은 프로그램에 관심을 갖고 지속적으로 참여하게 된다. 교회 주일학교 교사가 지속적으로 배움의 프로그램에 참여할 때 교사는 학생들을 잘 가르칠 수 있는 영적이며 신앙적인 가르치는 자의 소양을 갖게 된다. 더 나아가 교사는 가르침의 소명을 지속적으로 갖고 가르침의 사명감을 실행하게 된다. 우리나라 교회는 주일학교 교사로 하여금 배움의 기회를 갖도록 여건을 마련해 주어 영적으로 성숙하여 가르치는 자가 되도록 세워주어야 하겠다. 오늘날 교회 주일학교 교육이 쇠퇴하고 있는 시점에 '배우는 교사'는 우리나라 교회교육의 회복을 위한 주인공이 될 것이다.

참고문헌

Horne, Herman H. 박영호 역.『예수님의 교육방법론』. 서울: 기독교문서선교회, 2005.
Palmer, Parker J. 이종태 역.『가르침과 배움의 영성』. 서울: IVP, 2010.
Price, J. M. 김철호 역.『위대한 교사 예수』. 서울: 침례회 출판사, 1995.
Van Dyk, J. 김성수 역.『가르침은 예술이다』. 서울: IVP, 2003.
Zuck, Roy B. 송원준 역.『예수님의 티칭 스타일』. 송원준 역. 서울: 디모데, 2006.
양금희.『교회학교 진단 침체와 부흥』. 서울: 쿰란, 2008.
장화선. "우리나라 교회교육의 회복을 위한 방안."「성경과 신학」제 75권(2015). 259-283.
한춘기.『교회교육 코칭』. 서울: 대한예수교장로회총회, 2014.
_____.『교사 마스터링』. 서울: 생명의 양식, 2008.
원주 중부교회 2016 교사대학 교안
원주중부교회 2016 교회요람
원주중부교회 2016 고등부 교육계획서
원주중부교회 2016 유년부 교육계획서
원주중부교회 2016 유치부 교육계획서
원주중부교회 2016 중등부 교육계획서
원주중부교회 2016 청년부 교육계획서

어린이 문학작품을 활용한 인문학적 신앙교육
— 신앙교회를 중심으로

김인옥
(장로회신학대학교 교수)

I. 들어가는 말: 소통의 언어의 연금술, 그리고 아름다운 그림

당신이 태어났던 날 밤에, 별이 반짝이는 호기심으로 창문 안을 들여다보고, 달빛은 미소 지으며 그 아름다운 빛을 당신이 누운 아기 침대 위에 흘리고, 그 창문을 지나가던 바람이 "이 세상은 이제 달라질 거야"(지금까지 당신과 같은 사람은 세상에 단 한 명도 없었으므로)라고 속삭였다는 사실을 아십니까?[1]

낸시 틸만(Nancy Tillman)은 『네가 태어난 날 밤에』(*On the night*

---

[1] Nancy Tillman, *On the Night You Were Born* (New York: Feiwel and Friends, 2005).

You were Born)라는 어린이 그림책에서 이렇게 그의 이야기를 시작합니다.

비와 바람을 타고 불린 당신의 이름은 마술처럼 하늘 위로 높이 날아올라 대양 위로 항해하고, 나무 사이를 지나 모든 사람이 그 이름을 들을 때까지 온 세상에 퍼져나갑니다. 당신의 그 눈과 코와 귀엽고 재미있게 생긴 발가락을 가진 사람은 이제껏 아무도 없었습니다. 당신의 이름이 마법의 주문처럼 말해졌을 때, 북극의 곰들은 당신의 이름을 듣는 순간 동이 틀 때까지 춤을 추었습니다. 거위들은 멀고 먼 곳에서 집을 향해 날아왔습니다. 달은 다음 날 아침까지 머물러 있었습니다. 무당벌레들은 그 자리에서 꼼짝 않고 앉아 있었습니다. 그러니까 당신이 얼마나 특별한 사람인지 가끔씩 의심이 갈 때, 당신을 아무도 사랑하지 않는 것 같이 느껴질 때, 기러기가 하늘 높이 날아가면서 내는 소리를 들어보세요. 놀랍게도 당신의 이름을 부르고 있을 거예요. 동물원에 가서 잠만 자고 있는 곰을 보게 된다면, 당신을 위해 밤새 춤을 추느라 피곤했기 때문이랍니다. 바람 소리를 들으면서 잠들 때, 잘 들어 보면 바람은 당신의 이름을 다시 속삭이면서 지나가고 있습니다. 아침까지 지지 않고 떠 있는 달이나, 한 번 앉은 자리에서 날아가지 않고 계속 앉아있는 무당벌레나, 당신 방 창가에 앉아있는 작은 새는 당신이 미소 짓는 모습을 보고 싶어서 기다리고 있는 거예요. 지금까지 이 세상에 존재했던 모든 이야기와 노래 속에는 없었던, 그리고 미래의 이야기 속에도 존재하지 않을 유일무이한 당신이 탄생했던 그 신비로운 밤에, 이 세상의 모든 나팔과 트럼펫이 당신의 탄생을 축하하기 위해 울려 퍼졌답니다. 시편 139편 14절에 나오는 "내가 주께 감사함은 나를 지으심이 심히 기묘함이라"(NRSV)라는 말씀을 이처럼 아름답고 설득력 있게 전할 수 있는 것은 동화작가 낸시 틸만의 뛰어난 문학적 감각과 그 표현에 풍부한 예술적 감성과 상상력을 더하는 그림 때문일 것이다. 이 책을 감상하다 보면 자연과 우주와 연결되어 있는 한 생명의 탄생의 신비와 창조의 질서를 상기하게 된다. 그리고 내가 얼마나 소중하고 귀한 사람인지 새삼 감탄하게 된다.

성경에 기록된 수많은 이야기, 시, 편지와 신학적 담론이 영원히 전해져야 할 영원한 하나님의 사랑의 표현이라면, 이 불변의 진리가 그 시대의 문화와 언어로 소통되어야 할 것은 두말할 필요가 없을 것이다. 문학은 그 시대의 삶의 한가운데에 자리하면서 빚어진 언어의 예술로서 가장 일상적인 경험이 심미적인 경험으로까지 전환될 수 있는 가능성을 제시한다. 그리고 심미적인 경험은 진리와 선과 아름다움의 하나님의 본성 가까이 우리를 이끌게 된다.

기독교교육자와 교사로서 혹은 하나님의 말씀을 사랑하는 기독교인으로서 예수 그리스도의 사랑을 나누고 소통하려는 노력은 "너희 마음

신양교회 전경과 교육철학을 담은 패

에 그리스도를 주로 삼아 거룩하게 하고 너희 속에 있는 소망에 관한 이유를 묻는 자에게는 대답할 것을 항상 준비하되 온유와 두려움으로 하고"(벧전 3:15, 개역개정)라는 말씀에 대하여 마음속 깊이 순종하는 자세라고 볼 수 있다. 우리가 모두 문학 작가가 되어야 한다는 말은 아니지만 '온유와 두려움'으로 복음의 진리를 소통한다는 것은 다른 말로 하면 진심을 담은 적절한 언어의 선택을 전제로 한다고 생각한다. 그리고 인문학적 접근을 통한 신앙교육은 문학작품의 힘을 빌려 어린이들과 함께 복음의 가치와 정신을 나누기 위해, 교사가 먼저 이러한 정신과 목적을 이해하고 교육받고 어린이들을 만나기 위한 프로젝트로 신양교회에서 시작되었다.

II. 문제제기와 사역의 동기

인문학적 접근을 통한 신앙교육은 실험적인 프로젝트로 시작되었다. 현재 한국교회 교회교육의 해결되어야 할 문제점 중의 하나로 '충분치 못한 교육공간과 시간'이 오랫동안 논의되어 왔었다. 신양교회의 담임 목사인 이만규 목사는 토요일 오전에 비교적 여유 있는 교회의 교실들을 충분한 신앙교육 시간으로 활용하고, 주 5일 수업으로 토요일에 집에 홀로 남겨지는 어린이들의 시간을 유용하게 사용할 수 있는 대안으로 토요일의 신앙교육을 제안하였다. 또한 그 보조적인 도구의 하나로 영어를 함께 가르치면 더욱 효과적일 것이라고 보았다.

이러한 생각은 현재 한국교회와 지역사회의 교육적 필요에 부합한 것이었다. 또한 필자는 어린이들과 교사 그리고 부모들의 영적인 필요에 있어서는 생각하고 침묵하는 여유, 그리고 시적인 글귀와 시각적인 아름다움에 반응하고 수용하는 감성을 함양하는 기회를 부여한다면, 적극적이고 역동적인 한국교회의 복음적 에너지와 함께 신앙의 균형을 잡아줄 수 있을 것이라고 판단하였다. 다른 한 편으로는, 물질주의적이고 과학기술 만능의 시대적인 조류에 흔들리는 신앙의 정체성을 점검하고 확고히 해주는 데에도 일조할 신앙교육방법으로 생각이 되었다.

다음은 '글로벌 리더십 모세스 주말학교'라는 이름으로 시작한 이 프로젝트를 소개하는 리플렛에 담긴 내용으로 필자의 교육철학과 신양교회의 목회적 비전을 고려하여 작성하였다.

모세스 주말학교의 목적과 철학

신양교회의 사람을 살리고 사람을 세우는 교육, 시대정신을 이끌어 가는 교육의 실현은 모든 교사와 어린이가 자신을 포함하여 모든 사람이 하나님의 형상으로 창조된 존중받아야 할 존재임을 자각하는 것입니다. 이러한 교육은 구체적으로 가정을 비롯한 다양한 공동체에서 어린이와 부모, 교사가 서로 소통하고 상호작용하는 능력을 획득하는 것으로 그 결과가 나타납니다. 우리는 뿐만 아니라 다음 세대의 지도자가 되기 위해 필요한 동시대의 흐름을 파악하고 미래를 예측할 수 있는 지식과 능력을 갖추어야 할 당위성을 인식하고 그에 필요한 교육환경을 만들어 갈 것입니다.

우리 모세스 주말학교는 지식은 대화이고 대화는 곧 지식이라는 교육철학을 실천하려고 합니다. 한국의 교육계는 주입식교육에 의한 엄청난 양의 정보만으로는 경쟁력을 잃어가고 있다는 것을 절감하고 있습니다. 우리는 어린이들에게 창의력과 생각하는 능력을 길러

> 주고 자신의 생각을 말로 표현하도록 도와줄 것입니다. 그래서 그
> 들이 획득한 지식이 공동체를 유익하게 하는 지혜가 되도록 노력할
> 것입니다.

신양교회의 신앙공동체와 이러한 생각을 나눌 수 있는 가능성을 기대하며 시작한 프로젝트의 진행 과정을 다음 장에서 소개하려고 한다.

III. 실제 사역 진행 과정

'인문학적 접근을 통한 신앙교육'이라는 실험적인 프로젝트에 관한 출발점은 다음 세대 교육에 대한 깊은 관심이었다. 특히 기독교 정신과 가치를 실현하는 지도자를 양성할 필요에 대하여 담임목사와 논의한 결과, 시대가 요구하는 인문학적 소양을 갖추고 기독교 신앙으로 시대정신을 이끌어가는 유능한 지도자를 준비하는 데에 의견을 같이하였다. 이를 위하여 제일 먼저 두세 차례에 걸쳐 교육담당 부목사 및 교육부서 조력자들과 함께 비전을 나누는 시간을 가졌고, 주일예배 중의 알림과 필자의 '샬롬의 배움 공동체'라는 설교를 시작으로 이 프로젝트를 회중과 공유하기 시작하였다.

주일 예배의 공동체 비전과 나눔(광고) 시간에 담임목사는 어린이들의 미래 글로벌 리더십을 갖추게 하기 위해 영어 실력 향상을 돕고 기독교적 세계관을 가진 리더를 양성하기 위해 모세스 주말학교를 시작한다고 알렸다. 그리고 토요일 아침의 두 세션(오전 10시부터 오후 1시)을 위

한 교사모집을 위해 누구나 올 수 있다고 격려하였다. 처음에 영어에 대한 관심으로 많은 자원자가 모였고 영어교육과 인문학적 접근을 통한 신앙교육을 위한 교사교육을 시작하였다. 6개월간, 일주일에 한 번씩 열두 번의 교육 후에, 이 과정을 온전히 수료한 교사는 별로 많지 않다. 그래서 계속 교육하는 것을 전제로 하고 어린이 40명과 함께 모세스 주말 학교를 2012년 봄에 개교하게 되었다.

글로벌 리더십을 함양하는 교육이라는 목적을 이루기 위해 매주 토요일 크게 두 가지 부분에 역점을 두었다. 첫째는 어린이들이 그림책을 통해 느끼고, 생각하고, 자기 생각을 표현하는 스토리텔링과 다중지능을 자극하는 여러 가지 활동을 통해 경험을 통한 학습기회를 갖게 하는 것이었다. 토요일 오전 두 시간에 걸쳐 예배, 영어학습, 스토리텔링의 각 세션을 진행하면서 따뜻하고 배려하는 환경을 조성하려는 노력을 하고 있다. 예를 들어 해피 워즈(Happy Words), 즉 아침인사, good morning, 고맙습니다, Thank you, 미안합니다, I am sorry, 실례합니다, Excuse me, 안녕히 가세요, Good bye 등의 언어를 교사들이 먼저 자주 사용하도록 한다. 영어 학습은 뮤지컬과 드라마를 통하여 보다 더 자연스럽게 영어에 익숙해지도록 하였다. 학기 말에는 한 학기 동안 익히고 연습한 뮤지컬을 주일 오후 예배 때 발표함으로써 한 학기를 마무리하고, 어린이들은 어른들의 격려에 자신감을 얻는다.

한 학기에 두 번 정도는 문화체험을 하는 기회를 가진다. 한 번에 한 나라를 정하여 그 나라에서 체류한 적이 있거나 적어도 잘 아는 사람을 초청하여 그 나라의 언어, 문화, 풍습, 종교 등에 대하여 배우고 가능하면 그 나라의 음식을 조리하여 같이 시식하는 시간을 가졌다. 문화체험학습의 연장으로 지난여름 방학 때, 일주일의 여정으로 태국의 한 학교

태국 코랏시에 있는 플룩 파냐 학교 문화체험에서 태국어린이들에게 우리 나라의 큰 절을 보여주고 있다.

를 방문하였다. 어린이들 각자가 우리 문화를 한 가지씩 소개하고 태국의 어린이들과 만나 친구가 되고, 그들의 문화를 소개받았다.

야외 체험 학습이나 캠핑도 한 학기에 두 번 정도 가지는데, 지난 학기에는 통일전망대 근처에 있는 캠프장에 갔다. 어린이들은 남한과 많이 달라진 북한의 언어를 배우고, 북한 어린이들의 게임을 해보고, 북한의 교회에 대하여 배우는 시간을 가졌다. 다음 날에는 임진강 너머로 보이는 북한 땅을 망원경으로 볼 수 있었다. 다녀온 후에 감상문 등을 써서 주일 주보에 실어서 어린이들의 경험을 전 교인이 같이 나눌 수 있도록 하였다.

위의 여러 가지 활동 중 토요일 모세스 주말학교의 가장 중요한 부분은 스토리텔링으로 인문학적 접근을 통한 신앙교육의 주 내용이 된다. 기본적인 훈련을 마친 교사들은 매주 어린이들과 함께 읽을 책들을 시연하고 책의 내용을 같이 토의한다.

IV. 사역의 이론적 배경

1. 자연스러운 기독교적 환경

어린이를 위한 기독교교육은 19세기 말에 호레이스 부쉬넬의 기독교적 양육이 출판된 후에 비로소 그 내용과 환경을 갖추게 되었다고 볼 수 있다. 그 전까지 어린이는 어른이 되기 전에 죄 가운데서 태어난 비이성적이고 비인격적인 존재로 여겨졌다. 그러나 종교개혁자 마틴 루터는 어린이에게는 하나님의 성품이 아직 변질되지 않고 잘 보전되어 있다고 보았다. 그는 성경을 평민의 언어로 번역하고 어린이들을 위한 학교설립을 정부에 탄원하였으며 가정에서 부모들이 자녀들을 위하여 신앙교육을 할 수 있도록 소요리 문답을 저술하였다. 루터의 영향을 받아 코메니우스는 어린이의 신앙교육은 유아세례로 약해진 하나님의 형상을 회복할 수 있도록 해준다고 주장하였다. 그 후 18세기의 장 자크 루소는 자연주의 어린이 안에 내재한 자연적인 감정은 학교 교육으로 너무 일찍 이성화시켜서는 안 된다고 하였다. 최대한 자연성을 보존함으로써 어린이가 사회의 선입견 없이 자율적으로 판단할 수 있도록 해야 한다는 교육론을 주장하였다.[2]

제 1,2차 대각성 운동이 지나간 18세기 말, 부쉬넬은 그의『기독교적 양육』에서 '유기적 연결의 법칙'을 주장하였다. 그것은 어린이들은 부모의 경건한 삶으로부터 흘러나오는 향기를 맡으며 자연스럽게 기독교

---

2 고원석, "21세기 한국 기독교교육의 과제와 전망 안에 어린이신학에 대한 서론적 고찰",『21세기 한국교회교육의 과제와 전망』(서울: 장로회신학대학교 기독교교육연구원, 2007), 261-264.

인으로서의 성장하게 됨을 말한다. 부모의 단순한 식습관과 옷차림, 기도하는 모습과 같은 좋은 습관을 모방하고 온유한 말투와 훈육을 통하여 어린이들은 도덕적이고 종교적인 성품을 갖추게 된다고 하였다.3

가정에서 부모들의 역할의 중요성을 강조하는 부쉬넬의 교육관은 오늘날 자녀들의 신앙교육을 일주일에 한 번 한 시간 정도의 교회교육에 의존하고 주중의 대부분의 시간은 경쟁적인 입시교육을 위해 사용할 수밖에 없다고 생각하는 부모들에게 여전히 배울 점을 일깨워준다. 요즈음 자녀들이 대부분의 시간을 가정에서보다는 밖에서 보내기 때문에 가정에서의 일상이 많이 줄어든 것은 사실이지만, 훈육과 더불어 따듯함과 배려, 감정적이고 감성적인 경험을 격려하고 뒷받침 받을 수 있는 곳은 가정이다. 그리고 교회교육은 부모들과 교사들이 이러한 역할을 할 수 있도록 지속적인 대화로 지원해야 할 필요가 있다.

2. 대화 교육의 중요성

최근 급속한 과학기술의 발전과 더불어 엄청난 양의 정보를 다루는 이 시대를 살아가기 위해서는 필요한 지식의 전수와 엄청난 정보의 양을 다루기 위한 훈련이 생존을 위한 기본적인 요구사항이 되었다. 그리고 학교교육은 이 요구에 부응하여 효과적으로 지식을 주입하여 대학입시를 준비하는 체재를 벗어날 수 없게 되었다. 어린이들이나 청소년들은 대학입시에 합격하기 위한 공부에 열중한 나머지 가정에서나 학교에

---

3 Horace Bushnell, *Christian Nurture*, Ebook. New Haven: Yale University Press, 1988,1916, 1947.
http://www.christianebooks.com/pdf_files/bushnell-christiannurture.pdf.

서 생각하고 대화하고 토론하는 기회를 거의 얻지 못한 채 학교 교육을 마치고 있다. 결과적으로, 우리의 젊은이들은 창의적으로 생각할 기회를 박탈당하고, 무궁무진한 지식의 바다를 항해할 수 있게 해주는 호기심에 찬 질문을 할 마음을 잃고 마는 것이다. 다시 말하면, 학교는 다음 세대에게 사회를 유지하기 위한 공식을 익히게 하고, 공식대로 움직이는 부품을 생산하는 역할을 다하는 것으로 그 주된 목적을 삼게 되었다. 이러한 사회 환경 속에서의 교회교육은 일주일에 한 번, 한 시간의 교육을 보다 더 효과적으로 하기 위한 큰 도전을 받고 있다.

그러나 대화를 통해 오늘날 학교에서 얻는 지식은 살아있는 지식으로 전환될 수 있는 잠재력을 가지고 있다. 다른 사람과의 대화는 자신이 알고 있는 정보와 지식이 무엇인지 확인해주고, 대화 중에 생긴 질문은 더 넓고 깊은 앎의 세계로 사람들을 이끌게 된다. 이러한 대화는 가정 안에서, 학교와 교회의 소그룹 안에서 일어나도록 할 수 있다. 특별히 신앙교육에 있어서 소그룹 안에서의 대화의 기회와 공간은 기독교교육자 리차드 아스머(R. Osmer)가 일찍이 말했듯이 누군가의 신앙이 격려 받고, 확인되고, 도전받을 수 있는 매우 중요한 교육의 방법이 될 수 있다.

대화를 통한 교육방법은 오늘날 컴퓨터게임과 스크린에 몰입하여 점점 고립되어가는 어린이와 학생들에게도 대화를 통해 얻어지는 지식이 얼마나 중요한지 깨닫게 하고 서로가 서로에게 삶의 파트너로서 없어서는 안 될 귀중한 존재임을 경험하게 한다. 예를 들어 이웃 사랑에 대한 이해는 일방적으로 들려지는 이야기보다는 돌봄, 양보, 배려 등의 구체적인 삶의 양식으로 보다 더 잘 이해되고 어린이들이 일상에서 경험하는 이야기 속에서 대화를 통해 그들의 눈높이에서 이웃사랑을 실천할 것을 격려받는다.[4]

어린이와 청소년들에게 기독교의 가장 중요한 진리인 예수 그리스도의 십자가의 죽음과 부활을 교리적으로 강조하다 보면, 이들은 그 언어와 개념을 별 생각 없이 흡수한다. 그러나 그것이 학교에서 학우들의 은근한 따돌림을 당하거나, 끝없는 경쟁에 내몰려 학원에서 학원으로 전전하는 자신들의 삶과 어떤 관계가 있는지 알게 하지는 않는다. 신앙과 삶의 분리는 그들에게 일상이 된다. 그러나 그 대신에 서로의 눈을 마주치며 이야기를 잘 들어주고, 공감해주고, 같이 웃고, 안타까워하고, 슬퍼하는 관계가 형성되는 곳에서 이들은 진리를 자기의 것으로 끌어안게 된다.

대화교육이 창의력과 생각하는 능력을 길러주고 자신의 생각을 말로 표현하도록 격려하는 것은 궁극적으로는 그들이 획득한 지식이 공동체를 유익하게 하는 지혜가 되도록 이끌도록 하기 위함이다. 에릭 에릭슨의 인간 발달론적인 관점에서 보면 자아 정체성을 형성하는 청소년기

---

[4] 대화교육에 대하여서는 김인옥 "자유는 사랑처럼: 가정에서의 민주화를 위한 대화적 교육의 중요성," 『기독교교육논총』 vol. 21 (2009년 6월)을 보면 더 자세히 설명 되어 있다.

는 생후 직후부터 부모와의 접촉에서 시작되는 신뢰감, 자율성, 주도성, 근면성 등과 같은 선수적 발달을 전제로 한다. 이 과정에서 인간의 가장 기본적인 상호관계가 대화적으로 그리고 공감 있게 이루어져야 할 것은 두말할 것 없이 중요하다. 왜냐하면 자아 정체성의 형성은 타인을 바로 이해할 수 있게 하고, 더 나아가 더 큰 타자(the Other)인 신의 존재를 인식할 수 있도록 하기 때문이다. 어린이들과 청소년기에 다른 사람으로부터 받아들여지는 경험, 즉 긍정적인 대인 관계를 많이 경험할수록 이들이 하나님을 아는 지식을 가질 기회가 많아질 것이다. 그리고 가까운 사람과의 친밀하고 열린 대화를 많이 할수록 자신과 타인에 대한 긍정적인 이미지를 가지게 된다. 이렇게 해서 얻어진 하나님을 아는 지식은 인간 삶에 있어서 지혜라는 말로 표현될 수 있다. 지혜는 세계 제2차 대전 때 원폭을 만들어 시험해보고 싶어 했던 물리학자들이 가졌던 지식의 오만과 폭력성을[5] 자제시킨다.

3. 성경의 이야기와 삶의 이야기

어릴 때부터 성경의 이야기를 들으면서 자란 어린이들은 수없이 들어왔던 에스더, 다윗, 다니엘, 모세, 등과 성경의 인물들과 자신을 동일시하게 된다. 그래서 이들은 신앙의 삶의 이야기를 자신의 이야기로 만들어나갈 준비가 되고, 자신의 인생 속에서 신앙적인 삶을 구현해 간다. 그것이 이야기가 가지는 기독교교육적 강점이다. 그런데 어린이들은 수

---

5 지식과 지혜에 대한 훌륭한 통찰과 생각은 Parker J. Palmer, *To know as we are known: Education as a spiritual journey*, 이종태 역, 『가르침과 배움의 영성』(서울: IVP, 2006)에 심도 있게 표현되어 있다.

많은 삶의 이야기를 만들어가면서 살아간다. 신앙의 인물들과 예수 그리스도의 마스터 스토리(master story)들이 이들의 삶의 작은 파편적 이야기들과 그물처럼 얽혀져서 신앙적 정체성을 형성하고 삶의 의미를 찾아갈 수 있다. 여기에서 기독교교육의 교수적 역할은 삶의 이야기와 성경의 이야기를 촘촘한 그물망처럼 엮어나가는 데 있다.

현재 아동교육에서 오감을 사용한 교수법은 다른 연령에 비해 가장 많이 사용되고 있고, 이는 앞에서 말한 것처럼, 인지적 발달 이전의 감성과 감정을 보다 더 자연스럽게 소통의 수단으로 사용하고 있기 때문이다. 그러나 어린이들의 자연스러운 자기중심적 생각을 자신이 속한 공동체인 가정, 교회, 학교에서 다른 사람과의 관계성을 깨닫고, 자기 생각을 표현하는 훈련을 하는 데에는 어린이들이 일상에서 느끼는 감정, 생각, 경험을 문학적 양식으로 표현한 어린이 그림책이 매우 적절하다고 생각한다. 그것은 어린이들의 신앙교육을 담당한 교사들에게 어린이들의 언어로 그들에게 다가갈 수 있는 매우 유용한 교수적 도구이다. 성경 이야기를 들려주는 기독교교육자들의 고민은 어떻게 하면 성경 이야기의 세계와 청자의 세계의 접촉면을 넓혀 주는가에 있다고 할 수 있다. 다시 말하면 현대를 살아가는 청자들이 성경의 이야기를 자신들의 이야기로 동일시하면서 신앙의 본보기로 삼아, 신앙적 세계관을 넓혀가도록 하는 것이다.

4. 대화교육의 실제

스토리텔링을 위한 교사교육에서 느끼는 가장 큰 장애는 교사들이 가지고 있는 두려움이다. 그것은 스토리텔링의 교재를 미국에서 출판되는 어린이 그림책으로 사용하므로, 비록 영어는 미국의 저학년 어린이들 수준이지만, 아동문학책으로서 이야기에 함의된 사회와 문화 컨텍스트에 대한 낯설음이 있기 때문이다. 그래서 매주 교사모임에서는 주제에 관련된 교사들의 생각과 느낌을 주로 나누고 있다. 우리 문화와 다른 점을 비교하거나 역사적으로 찾아보아 새로 얻게 되는 지식들에 관해서도 토의한다. 이 시간에 교사들은 인문학적 소양을 넓히고 깊게 할 수 있는 좋은 기회를 갖게 된다. 교사들이 주제에 관하여 활발하게 토론한 후에 어린이들과 수업을 진행할 때에는 교수안에 얽매이지 않고 대화 속에서 자연스럽게 교사 토론에서 한 이야기들이 흘러나올 수 있도록 하는 것이 좋다.

또 다른 어려움은 교사가 최소한도의 주도권을 가지고 어린이들의 대화가 자유롭게 흘러가도록 하는 자유로움을 누리는 것이다. 책의 내용과 그림들이 어린이들의 자연스러움(spontaneity)과 순수함(genuineness)과 만나서 그들의 상상력을 자극하고 있는 그대로 자신의 생각을 드러내는 과정이 수업시간에 일어난다면 그보다 더 좋을 수는 없다. 교사는 그런 순간을 방해하지 않고 경청해주고 감탄해주는 역할을 하면 된다. 그러므로 교사는 예상치 못한 질문이나 의견을 늘 생각하고 있어야 한다. 혹은 말로 다 표현되지 않은 암묵적인 앎(tacit knowing)의 순간이 있다는 것도 알 필요가 있다. 왜냐하면 시적 언어나 그림과 같이 오감으로 작용하는 직관적인 지식을 얻는 것은 어른들보다는 어린이들이 생득적으로 우월한 위치에 있기 때문이다.

한 학기에 대략 열두 권 정도의 그림책을 어린이들이 읽게 되고 3년을 주기로 돌아가면서 학기마다 서너 권씩의 새로운 책을 더한다. 이 프로젝트를 시작한 지 5년이 된 지금, 약 팔십 권 정도의 책을 소개하였다.

다음은 교사들이 읽어주는 책의 교수안 보기이다. 이 교수안을 미리 받고 그 주에 읽어줄 책의 내용을 파악하고 개인적으로 준비한 다음 수업 전 혹은 수업 후 평가를 같이 하고 더 좋은 아이디어에 대하여 의논한다.

스토리텔링 교수안

날짜 date	성경과 성경해석 Scripture and interpretation
제목 Title How to Babysit a Grandpa 할아버지 돌보기 진 리건 지음, 리 윌드시스 그림 by Jean Reagan and Lee Wildsish[6]	골로새서3:20-21 Children, obey your parents in everything, for this is your acceptable duty in the Lord. Fathers, do not provoke your children, or they may lose heart.(NRSV) 자녀들아 모든 일에 부모에게 순종하라 이는 주 안에서 기쁘게 하는 것이니라. 아비들아 너희 자녀를 노엽게 하지 말지니 낙심할까 함이라(개역개정)
주제 subject 할아버지와 재미있게 노는 방법	중심생각 theme 부모, 조부모에 대한 존경, 부모의 자녀를 향한 사랑은 현대적으로 해석하면 돈독한 가족애를 의미할 것이다. 세대의 차이를 넘어서는 가족 간의 돌봄과 사랑은 서로 같이 있고 싶어 하고, 좋은 것을 나누고, 즐거워하는 것으로 표현된다. 부모들이나 조부모들은 자녀들을 훈육하고 보호해야 하는 어른의 입장만 생각하지 말고 어린이 눈높이에서 생각하고 같이 놀고 즐거
목표 objectives 1. 할아버지와 함께한 즐거운 기억을 나눌 수 있다. 2. 할아버지와 함께 할 놀이 두	

| 가지를 말할 수 있다. | 워하는 것으로 부모나 조부모의 역할을 더할 수 있다. |

문학적요소 elements of literature

같은 작가에 의한 '할머니 돌보기'의 뒤를 이어 출판된 '할아버지를 돌보기'라는 책의 제목은 할아버지가 심신이 약해져 돌보아 드려야하는 상황을 떠오르게 한다. 그러나 책의 내용은 할아버지는 부모가 집을 비운 사이에 손자를 돌보기 위해서 집에 와주신 경우이다. 어린이 책답게 어린 소년의 관점에서 할아버지의 돌봄을 받는 입장이 아니라 자신이 할아버지를 돌보아준다는 설정을 하고 있다. 작가는 제목을 보고 책을 읽기 시작하는 독자에게 반전의 놀라움을 선사한다. 그 놀라움은 곧 상대가 누구든 천재적으로 놀 거리를 생각해내는 어린이와 함께 놀이에 빠져드는 즐거움으로 변한다. 스냅사진과 같은 각 장면이 사랑스럽고, 친절함과 재미가 넘치고 있다. 특히 어린소년은 또래 친구와 어울리듯이, 할아버지와 같이 시간을 보내면서 하고 싶어 하는 여러 가지 놀이를 할아버지는 손자의 또래 친구처럼 재미있게 놀아준다.

문화사회적요소 cultural, social, historical reflection

어른을 공경하고 어른에게 예의를 표하는 우리 문화는 귀중한 것이지만, 요즈음 우리사회의 분절현상으로 인해, 노인을 합리적으로 소외시키는 데에 악용되는 듯하다. 어느 시대나 어느 사회에나 존재하는 세대차이라는 자연스러운 행태를 넘어서서 배제하고 불신하는 사회분위기를 조성하고 있다. 권위주의적인 노인을 피하려는 젊은사람들의 입장을 생각해보면 이해할 만도 하지만, 근본적으로 한 개인을 소중히 여기고 서로 존중해나가는 문화를 창조해나갈 필요가 있다. 할아버지와 재미있는 시간을 보내는 것은 할아버지를 사랑하고 존경하는 방법이다.

기도 prayer

사랑의 하나님, 우리들에게 서로 사랑하고 돌보고 같이 좋은 시간을 보낼 수 있는 가족을 주셔서 감사합니다.

공부할 단어 words

어린이 수준에 따라 교사가 정한다.

교실준비 classroom set up

원형으로 둘러앉는다.

진행시간과 내용	45분(11:40~12:25)	부드럽지만 엄하게 규칙 준수의 중요
열기	1. 규칙 말해주기: 다른 사람의 말을 경청하고 할 말이 있	

opening		으면 손을 들고 선생님의 허락을 받은 후 말한다. 2. 책을 보여주면서 저자를 소개하고 표지의 그림을 감상하게 함으로 이야기의 배경이나 내용을 짐작케 한다.	성을 강조한다.
이야기 들려주기 our story		할아버지를 돌보는 일은 무척 재미있어요. 할아버지가 오셔서 벨을 누르시면 어떻게 해야 하는지 알아요? "숨어요!" 할아버지가 너를 찾는 동안 킥킥 웃음이 나오지만 소리 내면 안 되니까 참아야 해요. 어떻게 조용히 하고 있어야 하죠? 여러 가지 방법이 있어요. 네가 점심거리를 찾는 상어라고 생각해요. 아니면 해적선의 스파이라고 생각하던가, 혹은 사자 동상인 것처럼 가만히 앉아 있어야 해요. 할아버지가 드디어 "못 찾겠다, 꾀꼬리!"라고 외치면, 그때 "여기 있죠!" 하면서 뛰어나가는 거예요. 아빠 엄마가 집을 떠나시면, 할아버지께 "시장하지 않으세요?" 하고 여쭤보면서 간식을 준비해 드려요. 과자를 올려놓은 아이스크림, 열 손가락에 낀 올리브, 뭐든지 케첩을 바른 것, 아이스크림을 올려놓은 과자 등으로 간식을 먹고 나서 산책을 나가요. 추우면 목도리와 따듯한 옷을 입혀드리고 더우면 선블락크림을 잘 발라드려요. 특별히 머리카락이 없는 머리 꼭대기에는 더 많이 발라야 해요. 길을 건널 때 양쪽으로 차가 오는지 잘 보라고 할아버지께 일러드려요. 산책을 갔다 오면 할아버지께 눈을 꼭 감고 계시라고 하고 그동안 할아버지를 즐겁게 해드릴 것들을 준비해요. 재주넘기, 귀신 놀이, 근육자랑, 그 외에도 할아버지가 더해달라고 할 경우를 생각해서 다른 것도 준비하고 있어야 해요. 할아버지도 같이 놀고 싶어 하시면 할 게 많아요. 할아버지가 피리 부는 동안 드럼을 치기, 상어에게 잡히지 않도록 배(소파)위에 올라가 있기 등이에요. 할아버지가 "낮잠 시간이다"라고 말씀하시면 할아버지를 재우는 가장 좋은 방법은 아주 긴 책을 읽어드리는 거예요. 네가 졸리더라도 자면 안 돼요. 베이비시터는 자면 안 되거든요. 할아버지가 주무시면 할아버지 냉장고에 붙여드릴 그림을 그려요. 그리고 나서 할아버지를 깨울 때, 할아버지 발가락을 간질이거나 노래를 불러드려요. 그리고 할아버지께, "엄마 아빠가 집에 곧 오실 시간이에요?" 라고 여쭤보면 할아버지는 "어이쿠! 금방 오실거야!" 베이비시터는 방을 어지럽게 늘어놓은 채 그대로 두면 안 돼요. 빠른 음악을 틀어놓고 방을 치워요. 엄마 아빠가 들어오는 소리가 들리면 할아버지에게 조용히 숨어계시라고 하고, "거봐요, 아빠 엄마는 언제나 집에 돌아오시죠?" 라고 귓속말을 해드려요. 이제 할아버지와 작별할 시간이에요. 쉽지 않지만 이렇게 해봐요. 아까 그린 그림을 선물로 드려요. 할아버지를 안아드리고 뽀뽀해드리세요. 그리고 여쭈어 보세요. "언제 또 할아버지를 돌봐드릴까요?"	

성경 이야기 Bible story	부모님을 공경하라, 존중하라, 어른들에게 예의 있게 대하라고 가르쳐주는 성경 말씀을 생각해봐요. 부모님, 할머니, 할아버지들은 세상을 오래 살면서 지혜가 많이 생긴 분들입니다. 그리고 우리를 사랑해주시므로 좋은 것들을 많이 가르쳐 주십니다.
성경과 연결하여 대화하기 connect-ing to the Bible story	그래서 할아버지를 자주 찾아뵙고, 할아버지와 재미있는 놀이도 같이 하면 할아버지와 좋은 친구가 될 수 있습니다. 여러분 가장 친한 친구가 누구인지 떠올려 보세요. 그 친구와 놀 때처럼 할아버지와 재미있게 놀 수 있답니다. 오늘 이야기에서 가장 재미있었던 부분이 어디에요? 느낀 점이 있어요? 이 책의 주인공 친구는 슬기로운 어린이 같아요. 놀 거리가 정말 많지요? 이 친구처럼 여러분의 할아버지와 어떤 놀이를 할 때 제일 재미있었어요? 어떤 놀이를 할아버지께서 제일 재미있어 하셨어요? 할아버지 어깨를 주물러 드리시면 좋아하세요? 아직 할아버지와 놀이를 해본 적이 없다고요? 여러분이 재미있어하는 놀이를 하면 할아버지도 좋아하실 거에요. 다음에 할아버지를 만나면 같이 놀 수 있는 것 두 가지씩 생각해볼까요? 열심히 생각해보세요. (잠시 생각할 시간을 주고 나서) 자기가 생각한 것을 돌아가면서 말해보도록 해요. 할아버지와 할머니를 존경하고 사랑하는 방법은 무엇일까요? (어린이들의 반응에 따라 적절하게 오늘의 성경 본문과 연관하여 말해준다.)
끝내기 closing	할아버지와 재미있었던 기억을 떠올리면서 그림을 그려 보세요.(저학년) 할아버지께 편지를 써보세요.(고학년)	여러 가지 그림그릴 재료, 편지지 등
평가 evaluation	어린이들이 어떤 부분에서 잘 반응했는가? 책을 읽어가는 동안 어린이들의 표정과 생각을 살피면서 읽어주었는가? 질문한 뒤에 어린이들이 대답하고 생각할 시간을 충분히 주었는가? 어린이들이 집중한 이유와 그렇지 않은 이유가 무엇이라고 생각하는가? 뜻하지 않은 가르침과 배움의 순간이(teachable moment)가 있었는가?

독서목록 리스트를 선택하는 기준은 기독교적 가치를 잘 반영하고

---

6 Jean Reagan & Lee Wildish. *How To Babysit Grandpa*. New York: Alfred A Knopf, 2012.

표현하고 있는가 인데, 대부분의 미국 작가들에 의한 그림책은 가족애, 돌봄, 사랑, 우정, 평화, 포용성, 희망, 그리고 성탄절과 부활절 자체를 아름다운 글과 그림, 시, 노래로 표현된 책들로 되어 있다. 그리고 어린 독자들을 염두에 둔 아티스트들이 다양한 기법과 재료를 사용하여 그린 그림들은 매우 수준이 높다.

그림책이 저학년들을 염두에 두고 만들어졌으므로 고학년들은 아무래도 책 내용 자체에 대한 집중도와 흥미가 떨어질 수밖에 없다. 그렇다고 해서 원래 고학년들이 읽기 시작하는 챕터북(chapter book: 미국의 3, 4학년 어린이들이 그림책 후에 읽기 시작하는 어린이 소설과 같은 책)을 읽히기엔 영어 수준이 미치지 못한다는 어려움이 있다. 그래서 고학년들에게는 같은 책을 읽어주되 연령에 보다 더 적절한 질문과 주제와 관련된 인터넷 자료를 찾아서 보여주고 대화를 해나간다.

그동안 읽었던 팔십여 권의 책 중에서 미국의 흑인 노예제도의 경험을 주제로 한 책들을 여러 권 다루면서 미국의 근대사를 소개할 기회가 있었다. 시민전쟁 후 해방된 흑인들이 농촌에서 대도시로 유입된 대이동(Great Migration)을 다루면서 우리나라의 인구 도시집중 현상에 대해서도 고학년 어린이들과 이야기할 기회를 만들었다.

아직 교사들과 어린이들의 영어수준이 수업진행을 영어로 할 수 있는 정도는 아니므로 책을 영어로 읽어주는 외에는 한국말로 대화를 주고받으며 간혹 강조할 단어들을 반복해서 영어로 말해주고 있다. 이야기책에 있어서 영어학습의 효과는 일상의 영어표현을 반복해서 듣고 우리말과 다른 언어적 감각을 느끼게 하는 것으로 만족하고 있다.

5. 돌아보기

신양교회에서 미래지도자를 세우기 위하여 아직은 새롭게 들리는 '인문학 접근을 통한 신앙교육'이라는 프로젝트를 시작한 것은 담임목사의 새로운 이론에 대한 열린 자세와 언제나 가능성을 염두에 둔 실험정신이 있었기에 가능하다고 생각한다.

처음에 교육부의 더 많은 교역자들이나 교육지도자들과 이 비전을 좀 더 나누고자 하는 의도는 점차적으로 실행해나가는 것으로 미루었지만, 그 후에 잘 실행되지 않았다. 그 이유 중의 하나로 전임부교역자들의 과중한 사역의 양 때문이기도 하고, 교육을 아직도 전체적인 목회사역 안에서 통합적으로 보는 인식이 약하기 때문이라고 생각한다.

또한 이미 시행되고 있는 토요일의 문화학교, 지역사회의 어린이 스포츠의 활성화, 그 외 교회 전체의 행사가 겹칠 때, '더 중요한' 어른들의 행사나 교육부 행사를 우선하기 때문에 진행에 어려움이 있다. 주말학교가 어린이들의 평소 바쁜 일정에 토요일에 또 하나의 할 일을 더하는 것일 수도 있다는 가능성도 고려해야 한다.

교사의 전문성을 더하고 영어실력을 향상시켜야할 과제가 있지만, 교사들이 교회 다른 부서의 봉사를 겸하고 있어서 교육 시간을 내기가 여의치 않다. 그나마 영어 실력을 갖추고 있는 교사들도 인문학적 소양을 위한 교육을 위한 시간을 할애하는 것이 역시 쉽지 않아서 전반적으로 교사의 수준 향상에 어려움을 느끼고 있다. 전반적인 교회의 자원제 교사부족과 지속적인 교육의 어려움과 같은 사정이라고 하겠다.

그러나 교사들의 영어 수준 향상, 어린이와 대화하는 기술, 폭넓은 인문학적 소양이 조금씩이나마 진전을 보이고, 그 결과로 교사들과 어린이들이 그리스도인으로서의 가치관을 세상 속에서 실천해갈 준비가 되어감을 관찰할 수 있다. 뜻을 같이하는 신실한 소수의 일꾼이 있어서 매우 감사하고 희망을 가질 수 있다고 생각한다.

V. 나가는 말

'인문학적 접근을 통한 신앙교육'은 새로운 기독교교육적 접근이지만, 동시에 그리 새로울 것이 없는 것은 복음을 소통하고 성경이 하나님의 말씀으로 들려지기를 원하는 지혜로운 기독교교육가들이 언제나 관심을 기울여왔던 분야이기 때문이다.

그러나 지역교회에 새로운 교육적 시도를 할 때, 교육목회적 관점 아래에서 퍼즐 조각을 맞추어 가듯이 각 부서의 협업과 함께 전체를 균형 있게 조율해가야 한다. 지역교회의 유기체적 특성을 파악하고 관찰하면서 다가가야 한다. 신앙교회에서 이 프로젝트를 통하여 부분적으로나마 하나님을 아는 지식과 인간 이해에 대한 상생의 아름다움을 눈여겨볼 수 있었던 것은, 선과 진리뿐만 아니라 아름다움으로 자주 우리에게 다가오시는 하나님과 이 프로젝트에 함께한 교사들 덕분이라고 여겨진다.

참고문헌

고원석. "21세기 한국 기독교교육의 과제와 전망 안에 어린이신학에 대한 서론적 고찰." 『21세기 한국교회교육의 과제와 전망』. 서울: 장로회신학대학교 기독교교육연구원, 2007.
김인옥. "자유는 사랑처럼: 가정에서의 민주화를 위한 대화적 교육의 중요성." 「기독교교육논총」 21집 (2009년)
Bushnell, H. *Christian Nurture*. Ebook. New Haven: Yale University Press, 1988,1916, 1947. http://www.christianebooks.com/pdf_files/bushnell-christiannurture.pdf.
Reagan, Jean & Lee Wildish. *How To Babysit Grandpa*. New York: Alfred A Knopf, 2012.
Tillman, Nancy. *On the Night You Were Born*. New York: Feiwel and Friends, 2005.
Palmer, Parker J. 이종태 역. 『가르침과 배움의 영성』. 서울: IVP, 2006.

초고령화 시대를 대비한 노인교육
— 개봉교회의 '상록대학'을 중심으로

임애경
(한세대학교 교수)

I. 들어가는 말

실존주의자들은 돋아나는 새싹을 보고도 죽음을 연상한다고 한다. 키에르케고르는 모든 인간이 "죽음에 이르는 병"을 앓고 있다고 했다. 인간이 절망하는 것은 '죽음' 때문이다. 인간이 죽지 않는다면 절망하지도 않을 것이다. 우스갯소리로 "빨리 죽어야지"라고 하는 노인의 말은 어쩌면 죽음에 대한 불안을 가장 해학적으로 표현한 말이 아닐까 생각된다. 그러나 키에르케고르에 의하면 절망은 죽음에 이르는 병일 수도 있지만, 동시에 희망이 될 수도 있다. 하나님의 성도들에게 그렇다.

죽음에 가장 가까이 직면하고 있는 존재가 그 마지막을 두려움 속에서 생을 마감하게 된다면 그것보다 더 안타까운 일은 없을 것이다. 더구나 평균 수명의 연장으로 과거에 비해 노년기가 길어졌기 때문에 노년기를 지나는 터널은 길기만 하다. 안타깝게도 어느덧 한국 사회는 고령사회가 되었다. 2000년 고령화 사회에 진입한 우리나라는 2026년에는 노인 인구가 전체 인구의 20%에 달하는 초고령 사회에 이를 것이라고 전망되고 있다.[1] 굳이 통계 수치를 따르지 않더라도 체감되는 신앙공동체의 사정은 그것보다 더 심각한 비율을 보이고 있는 것이 현실이다. 그만큼 교회로 하여금 노인교육의 비중이 커지고 있음을 실감케 한다.

현재 노인이 직면하고 있는 문제인 건강문제, 고독, 경제적인 어려움, 우울증 등의 전부를 신앙공동체가 해결해 주는 데는 한계가 있겠으나 다양한 시도로써 디다케와 디아코니아의 사역을 실천하고 있는 교회들이 있다. 그 한 예로 개봉교회 '상록대학'을 소개하고자 한다.

개봉교회는 1974년 10월 경기도 광명시에 개봉제일교회로 창립하여 1976년 개봉동 260-13(현 위치)으로 이전하였다. 1978년 제1차 교회 건축(현 선교관)을 시작하여, 지금은 대성전과 교육관, 선교관, 식당 등의 건물을 포함하고 있다. 제1차 교회건축을 기점으로 지금의 '개봉교회'로 개칭하였다. 현재 개봉교회 담임은 노창영 목사이다.

교회 부설기관으로 개봉상록대학, 개봉아기학교, 아세아찬양선교대학, 개봉어린이선교원을 두고 있으나 현재, 개봉어린이선교원은 폐관되었다. 연구자의 입장에서 볼 때 교회에서 가장 비중을 두고 있는 교육 프로그램이 '개봉상록대학'이다. 개봉상록대학은 2005년 '개봉노인대학'으로 개교하여 2016년 현재까지 12년의 역사를 이어오고 있으며 2011년부터 '개봉상록대학'으로 명칭을 변경하여 현재까지 사용하고 있다.

---

[1] 통계청 인구통계자료 참조.

개봉교회 새 성전(투시도)

본 연구자가 노인교육의 현장으로 개봉교회 상록대학을 선택한 이유가 있다. 그것은 규모에 있어서 너무 크거나 작지 않은 소박함과, 꾸준하게 회를 거듭해 가면서 발전해 가고 있는 지속성, 그리고 노인교육에 대한 담임목사의 열정이다. 특히 흔하지 않게 기독교교육을 공부한 목회자가 디자인한 노인교육의 모습을 소개하고 싶은 마음에서 시작되었다. 먼저 간략하게나마 노인에 대한 이해를 돕고, 개봉교회 상록대학의 교육철학, 교육의 대상, 교육의 과정, 교사를 중심으로 소개하고, 기독교교육적인 제언을 하고자 한다.

II. 노인교육의 이해

1. 노인이란 누구인가?

통상적으로 노년기는 신체의 노화와 건강으로 보며, 사회학적으로 65세 이상의 사회 구성원에 해당되는 것으로 이해되고 있다. 브로디(Brody)는 노인을 연령에 따라 세분화 하여 60-64세, 65세-74세, 75세 이상과 같은 세 집단으로 구분하고 있다.[2] 그리고 허얼록(E.B. Hurlock), 에릭슨(E. H. Erikson), 하버거스트(R. J. Havighurst), 브린(L. Z. Breen) 등 현대의 많은 학자들이 노인에 대해 정의를 내리고 있지만 아직까지도 정설을 갖고 있지 않다. 왜냐하면 노인이란 단순히 나이만을 가지고 구별할 수도 없으며, 사회의 전통과 문화에 따라 노화 과정의 개인차가 매우 심하기 때문이다.[3] 일반적으로 노인에 대한 정의를 내릴 때는 생물학적 차원, 연대기적 차원, 사회적 차원, 주체적 차원을 고려하여 육체를 쇠약하게 만드는 다양한 육체적, 정신적 증상들과 연결되어 있는 인간의 마지막 삶의 단계라고 이해해야 한다.[4]

삶의 마지막 단계에 있는 노년기의 과업이 인생을 통합하고 완성해야 할 시기임에도 불구하고 노년기 노인이 겪는 어려움은 빈곤, 질병, 고독감, 무위감에서 찾을 수 있다. 이 시기에 대하여 에릭슨은 노인들이 외적인 적응이 아니라 내적인 투쟁에 몰두해야 한다고 했다. 그것은 성

---

[2] E. M. Brody, *Long-Term Care of Older People: A Practical Guide* (New York: Human Science Press, 1977).
[3] 강종철, "기독교노인교육프로그램개발에 관한 연구",「기독교와 교육」, 1990, 82.
[4] 김정희, "노인교육 프로그램에 대한 기독교 평생교육적 입장에서의 논의 및 제언",「복음과 교육」11집, 2012, 163.

숙과 잠재된 지혜에 대한 것으로, 이 내적 투쟁을 자아통합이라고 한다. 이 투쟁에 나서지 않거나 투쟁에 실패하면 절망에 이르게 된다.[5] 일본정신 신경학회에서는 노인의 심리적 특성을 "완고하다, 이기적이다, 보수적이다, 불평이 많다, 의심이 많다, 변덕이 많다, 고독하다, 사고와 태도가 비판적이다" 등 8가지로 나누어 지적했다.[6] 그리고 학습능력이 떨어지는 사람으로 이해되기도 한다.

그러나 과거의 이해와는 달리 현재 노인에 대한 접근은 긍정적이다. 지적 능력에 대한 이해에 있어서도 노년기의 신체적 감각적인 기능상 장애는 자연스러운 현상으로 보는 동시에 지적능력 감퇴는 여러 요인들이 상호작용하여 발생한 것으로 보고 있다. 따라서 노년기 학습능력에서 차이를 발견할 수 있는 것은 건강, 동기, 주의력 등의 문제로 인한 것이므로 계속해서 교육을 통하여 학습능력에 변화가 없도록 한다면 그들의 지적 수준은 급강하지 않을 것이며, 개별적 노력 여하에 따라 차이가 있을 것으로 보고 있다.[7] 예를 들어 우리는 종종 아주 놀라운 사람들을 만날 수 있다. 미켈란젤로, 헨델, 하이든, 베르디 등의 예술가들은 70세 이후에 가장 길이 남을 작품을 완성하였고, 괴테, 홉스, 데니슨 등의 위대한 저작 또한 80세 이후에 이루어졌다. 그리고 윈스톤 처칠, 벤쟈민 프랭클린, 토마슨 등의 영향력이 80세 이후까지 계속되었다.

성서 안에서도 노인은 아무 할 일 없이 버려진 존재가 아니었다. 노년에 할 일과 사명을 가진 하나님의 백성의 존경받는 일원이었다. 구약

---

5 William C. Crain, 서봉연 역, 『발달의 이론』 (서울: 중앙적성출판사, 2007), 261.
6 강종철, "기독교노인교육프로그램개발에 관한 연구, 83.
7 강영실, "교회노인교육의 실태 및 활성화 방안, 신학과 실천", 「신학과 실천」 4호 2001, 161.

시대의 노인은 지혜의 표본으로 가족 또는 공동체에서 발생하는 시비를 가려주고(신 22:13-21, 32:7), 군사적, 정치적 상황에서 지도력을 발휘(삿 11:5, 삼상 8:4, 삼하 5:3) 했던 것을 알 수 있다.8 신약성서 안에서는 주의 진리를 가르쳐야 할 특권과 사명이 있는 자(엡 6:1-4), 영적으로 성숙한 사람, 공경을 받아야 할 자(딤전 5:1-2)로서 묘사하고 있음을 알 수 있다.9 또한 연약한 존재로서(전 12장)의 노인으로 표현되거나, 돌봐드려야 할 대상으로서의 노인으로 표현되기도 했다. 또한 하나님께서는 자녀들에게 부모를 공경하라(출 20:12)고 명하셨다.

많은 연구에 의하면 노인에 대한 관심은 크게 노인복지와 노인교육이라는 두 가지 차원으로 논의되고 있다. 현재 교회 안에서의 노인교육은 그동안 교회학교 교육이 어린이나 청소년들에게 집중되었던 것과는 달리 평생교육적 관점에서 이루어지고 있으며, 노인복지보다는 노인교육에 집중되어 있는 것이 현실이다.

2. 노인교육, 왜 필요한가?

교육이 인간에게 있어서 기본적인 권리라고 한다면10, 노인들에게 있어서도 교육은 권리이다. 모든 연령대에 인지나, 심리, 사회적 발달과 업이 있다고 한다면 노인들에게 있어서도 그렇다. 피아제(Piaget) 같은 발달심리학자가 학습이 발달을 선행할 수 없다고 보는 이해나 비고츠키

---

8 위의 글, 185.
9 김정희, "노인교육프로그램에 대한 기독교평생교육적 입장에서의 논의 및 제언", 167.
10 허정무, "권리로서의 노인교육: 인본주의적 노인교육철학", *Andragogy Today: International Journal of Adult & Continuing Education*, Vol. 3, 2000, 106.

(Vygotsky)와 같은 사회구성주의자가 학습이 발달을 이끈다는 견해는 비단 성장기 아동들에게만 해당될 수 없다. 노인들 또한 그 연령대에 맞게 배울 수 있는 중요한 시기이며, 학습을 통해서 노인의 다양한 국면을 더 활발하게 할 수 있을 것이다. 필자는 발달과업이라는 말 자체에 이미 마땅히 교육을 받아야 할 적절한 시기가 내포되어 있다고 보고 있으며, 노인들에게 있어서 교육이 권리라고 하는 말 자체에 이미 노인교육의 필요성은 충분하다고 보여 진다.

노인교육의 필요성을 정리하면 다음과 같다.
첫째, 노인 학습자들은 교육받기를 원하고 있다.
노인들이 직면한 위험 가운데 하나가 '고독'이다. 노인학습자들은 단지 인지적으로 배우기 위한 목적도 있겠지만, 배움의 자리를 통해서 함께 어울리고 상호작용하는 가운데서 삶의 기쁨과 안정을 얻을 수 있다. "노인교육 참여가 노인이 심리적 안녕감에 미치는 영향"이라는 연구에 의하면 평생노인교육 참여노인들이 비참여 노인들에 비하여 고독감도 낮고, 삶의 만족도가 높게 나타나고 있으며[11] 노인들 스스로도 교육에 관한 강한 욕구를 가지고 있는데, 노인들이 노인학교를 얼마나 필요로 하는가에 관한 조사에서 78%가 필요하다고 응답했으며, 그 가운데 38.7%의 노인들은 당장 필요하다고 보고 있다.[12]
둘째, 삶의 마지막 여정에서 구원받을 기회가 될 수 있다.

---

[11] 이진희·김욱, "노인교육참여가 노인이 심리적 안녕감에 미치는 영향", 「한국노년학」 Vol. 28. 2008, 899.
[12] 민순·주애랑·백명·박상하·신인용, "노인건강증진을 위한 노인교육 프로그램 실제", 한국노인복지학회, 「노인복지연구」 2002, 가을호, 218.

종교는 노인의 심리적 안녕감에 긍정적 영향을 미친다는 다수의 연구가 있다. 종교가 있는 노인들은 그렇지 않은 노인들보다 죽음을 더 긍정적으로 받아들이는 등 노후 생활을 더 잘하고 있다.[13] 모든 실존에게 해당하는 일이겠지만, 노인들에게 있어서 가장 큰 두려움 중의 하나가 있다면 죽음에 대한 두려움일 것이다. 따라서 마지막을 두렵게 보내기보다 준비하는 과정으로 직면하게 하는 일은 매우 의미 있는 일이다. 신앙 안에서 죽음은 두려움의 요소가 아니라, 본향으로 돌아가는 축복의 의미이기 때문에 가장 결정적인 시기에 하나님과의 만남을 주선해 주는 것은 기독교교육에서 노년기에 해당하는 학습자들에게 해야 할 가장 중요한 임무이다.

셋째, 평균수명의 증가로 노년기가 확대되었다.

최근 통계청 자료에 의하면 2012년 대한민국 평균수명은 남자가 77.95세, 여자가 84.64세이다. 은퇴를 65세로 보았을 때 남성은 12년 이상을, 여성은 19년 이상의 노년기를 맞이하게 된다. 그러나 나이 별로 나타난 평균 수명은 이보다 훨씬 더 높을 것으로 보인다. 그만큼 노년기를 보내는 기간이 많아졌다는 얘기다. 이와 같은 사회적 현상은 교회로 하여금, 국가로 하여금 노인교육에 대한 필요성을 절감하게 한다.

넷째, 교회에서 노인은 돌봄의 대상이기 이전에 선교의 삶을 감당해 내야 할 봉사자다.

교회 노인은 노화와 관련된 부정적 견해를 긍정적으로 바꿀 수 있는 소외될 수 없는 학습자이며, 각 개인의 가능성과 잠재력을 발휘하여 삶

---

13 W. Kalish, *Late adulthood: perspectives on human development*(Monterey, CA: Brooks/Cole Publishing Company, 1975).

의 의미를 보다 풍요롭게 발견할 수 있는 능력자이다. 그리고 신앙과 삶을 통해 신앙공동체 속에서 중요한 역할을 감당해야 할 봉사자이다.14

노인교육에 대한 중요성은 이 밖에도 복지 문제 등 다양한 필요가 있겠지만, 본 글에서는 교육적인 차원에 한정하여, 특히 기독교교육적인 차원에서 그 필요성을 논하였다.

III. 개봉교회 상록대학 들여다보기

1. 어떤 가치관 위에 서 있나?

동기(motivation)가 인간의 행동을 이끌어내는 힘인 것처럼, 교육에 있어서 방향을 설정해 주는 중요한 역할은 교육자의 철학이다. 특히 교회교육 프로그램에 있어서 담임목사의 목회철학 없이는 그 어떤 교육도 장담할 수 없다. 개봉상록대학은 담임목사가 직접 상록대학 교사들의 경건회를 인도할 정도로 관심과 열정을 통해 이끌어지고 있다.

인터뷰와 교육연감을 통해 살펴본 개봉 상록대학의 특징은 다음과 같다.

첫째, 학습자에 대한 종교적 제한이 없다는 것이다. 신자든, 비신자든, 타 종교인이든 참여의 제한이 없다.

둘째, 특별한 졸업식이다. 졸업규정은 졸업자, 계속 수료자, 수료자, 격려증 수여자 등의 규정을 통해서 등록 학생을 축하하고, 소외된 학생

---

14 이정효, "한국 기독교 노인교육의 과제", 「기독교교육논총」 9, 2003년, 54.

이 없이 모두 졸업에 동참할 수 있도록 한다. 특별한 졸업식을 통해서 학습자 모두가 함께 격려하고, 축하하는 자리가 될 수 있다.

졸업 및 수료규정

명칭		설 명
졸업자		상록대학 신입생 중에서 15주 이상 출석자에게 졸업장을 수여한다 (졸업장은 평생 한번).
계속 수료자		상록대학 졸업 후 계속 등록한 학생 중에서 15주 이상 출석자에게 계속 수료증을 수여한다.
수료자		신입생 또는 졸업자 중에서 10주 이상 14주 미만 출석자에게 수료증을 수여한다.
격려증 수여자		신입생 또는 졸업자 중에서 10주 미만 출석자에게 격려증을 수여한다.
개근상		해당 기수에 1-2학기 전체 출석자에게 개근상을 수여한다.
정근상		해당 기수에 1-2학기 중 1주 결석자에게 정근상을 수여한다.
특별상	안나상	해당 기수 등록자 중 최연장자 여학생에게 안나상을 수여한다. 단, 전년도 수여자는 중복수여하지 않고, 다음 연장자에게 수여한다.
	갈렙상	해당 기수 등록자 중 최연장자 남학생에게 갈렙상을 수여한다. 단, 전년도 수여자는 중복수여하지 않고 다음 연장자에게 수여한다.

셋째는 최고의 식사와 교제이다. 개봉교회 상록대학은 조리팀(1팀, 2팀)이 따로 정해져 있다. 매주 10가지 메뉴의 맛있는 점심식사를 제공하고 식사 후 교회 카페에서 차와 다과를 즐길 수 있도록 한다. 이 시간을 통해서 학생들은 친교를 나누게 된다.

넷째, 신앙교육이다. 경건회, 찬양시간, 반별 성경공부를 통해서 기독교 영성을 함양하도록 한다.

다섯째, 삶의 지혜를 가르치는 것이다. 각 분야의 전문가들을 초청하여 특강 시간을 통해 교양, 건강, 과학, 예술 등의 삶의 지혜를 배운다.

여섯째, 개인취미의 고양이다. 이침(耳針), 서예, 한글, 점핑클레이, 하모니카, 한지공예, 예쁜 글씨 POP 등 다양한 특활반을 통해서 개인취미활동을 개발한다.

위의 여섯 가지 교육 가치들은 그대로 교육에 반영되어 상록대학의 교육내용과 교육과정을 결정하는 중요한 지표가 되고 있다.

기독교 노인교육 프로그램개발에 관한 연구[15]에 의하면 노인교육 프로그램을 구성할 때는 그 내용에 있어서 경제적 영역, 지적영역, 정신적·정서적 영역, 사회적 영역, 신체적 영역, 영적 영역 등의 항목을 반드시 고려해야 한다. 이 지표를 기준으로 하여 볼 때 상록대학은 삶의 지혜를 통해서 경제적·지적·신체적 영역을, 개인취미의 고양을 통해서 정신적·정서적 영역을, 신앙교육을 통해 영적 영역을, 최고의 식사와 교제를 통해서 사회적 영역을 포함하고 있는 것으로 보인다.

---

15 교회 노인교육 프로그램을 구성할 때는 ①경제적 영역: 재산관리, 용돈, 생계비와 관련된 것, ②지적영역: 은퇴생활에 필요한 지식과 정치, 경제, 사회 등 오늘의 정세 이해에 도움이 되는 문제, ③정신적·정서적 영역: 건전한 취미 활동에 관한 지식과 정신적·정서적 안정을 유지하는 태도와 방법, ④사회적 영역: 동년배 노인들과의 교우관계 유지와 화목된 가족 관계를 위한 태도와 교양, 그리고 사회 참여와 봉사활동에 관한 태도와 방법 ⑤신체적 영역: 식이요법에 관한 지식과 방법, 노인병에 대한 지식과 건강관리에 관한 지식 ⑥영적 영역: 불안감, 소외감, 죽음의 공포, 후회, 죄책감 등의 극복과 내세에 대한 소망과 확신 등을 위한 영적 생활에 필요한 것들. 강종철, "기독교노인교육 프로그램 개발에 관한 연구", 87-88.

1. 어떠한 과정으로 교육이 진행되고 있나?

개봉교회 상록대학의 입학자격은 지역에 거주하고 있는 만 65세 이상의 노인으로 종교와는 상관없다. 모집인원은 선착순 100명까지며[16], 등록금은 1만 원이다. 상록대학 학생들의 연령분포는 평균적으로 60대가 1.2%, 70대가 59.30%, 80대가 37%, 90대가 2.5%로 70대와 80대 연령의 노인들이 주 학습자이다. 등록된 학생들은 총 6개 반으로 분반되어 각반 담임교사가 정해져서 관리가 되고 있다. 중간에는 뜻하지 않게 장례가 생기거나 입원을 하는 경우가 있는데, 그때마다 담당 교역자들이 심방과 다양한 돌봄을 통해서 학생들을 관리하고 있다.

교육 기간은 1년을 교육과정으로 하고 있으며, 1학기(3~6월, 14주), 2학기(9~11월, 14주) 연 2회로 운영되고 있고 매주 목요일 오전 10시부터 1시 30분까지를 교육시간으로 하고 있다. 한 학기마다 봄 소풍과 가을 소풍이 있으며, 2학기 마지막 주에는 졸업식을 한다. 연구에 의하면, 노인들이 가장 희망하는 교육기간[17]은 1년이며, 다음으로 6개월, 2년 이상, 3개월 등으로 파악되고 있다. 개봉교회는 2학기제로 1년 단위로 교육이 진행되지만 실 교육일수는 6개월이다. 그러나 계속 특강의 주제를 다르게 하고 있기 때문에 학습자가 원하기만 하면 계속 교육을 받을

---

16 상록대학 학습자는 2005년 개교 당시 68명으로 시작해서 2016년 현재 등록 학생은 84명이다.
17 적절한 노인교육프로그램 기간은 연구결과 전체 응답자의 31%가 1년이 적당하다고 응답하였으며, 다음으로 6개월(18.9%), 2년 이상(18.5%), 3개월(17.2%)의 순으로 나타났다. 연령별 차이를 보면 60-64세의 노인집단은 1년 미만의 교육을 선호하는 반면, 65세 이상의 노인들은 1년 이상의 긴 교육을 선호하는 경향이 있다. 김정엽·이재모, "노인교육에 관한 노인의 욕구분석", 「노인복지연구」, 2012년 6월, 17.

| 특강시간 | 교사경건회 |

수 있는 것이 장점이다. 그래서 '특별한 졸업식'이라는 졸업형태를 두고 있는 것으로 보인다.

상록대학의 시간표는 다음과 같이 진행된다.

목회자가 인도하는 교사 경건회를 시작으로 각 교육 내용을 담당하는 교사 및 강사에 의해서 진행이 되며 체조, 찬양, 경건회, 특강, 반별 성경공부, 특별활동, 점심식사 및 교제의 시간으로 마치게 된다. 경건회는 담당 교역자에 의해서 진행이 되며, 간단하게 예배를 드리는 시간이다.

개봉상록대학 시간표

시간	내용
9:50-10:00	체조
10:00-10:10	찬양
10:10-10:20	경건회
10:20-11:10	특강
11:10-11:45	반별성경공부
11:45-12:45	특별활동
12:45-1:30	점심식사 및 교제의 시간

특강은 한 주마다 새로운 주제로 정해진 교육내용에 따른 전문 강사가 진행한다. 특강의 커리큘럼은 교양, 건강, 과학, 예술, 복지나 경제, 취미, 레크레이션, 상담 등의 주제들이 학기마다 적절한 비율로 구성되어 다양하고 풍성한 교육을 받을 수 있도록 제공된다.

특강 커리큘럼의 이해를 돕고자 12기까지 진행된 커리큘럼의 구성을 나열하면 다음과 같다.

상록대학 특강 커리큘럼

1기	1학기	노인과 인생, 노인의 건강관리, 레크레이션, 정신건강과 신앙, 노인들의 경제생활, 화단설계와 가꾸기, 신바람 건강, 봄소풍, 노인복지, 효도잔치, 성경파노라마, 실버극단, Sing & Play, 식생활
	2학기	현대시 읽기, 간증, Recreation & Activity, 노인과 우울증, Sing & Play, 가을소풍, 건강상식 2, 건강한 노후생활, 생물학(하나님의 신비), 노인과 신앙, 웃음으로 인생을 멋지게 살자, 졸업식 준비활동
2기	1학기	노인과 인생, 레크레이션, 평생교육의 필요성, 노년의 신앙생활, 봄철 건강관리, 노인복지, 봄소풍, 맵시 있게 입어요, Sing & Play, 정신건강, 조선을 사랑한 사람들, 영화상영, 여름철 건강관리, 개강예배 간증, 레크레이션, 국악찬양 배우기
	2학기	개강예배 간증, 레크레이션, 국악찬양 배우기, 묵상과 기도, 가을소풍, 고부갈등 해소법, 웃음치료, 인형과 함께, 성경인물 이야기, 겨울철 건강관리, 묵상과 기도, 고부갈등 해소법, 웃음치료, 인형과 함께, 성경인물 이야기, 겨울철 건강관리
3기	1학기	노인과 인생, 레크레이션, 봄철 건강관리, 노년의 신앙생활, 음악치료, 기독교신앙교육, 봄소풍, 함께 드리는 찬양, 발 마사지, 현대 가정에서 노인의 역할, 장수퀴즈, 치매의 예방 및 대책, 행복한 노후, 신앙강좌
	2학기	우리나라 기독교 역사, 약이 되는 음식, 신앙강좌(I), 창조과학특강, 가을소풍, 아름다운죽음, 신앙강좌(II), 세대 간 대화 노인예절, 레크레이션, 국악찬양, 성경영화상영, 가치관

4기	1학기	교양강좌, 레크레이션, 숯의 효능과 활용, 신앙강좌(I), 봄철건강관리, 건강한 인간관계, 노인과 자기관리, 봄소풍, 성경영화상영, 성인병 비만관리, 찬양의 시간, 한국교회역사, 신앙강좌(II), 노인정신건강, 인형극(구원)
	2학기	노인과 자기관리, 레크레이션, 교양강좌, 노년의 성, 가을소풍, 성경영화보기, 노인운동, 가을철건강관리, 함께 찬양과 연주하기, 그리스도인의 에티켓, 신앙강좌
5기	1학기	교양강좌, 제2의 심장발관리법, 노년의 행복, 창조과학, 봄철 건강관리, 신앙강좌, 레크레이션, 화재예방상식, 찬양의 시간, 화단설계와 가꾸기, 봄소풍, 건강강좌, 성경영화상영(장수퀴즈), 노년의 정신건강
	2학기	교양강좌, 가을철 건강관리, 노인교통안전 교육, 가을소풍, 선교현장 이야기, 신앙강좌, 레크레이션, 찬양의 시간, 교양강좌, 노년의 치아건강
6기	1학기	교양강좌, 제2의심장발관리법, 노년문학, 봄철건강관리, 창조과학, 신앙강좌(I), 찬양의 시간, 신앙강좌(II), 행복한 노우생활, 봄소풍, 노년의 정신건강, 레크레이션, 건강강좌
	2학기	교양강좌, 레크레이션, 노인치아관리, 가을소풍, 교양강좌, 행복한 노후생활, 신앙강좌, 동절기 건강관리, 창조과학, 찬양의 시간
7기	1학기	신앙강좌(I), 봄철 건강관리, 건강한 식생활, 창조과학, 손발사용법, 신앙강좌(II), 찬양의 시간, 노인치아관리, 노인건강체조, 봄소풍, 죽음준비, 영화상영, 신앙강좌(III)
	2학기	교양강좌, 찬양의 시간, 노인의 정신건강, 창조과학, 가을소풍, 웃음치료, 노인건강체조, 노인치아관리, 노인건강관리, 커피 만들기, 교양강좌
8기	1학기	교양강좌, 봄철 건강관리, 노인건강체조, 봄소풍, 노인치아관리, 찬양의 시간, 장수퀴즈, 창조과학, 치매의 예방 및 대책, 건강한 식생활, 신앙강좌, 노인건강체조, 건강한 식생활, 인형극
	2학기	교양강좌, 찬양의 시간, 노인치매강의 및 검사, 신앙강좌, 가을소풍, 웃음치료, 교양강좌, 노인건강체조, 노년의 행복, 노인치아관리, 레크레이션

9기	1학기	신앙강좌(I), 레크레이션, 봄철건강관리, 웃음치료, 교양강좌, 창조과학, 노인건강관리, 가치관, 효도잔치, 가을소풍, 신앙강좌(II), 효도잔치, 신앙강좌, 교양강좌, 건강강좌, 인형극
	2학기	신앙강좌(I), 신앙강좌(II), 레크레이션, 가을소풍, 교양강좌(I), 신앙강좌(III), 건강강좌, 교양강좌(II), 노인건강관리
10기	1학기	신앙강좌(I), 봄철건강관리, 노인건강체조, 노후에도 배우는 삶, 자신을 행복하게 만드는 법, 건강하게 오래 사는 법, 말(투)이 만들어가는 삶, 신앙강좌(II.아름다운 죽음), 효도잔치, 재미있는 음악놀이, 봄소풍, 노후의 정신건강, 레크레이션, 인형극, 노년의 열매
	2학기	신앙강좌(I), 노인복지정책, 노인건강상담, 손발사용법, 가을소풍, 웃음치료, 신앙강좌(II), 가을철 건강관리, 국악찬양, 찬양간증
11기	1학기	신앙강좌(I), 노인에티켓, 창조과학 "창조주 하나님", 노인치아관리, 교양강좌, 웃음치료, 건강강좌 "중풍", 봄소풍, 신앙강좌(II), 노인체조, 노인우울증, 찬양과 율동, 노년의 삶 나라사랑, 신앙강좌(III)
	2학기	신앙강좌(I), 건강체조, 손발사용법, 말과 건강에너지, 찬양의 시간, 건강하게 오래사는 법, 신앙강좌(II), 신앙강좌(III), 건강한 삶 행복한 인생, 신앙강좌(IV), 신앙강좌(V)
12기	1학기	신앙강좌(I), 노인의 성경읽기, 창조과학, 고혈압예방법, Sing & Play, 노인우울증, 효도잔치, 봄소풍, 신앙강좌(II), 교양강좌, 레크레이션, 노인치아관리
	2학기	신앙강좌(I), 노인건강관리, 노인건강체조, 웃음치료, 가을소풍, 교양강좌, 신앙강좌(II), 가을철 건강관리, 국악찬양

특강이 끝나면 각반 담임교사와 함께 성경공부를 하는 시간을 갖게 된다. 반별 성경공부 교재는 예장통합총회교육자원부에서 발간한「노년을 위한 교육목회 시리즈」,「하늘향기」(2006년 초판),「하늘잔치」(2008년 초판)를 사용하고 있다.

반별 성경공부

반별 성경공부 모임을 마치면 특별활동 장소로 흩어지게 된다. 각자 원하는 특활반을 선택하여 취미활동을 개발하고 있다. 구체적인 내용들은 2016년 현재 서예반, 이침반, 점핑클레이반, 한글반, 중국어반, 하모니카반, 한지공예반, 예쁜 글씨 POP반이다. 과거에 개설되었던 특활반들은 시와 음악반, 종이미술반, 동요시조반, 토탈공예, 영어회화반, 영어찬양반, 퀼트공예 등이 있었는데, 특활반의 커리큘럼은 해를 거듭해 가면서 학습자들이 선호하는 과목들로 수정되고 있다. 주목할만한 것은 특활반의 강사들은 모두 개봉교회 평신도 사역자라는 사실과 강사와 함께 각반을 보조하는 보조교사로 특별반이 운영되고 있다.

점심식사 및 티타임

상록대학 특활반 커리큘럼

특활반	설 명
서예반	서예(한글, 한자)를 배우며, 작품을 만든다.
이침(耳針)반	귀에 침을 놓는 이침 법을 배우고 건강을 관리하는 법을 배워서 어르신들이 스스로 건강을 바르게 관리할 수 있도록 돕는다.
점핑클레이반	통통 튀는 점토를 사용하여 다양한 사물을 직접 만들어 봄으로 관찰력과 창의력을 기르고 손의 감각을 발달시킨다.
한글반	한글을 바르게 읽고, 쓰는 것을 배우며 한글의 위대함과 아름다움을 경험하게 한다.
중국어반	일상생활에 필요한 중국어회화의 기초를 배우고 익혀서 세계화시대의 역량을 기른다.
하모니카반	하모니카 연주법을 배워서 음악의 즐거움을 누리며 찬양을 하는 시간을 갖는다.
한지공예반	우리나라 고유의 기법으로 제작한 한지로 작품을 만들며 전통문화의 아름다움을 배운다.
예쁜 글씨 POP반	글씨를 예쁘게 쓰는 방법을 배워서 예쁜 광고문구와 글씨작품을 만든다.

특별활동이 마치면 점심식사와 함께 담소를 나눌 수 있는 티타임 시간을 갖고 귀가하게 된다. 개봉 상록대학의 교육과정에서 느껴지는 것은 교육면에서는 전문성과 노인을 향한 사랑과 돌봄이, 교제측면에서는 최선을 다해서 베풀고자 하는 사랑과 나눔이 묻어남을 느낄 수 있다.

2학기를 마치고 나면 주일에 그동안 특별활동에서 만들었던 다양한 작품들을 전시하여 전 성도가 감상할 수 있는 시간을 마련하여 개봉 상록대학이 단지 주중에 성도들이 알지 못하는 시간에 이루어지는 교육이 아니라, 전 성도들의 관심가운데 이루어지도록 상록대학을 소개하는 기회를 갖는다.

  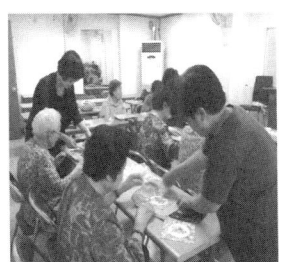
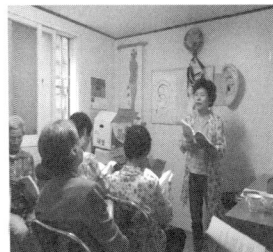  

특별활동

2. 상록대학의 교사들은 누구인가?

아무리 잘 구성된 커리큘럼이라 할지라도 학습자와 직접 상호작용을 하는 교사의 역할은 너무 중요하다. 일반적으로 노인을 교육하는 교사는 반드시 교사교육을 통해 준비되어 있어야 하는데, 다음과 같은 기준들로 상록대학의 교사를 이해해 보고자 한다.

첫째, 노인 학습자에 대한 전문적인 이해가 있어야 한다.

김정희는 노년부 및 노인학교의 전문 목회자 및 교사의 양성이 필요함을 지적하면서 현재 노년부 및 노인학교의 부실한 교육방법과 내용은 바로 현대 노인에 대한 이해, 고령화에 대한 이해, 기독교 평생교육에 대한 이해 및 교사의 역할에 대한 전문적 지식이 없는 사람이 노년부 및 노인학교를 운영하는 데에서 그 원인을 찾고 있다. 노년부 및 노인학교에 대해 경험 없는 사람들이 노년부 및 노인학교의 의의나 본질을 올바로 이해하지 못하고 있기 때문에 그 교육 커리큘럼이 부실할 수밖에 없다. 목회자 및 교사는 노인성도/학습자를 가르치는 자로서의 역할뿐만 아니라 그들이 스스로 학습을 할 수 있는 존재임을 잊어서는 안 된다.[18] 고 한다. 이는 노인을 교육하는 교사는 전문성뿐만 아니라 노인에 대한 이해와 경험이 필요함을 알 수 있다.

12년간의 교육연감[19]의 역사를 통해서 볼 때 개봉교회 상록대학의 강사진은 각 분야의 전문가들로 구성되어 있다. 그리고 교사들은 앞으로 잠재적으로 노인대학의 학습자인 동시에 노인에 대한 이해와 봉사정신이 투철한 사람들로 세워져 있다.

둘째, 노인들에게 적합한 교육방법이 무엇인지 파악하고 있어야 한다. 그렇다면 노인들이 선호하는 교육방법은 무엇인가? 연구에 의하면 노인은 강사 위주의 강의를 가장 선호하며, 그다음은 실습 또는 현장방문 교육, 동영상을 이용한 시청각 교육 순으로 선호하는 것으로 나타났다.[20] 개봉교회는 기본적으로 노인들의 신체적인 특성을 고려하여 교육장소의 동선을 줄이고 대부분 강의와 소풍과 같은 현장학습 등이 주 교육방법이다.

셋째, 노인교육의 교사는 연령대를 고려해야 한다. 노인들이 가장 선호하는 강사의 연령대는 60대나 50대 순으로 노인들은 자신과 나이가

---

18 김정희, "노인교육 프로그램에 대한 기독교 평생교육적 입장에서의 논의 및 제언", 182-183.
19 개봉교회는 1년에 한 번씩 개봉상록대학 간이통합연감을 발간하고 있다. 개봉교회「간이통합연감」, 2005-2016.
20 김정엽·이재모, "노인교육에 관한 노인의 욕구분석", 91.

비슷한 연령대의 강사를 선호하고 있는 것으로 보이며, 희망하는 강사는 해당 분야의 전문가나, 대학교수, 저명인사, 훈련된 동료강사로 나타나 있다.[21] 개봉교회 상록대학을 섬기는 평신도 사역자 및 강사진은 대부분 평균 연령이 50, 60대이며, 평신도 사역자들은 모두 상록대학의 잠재적 학습자라고 할 수 있다. 이상의 노인교육의 교사의 자격을 중심으로 한 논의를 정리해 보았을 때 개봉교회 상록대학은 평신도 전문 인력을 적절하게 활용하고 있으며, 학습자들에게 거부감 없는 강사들의 연령대와 특성들에 잘 부합하고 있고, 교육방법에 있어서도 노인학습자들의 특성을 잘 고려한 교육을 하고 있는 것으로 볼 수 있다.

IV. 기독교교육적 제언

1. 개봉 상록대학에 대한 평가

개봉 상록대학은 12년이라는 결코 짧지 않은 역사를 자랑한다. 교회 교육의 프로그램을 두고 성공과 실패를 가리는 것은 교육에 대한 예의

---

[21] 김정엽·이재모, "노인교육에 관한 노인의 욕구분석"에 의하면 노인이 희망하는 강사는 해당 분야의 전문가라는 응답이 60.9%, 대학교수가 16.9%, 사회 저명인사가 8.3%, 훈련된 동료강사 7.6%의 순으로 나타났다. 노인교육프로그램에서 희망하는 강사로 해당 분야의 전문가는 연령이 낮을수록 희망하는 정도가 높아지며, 대학교수는 연령이 높을수록 선호하는 것으로 나타났다. 선호하는 강사의 연령대로는 60대가 응답자의 35.1%를 얻었으며, 50대는 32.8%로 나타나 노인은 자신과 나이가 비슷한 연령대의 강사를 선호하고 있으며 강사의 연령으로는 50대는 모든 연령대에서 동일한 정도로 선호하였지만, 상대적으로 40대를 선호하는 연령대는 60-64세 집단이었고, 60대를 선호하는 연령대는 65-74세 집단의 노인이었다. 앞의 책, 90-91.

가 아닐는지 모른다. 어떤 교육이든 그 교육을 통해서 변화된 학습자가 있다면 그 자체로 박수 받아야 할 일일 것이다. 그러나 우리가 교육을 계획할 때에 다양한 국면들이 뒷받침되어 훌륭하게 이끌 수 있다면 더 보람된 일일 것이다. 그런 의미에서 개봉교회 상록대학은 전문적이고도 체계적인 교육적 요소들을 포함하고 있는 것으로 보여 진다. 학습자들에게 알맞은 교사와 전문성 있는 강사, 커리큘럼의 다양성, 상록대학에 대한 교육주관자의 열정과 관심이 그것이다. 구체적으로 기술하면 다음과 같다.

첫째, 상록대학의 교사들은 영성과 전문성을 갖춘 교사들이다.

상록대학의 교사들은 크게 교역자, 교회평신도 자원, 특강강사이다. 여기서 교회 평신도 사역자들은 잠재적인 노인대학의 학습자들로서 항존직을 은퇴하고 나서 노인대학에 머무를 학습자로 기대되는 인력으로 소그룹 반을 맡고 있으며, 특별활동의 강사들이다. 특강 강사는 교회 전문인력과 교역자와 외부 강사들로 구분된다. 공통적인 특징들은 노인 학습자들에게 친화력이 있는 연령대이고 경험을 겸비하고 있어서 노인들에 대한 이해도가 높은 인력들이라는 것이다.

둘째, 다양한 커리큘럼으로 노인에 대한 필요를 채우고 있다.

노인들의 문제이자 교회노인교육에서 기대되는 교육내용인 신앙, 건강, 복지, 교양 등의 다양한 교육내용을 특강을 통해서 그 필요를 채워주고 있다. 신앙교육에 있어서도 죽음에 대한 문제를 성경의 가치관을 통해서 직면하게 해주는 등 노인들이 직면하고 있는 다양한 실존의 문제들에 대해서 성경의 가치관으로 답을 주고 있다. 건강교육에서는 각종 건강에 대한 상식과 레크레이션, 식생활, 노년의 정신건강, 노인들이 공통적으로 앓고 있는 질병들에 대해서 대처하는 방법과 이해를 돕고 있다. 복지면에서는 구체적으로 교회가 경제적인 문제들을 해결하고 일자리를 창출해주는 적극적인 부분은 아니지만, 노인복지에 대한 이해와 실생활에 필요한 다양한 정보를 가르쳐 주고 있다. 교양강좌를 통해서는 시문학이나 소설을 접할 수 있도록 돕거나, 노래, 커피 만들기, 영화상영, 역사, 각종 취미생활에 관련된 것들을 배울 수 있다.

셋째, 학습자 중심의 배려와 섬김이다.

어느 누구도 소외되지 않는 특별한 졸업식을 통해서 교육받은 모든 학습자가 졸업과 수료에 의미를 갖고 서로를 축하하는 자리를 갖는다는 것이다. 또한 12년 동안 열 가지 반찬으로 구성된 식사와 다과를 대접한다는 것은 쉬운 일이 아니지만 이미 개봉교회 상록대학의 전통으로 굳어져 있다. 특히 먹는 것에 대한 즐거움이 큰 노인들에게는 큰 행복이 아닐 수 없다.

넷째, 프로그램의 지속성과 체계성이다.

상록대학의 지속성과 체계성의 원동력은 우선적으로 담임목사의 관심과 열정이라고 보여진다. 직접 교사들의 경건회를 인도할 정도로 상록대학에 대한 남다른 애정이 돋보이며, 상록대학을 준비하는 교회 인력들 또한 그 리더십을 따라 질서 있게 움직여지고 있다.

수많은 장점들을 품고 있는 개봉교회 상록대학이지만, 미래지향적인 차원에서 아쉬움을 피력하고자 한다.

개봉교회 상록대학의 교육철학이자 주요 3대 가치관(특별한 졸업식, 풍성한 음식, 제한을 두지 않는 학습자) 중에서 학습자에 대한 무교, 타종교, 타교인에 대한 제한을 두지 않는다는 것의 이면에는 객관적으로 보았을 때 복음전도의 기회를 염두에 두고 있는 것으로 보이는데, 사실상 커리큘럼 상에서 그러한 흔적이나 노력들이 미미하게 확인된다. 특히 특강 커리큘럼에서 처음 1년-6년째까지의 커리큘럼은 각 특강 주제들이 균형을 이룬 듯했으나 7년째부터 현재까지의 특강 커리큘럼에는 신앙교육 항목이 지나칠 정도로 중복되고 있는 것이 확인된다. 실제로 노인대학 학습자 중에서 타교나 무교는 극히 미미한 숫자로 확인되고 있다. 따라서 개봉교회 상록대학이 교인들의 노인 학습자들만을 위한 전유물이 되지 않기 위해서는 그리고 선교적 교회라는 교육철학을 충분히 반영하고자 한다면 무교나 타종교를 아우를 수 있는 교육적 배려가 필요하다고 보인다.

2. 기독교노인교육이 나아갈 길

우리나라에서 처음으로 문을 연 노인교육으로는 1972년 10월 종로 태화관에 자리 잡은 서울 평생교육원이 개설한 '노후생활 강좌'였고, 기독교 차원에서의 노인교육은 1975년에 정릉교회에서 운영하는 정릉경로학교 설립으로 시작되었다. 시대적 요청으로 이후 빠르게 전국으로 확산되었다. 교회교육은 시대적 요청이라는 이유가 아니어도 요람에서 무덤까지의 평생교육의 가치관을 담고 있을 뿐만 아니라, 가장 중요한 선교적 사명을 띠고 있기 때문에 노인교육은 교회의 몫이어야 한다.

교회에서 노인교육을 할 때 가장 우선시해야 할 일은 교육내용에 있어서, 그리고 교육방법과 교사에 있어서 전문성이 준비되어 있어야 한다.

첫째, 노인교육의 내용은 다음과 같은 사항들을 포함하는 교육이어야 한다. 노인들의 욕구와 관심을 중요시하는 입장에서, 노인들이 속한 특수한 사회적 상황을 고려하여 교육내용이 선정되어야 한다. 전수적 내용(formative contents)뿐만 아니라 비판적 내용(critical contents)

도 포함되어야 한다. 그리고 교회 노인교육은 일반 사회 교육과는 달리 신앙공동체라는 특수성을 갖고 있음을 고려하여 신학적, 성서적 전제를 유념해야 한다.22 일반적으로 '연령이 높아지면 종교에 대한 관심이 높아진다'23는 사실을 고려하여 더욱더 선교적 사명에 부합할 수 있도록 교육내용을 구성해야 한다. 또한 세대 간의 분리를 극복할 수 있는 교육이어야 한다. 고부간의 갈등과 같은 가족 간의 의사소통은 물론, 노인들의 정치적인 의사표현들이 십대 이십대의 미래를 결정하는 만큼 노인들이 사회나 경제적인 문제들을 바로 이해할 수 있도록 도와야 한다.

둘째, 노인들에게 적합한 교육방법이어야 한다. 노인들의 신체적, 심리적 특성, 환경적 특성을 고려하여 노인들에게 가장 적합한 교육방법이 무엇인지 파악해야 한다. 대집단을 선호하는지, 소집단을 선호하는지, 강의를 선호하는지, 활동하는 것을 좋아하는지 등의 세심한 교육적 배려가 있어야 한다.

셋째, 노인교육의 교사는 전문성과 노인교육에 대한 소명의식이 있는 자여야 한다. 가르치는 자에게 가장 중요한 것은 전문성과 소명의식이다. 가르치는 것을 소명으로 생각하는 교사에게 전문성은 따라올 수밖에 없다. 노인에 대한 전문성이 없는 교사는 교육에서 충돌을 일으킬 수밖에 없다. 전문성과 더불어 노인 학습자들을 가르치는 것에 대한 열정과 기쁨이 있었어야 한다. 교회는 노인교육에 대한 열정이 있는 자로 하여금 노인교육에 대한 전문적인 지식을 배울 수 있는 기회를 제공해

---

22 강희천, 『기독교교육사상』 (서울: 연세대학교출판부, 1991), 314-318.
23 일반인들의 종교생활은 30대 이후부터 시작하여 연령이 높아지면서 점차적으로 활발해지며, 65세 이상 노인 중 71%는 그들의 일상생활 중 종교생활이 큰 비중을 차지하고 있음을 밝히고 있다. D.K. Harris & W. E. Cole, 최신덕 역, 『노년사회학』 (서울: 하나의학사, 1988), 117-118.

야 한다.

루터의 말대로 기독교가 이 세상의 왕국과 하나님의 왕국이라는 두 가지 왕국을 동시에 살아갈 수밖에 없는 운명 공동체인 만큼 교회에서의 노인교육은 단지 교인들의 전유물이 되어서는 안 된다. 선교의 사명과 노인들의 입장에서 그들이 세상을 변혁시켜가는 주체의 삶을 살 수 있도록 노인교육을 디자인해야 한다. 그러기 위해서는 노인교육을 디자인하는 교육주체들의 인식의 전환과 전문성, 섬김의 리더십이 요구된다.

V. 나가는 말

흔히 교회학교 아동 및 청소년에 해당하는 교육만을 미래를 준비하는 교육으로 생각하는 경우가 일반적이다. 그러나 교육하는 행위 자체는 모두 미래를 지향하고 있다. 노인교육 또한 미래를 준비하는 교육임을 잊어서는 안 된다. 삶의 여정에 있어서 '죽음'이라는 과정이 마지막이 아니기 때문이다. 우리는 예수 그리스도의 십자가 옆에서 구원받은 강도를 기억한다. 임박한 죽음에 직면한 강도가 구원을 받았듯이, 생을 마감하는 그 순간까지 인간에게는 모든 것이 열린 미래로 남아 있다.

노인교육에 대한 시작은 먼저 노인에 대한 인식의 전환에서 시작해야 함을 잊어서는 안 된다. 노인 이해가 부정적이었을 때는 노인을 단순히 약자, 돌봄의 대상만으로 생각하는 것에 국한되었다면, 노인의 지능에 대한 오해, 배우는 것을 귀찮아하는 존재라는 이미지를 탈피하여 충분히 학습이 가능하며 배움에 대해서도 적극적으로 원하는 존재임을 인식하는 것으로 이해가 더해지고 있다. 그렇기 때문에 현재 교회교육에서 이루어지고 있는 노인교육은 단순히 경로잔치의 수준이나 내 교회 교인들만을 위한 것이 아니라, 노인에 대한 다양한 이해를 반영하는 프로그램으로 나아가야 한다. 특히 교회 공동체가 선교공동체임을 잊어서는 안 된다.

본 글에서 소개된 개봉교회 상록대학은 노인대학의 선두주자는 아니지만, 충분히 그 명맥을 이어가고 있는 교회임이 틀림없다. 특히 상록대학의 프로그램의 지속성과 체계성은 노인교육의 방향을 잃고 헤매는 교회나 노인교육을 시작하려고 하는 교회들에게 좋은 지침이 될 것으로 보인다. 더 많은 미래지향적인 작업들을 통해서 개봉교회가 지역사회와 교회를 위해 고민하는 흔적들이 빛과 소금처럼 나타나기를 기도한다.

본 글을 위해 자료와 인터뷰를 아낌없이 제공해 주신 개봉교회 담임목사님과 사역자 분들, 성도님들께 감사를 드리며 마치고자 한다.

참고문헌

Brody, E. M. *Long-Term Care of Older People: A Practical Guide*. New York: Human Science Press, 1977.
Crain, William C. 서봉연 역. 『발달의 이론』. 서울: 중앙적성출판사, 2007.
Harris, D. K. & W. E. Cole. 최신덕 역. 『노년사회학』. 서울: 하나의학사, 1998.
Kalish, W. *Late Adulthood: perspectives on human development*. Monterey, CA: Brooks/Cole Publishing Company, 1975.
강영실. 교회노인교육의 실태 및 활성화 방안. 「신학과 실천」 4호, 2001.
강종철. "기독교노인교육프로그램개발에 관한 연구." 「기독교와 교육」, 1990.
강희천. 『기독교교육사상』. 서울: 연세대학교출판부, 1991.
개봉교회 간이통합연감. 2005-2016.
김정엽·이재모. "노인교육에 관한 노인의 욕구분석." 「노인복지연구」 2012년 6월.
김정희. "노인교육 프로그램에 대한 기독교 평생교육적 입장에서의 논의 및 제언." 「복음과 교육」 11집. 2012.
민순·주애랑·백명·박상하·신인용. "노인건강증진을 위한 노인교육 프로그램 실제." 「노인복지연구」 가을호, 2002.
이정효. "한국 기독교 노인교육의 과제." 「기독교교육논총」 9, 2003년.
이진희·김욱. "노인교육 참여가 노인이 심리적 안녕감에 미치는 영향." 「한국노년학」. Vol 28. 2008. 통계청 인구통계자료.
허정무. "권리로서의 노인교육: 인본주의적 노인교육철학."
Andragogy Today: International Journal of Adult & Continuing Education. Vol 3, 2000.

성찬적 삶과 서번트 교육목회
— 선한목자교회 · 선한공동체를 중심으로

양승준
(협성대학교 교수)

I. 들어가는 말

2009년 12월 〈The Christian Century〉라는 기독교 관계 저널 단신 란에 흥미로운 기사가 실렸다. 정반대의 이야기를 담고 있는 두 개의 기사인데, 하나는 미네소타 주에 있는 우들랜드 힐스 교회 담임목사이며 신학자이자 영향력 있는 기독교 저자인 그레고리 보이드(Gregory Boyd) 목사에 관한 것이었다. 그는 2004년 "십자가와 칼"이라는 연속 설교를 통해, 예수 제자로 산다는 것이 가정에서, 직장에서 그리고 교회에서 얼마나 헌신하며 희생하는 것인지를 아주 도전적으로 설교한다. 굉장한 도전이 되었던지, 5천 명 교인 중 1천 명이 넘게 교회를 떠났다. 이를 계기로 보이드 목사는 '철저한 제자도'(radical discipleship)에 대해 설교하는 것이 얼마나 위험한 것인지를 경험하게 된다. 보이드 목사는, 설교자가 제자도의 대가에 대해 분명히 말하면 할수록 예배 참석 인원은 줄어드는 경향이 있다고 지적한다. 한때, 보이드 목사가 섬기는 우들랜드 힐즈 교회의 평신도 지도자들이 "목사님은 목회자 세미나에서 교회 성장에 대해서 가르치기보다는 어떻게 하면 교인수를 줄이는가에 대해 가르치십시오"라고 제안했다고 한다. 그렇다고 해서 보이드 목사는 교회를 망치지 않았다. 한때 위기가 있었지만, 지금은 체질 변화로 인해 과거보다 더 건강하고 열매 맺는 교회로 변모했다. 잃어버린 수보다 더 많은 교인들을 얻었다.

이 기사와 나란히 배열되어 있는 또 다른 기사는 일리노이 주에 있는 라잇하우스 열방교회의 이야기이다. 이 교회는 지난 11월 초부터 특별한 행사를 시작했다. 주일 아침 세 번 예배를 드리는데, 예배 때마다 추첨을 통해 세 사람을 뽑아, 두 사람에게는 250달러씩(약 27만 원)을, 한 사람에게는 500달러(약 55만 원)를 상으로 준다. 예배 때마다 1천 달러(85만5천 원)를 사용하는 것이다. 담임목사 댄 윌리스(Dan Willis)는 상을 주면서 단서를 붙이는데, 상금을 물건 사는 데 사용하지 말고 밀린 납부금(payment)을 내는 데 사용하라고 당부한다. 놀라운 것은 이 추첨 행사를 하기 전의 주일 평균 출석이 1,600명 정도였는데, 추첨 행사가 시작된 후로 평균 2,500명이 예배에 출석한다고 한다.[1]

두 교회의 이야기를 기억하면서 선한목자교회·공동체로의 탐구여정을 떠나보고자 한다.

---

[1] 김영봉, 와싱톤한인교회 주일설교, 2016.12.6

II. 선한목자 교회 · 선한공동체

30년 전 의대생 신분을 버리고 야학교사로 나섰던 크리스쳔 김명현 목사의 목회는 오로지 '학대 · 방임 아이들과 장애우들 그리고 가난한 이들'을 섬기는 일에 초점을 두고 있다. "왜 그런 사역을 하시는지?"라고 질문하면 너털웃음만 지으며 쑥스러워한다. 아내 이정아 사모도 야학교사 출신으로 지금은 매주 목요일 부천역에서 청개구리 밥차를 통해 거리의 아이들을 만나고 있다. 사모님은 밥차를 찾는 많은 젊은이들이 선한목자교회의 중고등부, 청년부라고 생각하며 그들과 소통하고 돌보며 섬김을 실천한다.

1. 교회 건물 대신 공동체 세우기

'선한목자교회 · 선한공동체'는 건물이 없다. 목회 초기 담임했던 교회에서는 교인들과의 갈등으로 교회를 떠나게 된다. 불우청소년과 장애

"우리와 같이 불우한 유년시절을 보낸 '청개구리 밥차' 어머니는 엄마의 마음으로 우리를 꼭 안아줍니다."

인, 어렵고 소외된 사람들을 섬기는 목회가 교인들에게는 힘들었던 것이다. 이후 15년이 지난 지금까지도 교회 건물은 없고, 마음이 가난한 이들이 모여 섬기는 선한공동체로 건재한다.

건물이 없는 선한목자교회는 주일에 예배(부천 송내어울마당 5층)와 평일 정해진 시간에 서번트 리더십 과정, 서번트 기도회, 서번트 회의를 한다. 선한공동체는 서번트들이 섬김을 감당하는 일터이다. 심포니센터 청개구리식당 & 맘까페 '두루두루', 장애우친교모임 '좋은친구', 물푸레나무(청소년 심야식당과 카페, 청소년 드림 충전소 '플러그인', 청소년 예비가정 '사마리아인'), 쉘터(장애아동들을 위한 주말활동 '좋은 주말', 가정회복을 지원하는 '좋은 주말 여주', 장애아동들의 방과 후 생활 '작은 가정'), 샬롬빌리지(청소년들의 대안가정 '샬롬빌리지100', 독립을 준비하는 예비가정 '샬롬빌리지 200', 마을 안에 정착한 독립가정 '샬롬빌리지 300'), 함박공동체(장애우들의 대안활동)가 선한목자교회·선한공동체가 현재 역동적으로 행하고 있는 사역들이다. 정리하면 〈표1〉과 같다.

〈표1〉 선한목자교회·선한공동체의 사역들

선한목자교회·선한공동체			
교회	예배(송내어울마당)	섬기는이들의 예배 (매주 성찬)	주일 11:00
	서번트 리더십 과정	서번트 리더십 훈련	화 14:30, 목 20:00
	서번트 기도회	시작/정오/마침 기도회	월~금 07:00/12:00/22:00
	서번트 회의	전체 회의/리더 회의	월 20:00/ 토 11:00
일터	심포니센터	청개구리 식당 & 맘카페[두루두루]/장애우 모임[좋은친구]	

물푸레나무	[청소년심야식당[청개구리식당] 청소년 드림충전소[플러그인]/청소년 예비가정[사마리아인]
쉼터	장애아동 주말활동[좋은주말]/가정회복 지원[좋은주말 여주]/장애아동들의 방과 후 생활[작은 가정]
샬롬 빌리지	청소년 대안가정[샬롬빌리지100]/독립준비 예비가정[샬롬빌리지200]/마을정착 독립가정[샬롬빌리지300]
함박공동체	장애우들의 대안 활동[함박공동체]

대안가정 '샬롬빌리지' 여섯 가구에는 현재 원가정에서 돌봄이 불가능한 아동과 장애아동들 10여 명이 살고 있다. 한때는 거리 청소년 10여 명이 함께 와 있기도 했다.

현미(가명-이하 어린이 및 청소년 가명) 남매는 아빠에게 학대당했습니다. 초등학생 현미는 아빠와 동네 노인에게 성추행까지 당했습니다. 법원은 친권을 박탈했고 아동보호전문기관은 남매를 각각 다른 시설로 보내려 했습니다. 부모 잃은 남매를 떼어 놓다니…. 항의하던 김 목사는 남매를 집으로 데려왔습니다. 샬롬빌리지에서 10년 넘게 살던 현미(22)는 이제 회사 기숙사에서 생활하고 있습니다.

할머니에게 맡겨진 미연(17)이는 삼촌에게 학대와 성폭행을 당했습니다. 학교를 떠난 미연이는 쉼터 생활 중 만난 언니들에 의해 모텔에 감금된 채 성매매를 강요당했습니다. 경찰에 구출된 뒤에도 환청과 우울증, 정신분열 등에 시달렸습니다. 샬롬빌리지에 와서야 악몽에서 벗어난 미연이는 올해 고등학교에 진학했습니다. 은아(19) 세연(16) 남매

와 연미(22)는 시설에서도 잘 받아주지 않는 지적장애인입니다.[2]

2. 선한공동체 '서번트'의 핵심주제와 교육훈련

예수그리스도의 사랑과 희생정신에 입각한 무한책임의 섬김과 봉사가 가능한 이유는 무엇일까? 서두에서 언급한 우드랜드 힐스 교회의 그레고리 보이드 목사와 같은 철저한 제자도를 훈련한 결과이다. 선한공동체는 다섯 명의 훈련된 서번트들이 선한공동체 다섯 곳을 담당하고 있다. 선한공동체의 모델은 미국 세이비어교회이다. 세이비어교회는 매년 지역사회를 위해 봉사하고 헌신할 수 있는 교인들을 선출하는데 150명을 넘지 않는다. 이들은 세이비어교회가 운영하는 서번트 리더십학교를 수료한 사람들이다. 1년 동안 서번트 리더십학교에서 다루는 핵심 주제는 기도, 성경연구, 신앙공동체, 소명, 공동체 안에서 자유롭게 되는 관계, 영성이다. 선한공동체는 세이비어교회의 여섯 가지 핵심주제를 중요하게 여기고 가르치며 현재화한다.

1) 기도: 성화의 기도

서번트 리더십을 세우는 데 있어서 가장 중요한 요소는 기도이다. 서번트 리더십은 철저하게 '종(servant)'이 되어야 가능하다. 섬기는 종이 되려면 나 자신을 비우고 낮추어 그곳에 종으로서의 모습을 보여주신 예수님이 자리해야 한다. 나를 비우고 낮추기 위한 훈련은 기도를 통해

---

[2] 국민일보, 2016년 3월22일자.

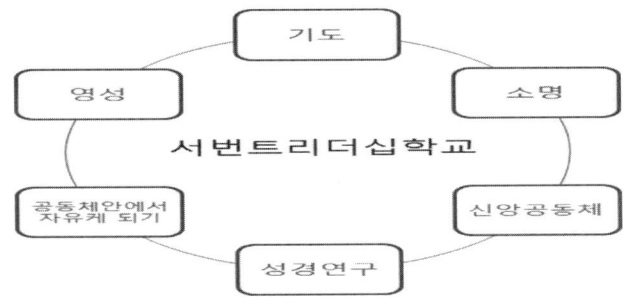

세이비어교회 서번트 리더십학교의 핵심주제

가능하다. 종의 기도는 자신이 얻고자 하는 것들을 성취하고자 하는 기복(祈福)이 아니다. 나의 욕심과 이익과 요구를 이루기 위해 하나님을 움직이고자 하는 기도는 배제되어야 한다.

기도는 욕망의 성취가 아니라 성화의 성취가 되어야 한다. 신자의 인격과 삶 전체가 그 속에서 계속적으로 그리스도의 형상을 모본과 목표로 하여 형성, 성숙되는 성화의 자리가 되어야 한다. 이를 웨슬리의 영성에 입각해 "성화의 기도(prayer of sanctification)"로 지칭한다. 기도를 통해 거룩한 하나님과의 열린 교제와 일치를 추구하며 신자들이 거룩한 사랑의 삶을 살고, 성화의 과정을 이루어 가야 한다.3

성화는 무엇인가? 웨슬리는 성화를 완전한 사랑이라고 표현했다. 종이 되어 섬기고자 하는 과정 가운데 중요한 것은 완전한 사랑의 모습이다. 모든 일에 있어서 사랑으로 역사하는 모습이 서번트 리더십을 가능하게 할 수 있다. 웨슬리는 기도를 "우리의 생각, 말, 정감을 하나님께 들어 올리는(lifting-up) 행위"4로 정의하면서 기도의 목적이 본질적으

---

3 이후정, 『성화의 길』 (서울: 대한기독교서회, 2001), 177.

로 은밀한 중에 우리 마음과 영혼을 들어 올리고 쏟아놓으면서 하나님과 교제하기 위해 나아가는 것이라고 말한다.5 이러한 기도를 위해 침묵 속의 사귐을 갖는다. 높은 차원의 기도자들은 침묵 속에서 하나님의 음성을 듣는다. 영적 조명을 받는다는 뜻이다. 말없이 하나님 앞에 앉아 있는 동안 문득 어떤 생각이 떠오르는데 교회 전통에서는 이를 관상(觀想, contemplation)이라고 부른다. 마음에 떠오르는 생각(想)을 영적인 눈으로 본다(觀)는 뜻이다. 침묵기도에 어느 정도 익숙해지면 때때로 이러한 영적 조명을 경험할 수 있다.6 서번트 기도회에서는 침묵기도와 성화의 기도 훈련을 통해 내적변화와 외적변화의 가능성이 주어진다. 하나님의 마음에 일치되려고 하는 기도, 감사, 찬양의 훈련은 내적으로 변화와 성화를 도우며, 반드시 외적인 행동을 수반한다.

2) 성서: 의에 대한 굶주림

교회를 교회 되게 하는 것은 말씀과 성례전이다. 목회 사역의 근거는 성서이며, 성서의 연구는 모든 일을 바르게 하기 위해 매우 중요하다. 성서가 뒷받침되지 않는 영성과 사역, 서번트 리더십은 존재할 수 없다. 성서 연구의 목적은 하나님을 드러내는 것이다.

하나님의 능력은 말씀 안에서 역사한다. 하나님의 말씀은 창조적인 능력을 소유하고 있으며, 말씀하신 대로 만물이 생기게 되었다. 살아 계신 하나님의 말씀은 생명력이 있어 우리에게 생명을 준다. 그것은 죽은

---

4 Andrew C. Thompson, *The Means of Grace*(Tennessee, Seedbed, 2015), 48.
5 위의 책, 181.
6 김영봉, 『사귐의 기도』 (서울: IVP, 2002), 140-141.

것을 다시 일으키며, 다시 살아나게 할 수 있다. 죽은 몸을 다시 살릴 수 있는 말씀의 소생시키는 능력은 죽은 영혼에게 영원한 생명을 줄 수 있다. 말씀은 내 안에서 명령하고 약속한 대로 일하게 한다. 말씀에는 능력이 있다. 죽은 영혼을 소생시키는 능력뿐 아니라 나 자신을 변화시킬 수 있는 능력도 있다.7

서번트 리더십 학교는 성서 연구를 통해 말씀의 능력으로 변화시키고 영혼을 소생시킨다. 성서를 공부하는 목적은 하나님의 모든 뜻을 행하기 위한 열망, 즉 의에 대한 굶주림을 얻기 위해서이다.8 성서를 읽고 연구하며, 종의 모습과 삶을 열망하고 의로운 일들에 대해 갈망하여 굶주림을 가져야 한다.

3) 신앙공동체: 기독교적 삶의 스타일 형성

현대의 개인주의적 사고방식은 신앙의 형성이 공동체 안에서 전 생애에 걸쳐 훈련되어야 할 과제임에도 불구하고 자기 혼자 간단히 완성할 수 있다고 오해한다. 혼자 묵상하고 깨닫는 것만으로도 신앙이 형성된다고 보는 효율성에 입각한 사고와 원리이다.9 신앙은 공동체 안에서 형성되어야 한다. '형성(formation)'이란 시간에 걸쳐서 일어나는 '형태(to shape)' 또는 '모습(to form)'의 과정을 나타낸다. 기독교 신앙 형성은 하나님의 행위와 인간행동의 파트너십을 통해 생겨난다. 기독교 제

---

7 앤드류 머레이, 정혜숙 역, 『위대한 영성』 (서울: 브니엘 2007), 14.
8 위의 책. 69.
9 Smith Christopher, Pattison John, Slow Church, 김윤희 역, 『슬로처치』 (서울: 새물결플러스. 2015), 26.

자도는 신앙공동체의 가르침과 양육, 돌봄 속에서 성령의 권능에 응답하며 예수 그리스도와 함께 깊은 관계를 맺도록 하는 하나님의 은혜에 의해 가능하다.10

신앙공동체는 하나님과 자신, 다른 이들, 그리고 창조세계와 관계를 맺기 위해 초대하시는 하나님의 행위에 응답하고 참여하는 장(場)을 마련하고, 올바른 신앙형성을 위한 방향성을 제시한다. 신앙이 삶으로 나타나는 기독교인을 형성하는 과정에서 신앙공동체에서의 경험은 매우 중요하다. 특히 두 사람, 혹은 그 이상의 '구별된' 인격들이 '나'와 '너'를 포함하고 있다는 의미를 알고, '부름 받음'의 상호작용 가운데 다양한 만남을 이루며 친밀한 유대를 경험해야 한다.11 신앙공동체에 적극적으로 참여하여 다른 사람들과 함께 예배하고 배우며 증거함으로써 신앙이 부여되고 계승될 수 있다.12

4) 소명: 하나님 사랑, 이웃사랑

지도자에게 요구되는 것은 소명감(vocation)과 리더십(leadership)이다. 이 둘은 상호관계적이다. 어느 하나만 중요시한다면 탁월한 지도자가 될 수 없다. 하지만 우선순위는 있다. 지도자에게 우선하는 것은 리더십보다, '나는 부르심을 받은 사람'이라는 소명감이다.13 서번트 리

---

10 Sandra Mattahaei, *Making Disciples*(Nashville: Abingdon Press, 2000), 20.
11 Charles R. Forster, 고용수, 문전섭 역, 『신앙공동체를 위한 교육』(서울: 한국장로교출판사, 1993), 47.
12 John H. Westerhoff Ⅲ, *Will our children have faith?*(New York: The Seabury Press, 1976), 126.
13 Charles R. Foster, *The ministry of the Volunteer Teacher*(Nashville: Avingdon Press,

더십은 부르심에 어떻게 응답하는 것일까? 하나님이 교회를 위해 부르신 성직으로 응답해야 한다. 세이비어교회에서는 인턴교인 훈련기간을 수료하고 정식 교인이 될 준비가 되었다고 생각할 때, 삶의 여정과 결단을 밝히는 "영적 자서전"을 준비하여 전교인 앞에서 함께 나눈다. 이때 교인들은 정식 교인이 되는 것을 성직을 받는 것으로 생각한다.14 부르심을 성직으로 응답하지 못하고 단순한 노동직으로 여긴다면, 영혼을 돌보아야 하는 막중한 책임을 감당하기 어렵고, 진정한 종으로서 영성과 사역이 균형 있게 나타나지 않을 것이다.

서번트 리더십 학교는 '왜 부르셨는가?'의 존재 이유를 확인하고, 더 나은 공동체가 되기 위해 '나의 소명은 무엇인가?'하는 소명의식을 확신하는 일이 중요하다. 세이비어 교회는 신앙의 노정에서 가장 중요한 것을 하나님의 비전과 소명이라고 여긴다. 하나님의 비전은 예수님의 위대한 계명인데, 하나님을 사랑(영성 - 내면을 향한 여정)하고 이웃을 사랑(사역 - 세상을 향한 여정)하라는 것이다.15 서번트 리더십은 하나님의 비전과 소명을 나의 삶에 구체적으로 적용하며 내적 여정(inward journey)과 외적 여정(outward journey)을 떠나는 것이다.

5) 공동체 안에서 자유롭게 되는 관계

퇴니스(Ferdinand Tönnies)는 공동사회(Gemeinschaft)와 이익사회(Gesellschaft)라는 구분과 개념을 사용한다.16 공동사회는 서로 함

1986), 14-19.
14 유성준, 『세이비어 교회, 실천편』 (서울: 평단, 2005), 191.
15 유성준, 『세이비어 교회』 (서울: 평단, 2005), 230.

께 있는 것 자체가 목표가 될 수도 있고, 서로 함께 있는 것을 목표에 이르는 수단으로 소원할 수도 있다. 이익사회는 "인간은 홀로 살 수 없다"라고 규정하면서, 인간을 수단과 방편으로 생각한다. 공동사회에서 표현되는 의지를 '의미를 추구하는 의지'라고 부르며, 이익사회는 '목적을 추구하는 의지'라고 말한다.17 우리가 믿는 하나님은 독존적인 존재(solitary being)가 아니라, 공존하는 존재(communal being)이다. 사회학자들의 "인간은 홀로 살 수 없다"라는 이론은 타인을 수단, 방편으로 생각하는 이론이지만, 기독교의 공존성(communal being)은 사랑으로 교제하는 삶이다.18 이를 위해 중요한 것은 돌봄과 훈련이다. 돌봄과 훈련이 없으면, 깊은 영성과 사역으로 들어가는 문을 두드리지도 못한 채 공동체에서 낙오하게 된다. 세이비어교회는 공존성을 위해 후원자 제도와 소그룹, 인턴교인 훈련을 실시한다. 건강한 영성을 위해 믿음의 공동체는 절대적으로 필요하다. 그리고 교인들은 믿음의 공동체 안에서 서로 깊고 친밀한 관계를 갖기 위해 노력해야 한다. 교회는 다시금 이 원리의 중요성을 자각하고 돌봄과 소그룹, 교인 훈련을 통해서 공동체 안에서 자유롭게 되는 관계를 실시하여 내적 변화와 외적 변화를 이끌어야 한다.

현대의 교회는 익명의 신자들이 너무 많다. 그들은 돌봄을 원하지 않으며, 다른 이들과 모여 삶을 나누기를 꺼린다. 심지어 훈련받을 시간과

---

16 F. Tönnies, Geneinschaft und Gesellschaft, 황성모 역, 『공동사회와 이익사회』 (서울: 삼성출판사, 1982), p.12
17 Dietrich Bonhoeffer, *Sanctorum Communio*, 유석성, 이신건 역, 『성도의 교제』 (서울: 대한기독교서회, 2010), p.89
18 Catherine Mowry Lacugna, *God for us*, 이세형 역, 『우리를 위한 하나님』 (서울: 대한기독교서회, 2008), 308-309.

여유조차 없다고 한다. 익명의 그리스도인들은 일주일 동안 화(禍)를 면하고 복(福)을 구하려 예배당에 오며, 자신의 이름과 얼굴이 다른 이들에게 알려지는 것을 거부한다. 이러한 신자들은 이름과 얼굴만 없는 것이 아니라 능력도 없다. 그러므로 공동체 안에서 자유롭게 되는 관계는 무엇보다 중요하다. 능력 있는 신자들을 만드는 것이고, 하나님의 비전으로 일할 수 있는 교회가 되는 것이다.

이러한 교회는 사회를 반영하는 거울이 아닌 대안공동체(counter cultural community)로서의 사명을 향해 나아간다. 하나님의 샬롬(Shalom) 계획을 이루기 위해 환상과 소망과 능력을 갖고 복지, 평화, 해방, 정의, 건전한 공동체의 생활을 위해 모이고 전하며 유지할 책임을 부여받는다.[19]

6) 영성: 삼위일체적 영성과 예수 되기

첫째, 서번트 리더십은 신학적으로 삼위일체 영성의 표출이다. 삼위일체 영성은 성부, 성자, 성령의 세 인격의 관계를 페리코레시스(Perichoresis)로 정의한다.[20] 페리코레시스를 통하여 세 신적 인격은 윤무를 추면서 서로 교차하며 초대하는 활동 공간을 제공한다. 이러한

---

19 John H. Westerhoff Ⅲ, *Will our children have faith?*(New York: The Seabury Press, 1976), 76.
20 나지안주스의 그레고리에 의해 처음 신학적으로 사용되었고, 다마스쿠스의 요한에 의해 발전되었다. 이 용어는 명사적으로 선회(vortex) 또는 회전(rotation)을 뜻하며, 동사는 "하나에서 다른 하나에로의 활동, 차례차례로 돌다, 순회하다, 돌아다니다. 포옹하다, 포괄하다"의 뜻을 지니고 있다. 이것은 상호침투, 상호내재 등의 의미를 가지며, "윤무를 추다"라는 뜻을 가지고 있다. 김도일·장신근, 『기독교 영성교육』 (서울: 동연, 2009), 86.

삼위일체 하나님에 근거한 기독교 영성은 첫째, 서로에게 공간을 마련해 주고, 서로 안에 거주하며, 서로의 삶에 스며드는 인격적인 관계성의 영성이다. 둘째, 개인주의의 고립에서 벗어나 자유, 평등, 연대, 사귐, 환대를 이루는 공동체적 영성이다. 셋째, 공감에서 시작해 고난과 고통 가운데 있는 자들과 연대하는 사랑의 영성이다. 넷째, 양극화 또는 파편화를 아우르는 통전적 영성이다.[21]

이러한 영성은 인격성, 곧 타자들 안에 그리고 타자들을 위해 존재하는 '교회적 존재'이며, 자기 충족 혹은 자기주장보다는 사랑이 참된 존재의 양식이 된다. 스스로 안에 사랑을 구현하시는 하나님이 계시다면 그분의 형상과 모양을 따라 지음 받은 인간의 존재 양식도 사랑이다. 즉 존재한다는 것은 타자를 사랑하는 것이다.[22] 지지울라스는 삼위일체적 영성의 실천을 위해 성찬을 다시 발견할 것을 제안한다. 성찬은 교회를 존재하게 하고, 교회 존재를 구성하는 사건이다. 성찬 공동체는 교회로 하여금 사랑과 친교인 생명, 하나님 존재의 형상인 영원한 생명을 맛보게 하면서 성령의 은사, 교제, 섬김의 특성을 유지할 수 있다. 이것은 교회를 관계적 실재, 즉 지금 여기서 삼위일체 하나님의 생명을 반영하는 사랑의 신비로 만들게 한다.[23] 이러한 성찬을 통해 삼위일체적 영성과 타자를 위한 사랑의 실천을 결단하고 세상을 향해 나아가야만 한다.

둘째, "예수 ~되기"의 영성이다. 기독교에서 영성은 "하나님과의 합일(Union of God)"이라고 말할 수 있는데, 이용도는 '시무언'(是無言: 말

---

21 위의 책, 89-96.
22 Roser E. Olsen, *The Trinity*, 이세형 역, 『삼위일체』 (서울, 대한기독교서회, 2004), 157.
23 John Zizioulas, *Being as Communion*, 이세형, 정애성 역, 『친교로서의 존재』 (서울: 삼원서원, 2012), 230-231.

없음이 옳다- 言을 버리고 行을 살자), 마이스터 에크하르트는 '텅 비어있는 마음'(자신의 것에서 벗어나 신의 가장 사랑스런 뜻에 온전히 침잠하는 마음)이라고 표현했다.24 후기 구조주의 이론가인 들뢰즈에 의하면 영성이란 "존재가 현재의 상태, 영토를 돌파하여 탈영토화를 시도"하는 것이라고 주장한다. 이러한 탈영토화의 가능성을 마련해주는 탈주선을 가리켜 '~되기'라고 말한다.25 들뢰즈는 "재영토화가 일어나는 곳에서는 어디에서나 권력장치가 나타난다"라고 말한다. 예를 들어 국가가 주민을 일정 영토 내에 통합하고 통치하듯 에워싸는 작용이다. 탈영토화란 그것이 분해되는 것이다.26 기독교 영성을 통해 우리는 재영토화가 아닌 탈영토화를 이루어야 한다. 즉 "예수 ~되기"를 실현하는 것이다. 영성의 중심에는 언제나 예수가 있는데 이러한 영성을 인격적인 차원과 더불어 '예수의 삶'에 기인한다. 예수의 삶을 영성의 중요한 축으로 생각한다면, "예수 ~되기"의 핵심은 '강도', '강렬도'이다. 즉 나의 강렬도가 죽고, 예수의 강렬도가 나의 상태가 된다면 '나는 죽고 예수가 산다'는 바울의 고백이 현재화될 수 있을 것이다. 나의 강렬도를 낮추고 죽이는 일은 자기초월 혹은 자기로부터의 해방이다.27 이는 곧 하나님과의 마주침이며, 이 시대가 갖고 있는 영토를 돌파하는 것이다. 자본주의, 이기주의, 개인주의의 영토를 돌파하는 탈영토화를 통해 새로운 산 길(탈

---

24 김대식,『영성, 우매한 세계에 대한 저항』(서울:모시는 사람들, 2012), 109-115.
25 Gilles Deleuze, Felix Guattari, *Mille plateux*, 김재인 역,『천개의 고원』(서울: 새물결, 2003), 287-317.
26 Koichiro Kokubun, *Deleuze no tetsugaku genri*, 박철은 역,『들뢰즈 제대로 읽기』(서울: 동아시아, 2015), 228.
27 Gilles Deleuze, Felix Guattari, *Mille plateux*, 김재인 역,『천개의 고원』(서울: 새물결, 2003), 443-585.

주선)을 제공한 예수의 삶에 집중해야 한다. 서번트 리더십의 영성은 자본, 권력, 개인, 이기가 만들어 놓은 영토에 균열을 내고, 거슬러 오르며 새 하늘과 새 땅으로의 절대적 탈영토화를 이루는 삶을 실현하는 것이다. 사람이나 교회나 권력을 추구하며 재영토화를 통해 강성해지면 하나님을 의뢰하기보다 교만에 빠져 자신의 능력을 과대평가하고 결국 실패하게 될 것이다. 세이비어교회가 영성을 강조하는 이유는 내면을 향한 여정인 영성이 바깥으로 표현되었을 때 세상을 향한 여정이 나타날 수 있기 때문이다.28 말씀을 바탕으로 한 묵상과 명상을 통해 성숙해지며 예배와 찬양의 깊이가 더하게 된다. 또한 감사와 하나님의 뜻을 분별할 수 있는 신앙이 성장한다. 그리고 공동체 속에서 성숙한다. 자신을 교회의 몸을 이루는 하나의 지체로 생각하게 되는 사고의 전환을 이루게 된다.29 서번트 리더십 훈련은 이러한 관상의 삶과 공동체를 통해 재영토화가 아닌 탈영토화를 이루어 "예수~되기"의 영성을 추구하고 강화해야 한다.

3. 입교 과정: 철저한 규율과 성령의 역사

세이비어교회는 상황과 단계에 맞는 훈련과정(인턴교인 - 정식교인)을 실시하고 있으며, 직고의 형태로 된 매주 각자가 제출하는 보고서로 책임을 묻는 과정이 있다. 그리고 철저한 내적인 준비를 요구하며 그에 따른 체계적인 훈련과정과 그리스도인의 삶을 위해 사람들로 하여금 "교회화"되도록 하는 길을 열어주고 있다.30 하지만 사역공동체에 소속

---

28 유성준, 『세이비어 교회』 (서울: 평단, 2005), 220.
29 앞의 책, 202-204.

되기 위한 모든 훈련은 사역공동체의 일원이 되고자 하는 이들에게 큰 부담으로 작용할 수 있다. 이러한 부담에 유연하게 대처하고 구체적이고 한정된 그룹을 선호하는 사람들을 위해 기도 모임, 성경공부, 감수성 훈련그룹, 활동모임들이 있다. 이 그룹들에서 영적인 성숙도와 책임에 대한 헌신에 따라 교인의 자격을 부여한다.[31] 교인은 매년 150명을 넘지 않는다. 세이비어교회의 입교과정은 매우 오랜 시간을 필요로 한다. 우선 '그리스도인의 삶을 위한 학교(School of Christian Living)'에서 기독교 윤리, 구약성서, 기도, 가난한 자들과 함께 하는 시간, 부르심의 분별과 같은 핵심과정을 이수해야 한다. 정식 교인이 되기에 앞서, 소명의 확신과 개인 성장에 도움을 줄 만한 후원자(Sponsor, 영적지도자)교인과 만남을 가져야 한다. 이러한 인턴 교인(Intern Member)과정을 통해 교회의 여러 소그룹들 가운데 자신의 적성에 맞는 그룹과 관계를 맺고, 회원들과 외적 활동을 함께 한다. 활동과 더불어 소그룹의 규칙적 훈련에 따라 매일 한 시간의 기도와 커리큘럼에 의한 성서공부, 십일조와 함께 시작하는 균형 있는 헌금생활(giving), 매년 행하는 침묵 수련, 삶을 단순화시키는 것 등을 훈련하게 된다.

또한 인턴 교인은 자신의 삶을 개방하여 동료 교인들과 함께 깊은 공동생활(community)을 추구하는 데 동의해야 한다. 정식 교인이 되려면 그에 앞서 같은 소그룹의 교우들에게 읽힐 수 있는 자신만의 자서전(그리스도와 함께하는 자신의 삶의 궤도를 스스럼없이 써내려간 영적 자서전)을 써야 한다. 마지막으로 한 주간의 기도를 마친 후, 하나님께서 자신을 부르셨다는 확신이 있어야 한다. 그리고 예배에서 사역공동체 교우들에

---

30 앞의 책, 203-208.
31 앞의 책, 211.

게 둘러싸인 채 공식적인 교인으로서의 서약이 이루어지며, 서약은 매년 갱신된다. 세이비어교회의 입교과정을 정리하면 다음과 같다.

① 그리스도인을 위한 삶의 학교
② 후원자(조언자)
③ 필독서
④ 영적 자서전 쓰기
⑤ 기도 모임
⑥ 공식적인 서약

세이비어교회는 철저한 규율과 규범이 동반된 과정에서 자칫 간과하기 쉬운 성령의 역사를 배제하지 않고, 그 어떤 규율도 성령의 역사보다 우선시 하지 않는다. 그러면서 율법에 얽매이는 위험성을 경고한다.[32] 신앙의 훈련과 의무, 규정과 더불어 하나님의 은혜로 의롭게 된다는 사실을 강조하는 것이다. 즉 율법주의에 빠질 위험과 값싼 은혜에 빠질 위험을 상호 간에 견제하면서 기초적인 훈련을 실시하고 하나님의 은혜에 전적으로 응답할 수 있는 건강한 모습을 추구한다. 율법(규범)이나 교리, 성령의 역사를 신학과 영성에 비교하는 것은 오류가 있을 수 있겠으나, 웨슬리적 관점 속에서 오늘의 신학과 영성에 가장 바람직한 모델로 적용할 수 있을 것이다. 즉 신학이 영성에 의해 활력을 얻는 한편, 영성에 질서와 표준을 제공하는 긍정적인 상호관계를 목표하는 길이다.[33]

---

32 앞의 책, 49-51.
33 이후정, 『성화의 길』 (서울: 대한기독교서회, 2001), p.51.

감리교의 창시자 존 웨슬리는 훈련을 강조했다. 그는 은밀한 기도나 대중과 함께하는 기도, 성경 연구, 성찬을 받는 일 등의 은총의 수단을 통해 다양한 영적 훈련을 제시했다.34 웨슬리의 목표는 은총과 성화를 통해 "사랑으로 역사하는 믿음"을 이루는 것이었다. 세이비어교회도 서번트 리더십 과정에서 무엇보다 훈련을 중시한다. "훈련하지(Discipline) 않고는 결코 제자(Disciple)가 될 수 없다."

김명현 목사와 함께 세이비어 교회의 부설 서번트리더십학교(The Servant Leadership School)를 이수하기도 한 이정아 사모는 2003년 한국에서 선한공동체를 시작했다. 선한공동체의 주축은 인턴 과정 3년을 거쳐야 될 수 있는 섬기는 사람 '서번트'이다. 이들 가운데 서번트 리더는 김명현 목사와 이정아 사모, 박현주, 정봉임, 함화정 씨이다. 10년 동안 다섯 명이다.

---

34 한국웨슬리학회, 『웨슬리 설교전집1』 (서울: 대한기독교서회, 2006), 322.

선한목자 공동체는 헌금, 십일조와 서번트 리더의 수입을 공동 재정으로 운영한다. 직장 생활하는 리더는 자신의 급여를 다시 내어놓는다. 각각의 리더에게 분배된 월 사례비가 어떤 때는 30만 원, 어떤 때는 100만 원이다. 청빈의 생활을 자발적으로 선택했기에 가능한 일이다. 하루 세 번 서번트 기도회[35], 관상기도 훈련과 리더십 훈련[36], 서번트 회의[37] 등을 한다.

서번트가 되려면 자의적 선택만으로는 불가능하다. 3년 동안의 철저한 교육을 이수해야 하는데 교육과정은 다음과 같다.

저자/도서명	교육기간	교육목적
1. 헨리 나우웬/예수님의 이름으로	3개월 매주 목요일 2시간	유혹을 버리고 본질을 찾고 훈련하는 리더십을 훈련
2. 후스토 곤잘레스/교회사	6개월 매주 목요일 2시간	교회사를 통해 올바른 교회론 정립
3. 그린 리프/서번트 리더십	6개월 매주 목요일 2시간	섬김의 리더십을 함양하고 고취

---

[35] 하루 세 번 서번트 기도회- 기도회는 모든 종교공동체의 특징이다. 하루 일곱 번 하기도 한다. 정규적인 기도는 공동체로서 오전 7시, 정오, 밤 10시이다. 시간에 맞춰 기도하는 것이 중요하다. 모든 사역을 하나님께 드린다는 의미가 있다. 보통 기도하는 시간에 종을 치는 것은 내가 어디에 있든 무엇을 하고 있던, 하나님께 초점을 맞추고 자신을 포기하고 하나님께 나아간다는 것이다.

[36] 관상기도 훈련과 리더십 훈련 - 매주 한 번씩 하였는데, 하루 세 번 정규시간 기도를 관상기도로 드린다. 하나님의 요청을 듣는 기도이다. 내가 리스트를 정해 요구하는 것이 아니라 나를 비우고 하나님께 마음을 끌어올려 침묵가운데 하나님의 음성을 듣는 것이다.

[37] 서번트 회의 - 전체회의는 월요일(공동체 식구들이 함께 교제하고 나누고 말씀을 갖고 대화하는 시간), 리더들의 회의는 토요일에 있다. 서번트 리더들은 동등한 책임과 권한을 갖고 있다. 목회자나 서번트들에게는 위계질서가 없고 서로 평등함 속에서 독립된 사역을 펼쳐나간다.)

4. 장 바니에/ 공동체와 성장	6개월 매주 목요일 2시간	참된 공동체가 무엇인지 성찰함
5. 신약/ 누가복음	6개월 매주 목요일 2시간	섬기고 봉사하며 공동선을 추구하는 일이 성서에 입각해야 함을 강조
6. 구약/ 사무엘상	6개월 매주 목요일 2시간	

    3년 동안 매주 목요일 저녁 8시-10시에 6개의 과정을 공부하는데, 강의식으로 진행되는 부분도 있고, 짧게 읽으며 함께 토론도 한다. 심층적인 인턴 3년 과정을 마치면 한 달 동안 집으로 돌아가 공동체의 서번트에 대해 깊이 있게 고민하고 성찰하고, 서번트로서 결단을 하게 되면 자신의 소명을 공동체 안에서 고백하고 인준한다. 개인적인 감정보다는 철저하게 공동체를 위해 인준과정이 이루어진다.

    선한목자 공동체의 서번트 훈련 그룹은 전통적으로 수도원 공동체나 다른 공동체(아미쉬, 형제단 등) 과정과 비슷하다. 보통 3년 정도의 과정을 거치고 수녀들은 종신서원을 하는데, 종신서원 이후 수도회에 완전히 헌신하게 되는 것처럼, 공동체는 강약의 차이가 있긴 해도 일련의 헌신하는 과정을 갖는다. 극단적인 폐쇄공동체가 될 수도 있고(monk), 생활공동체가 될 수도 있다(Teresa). 선한목자 공동체도 3년 동안의 철저한 훈련과정과 공동체 생활이 있어야만 공동체 안에서의 결단이 가능하다. 세례 받고 입교했고 직분이 있다고 해서 섬김의 일을 맡을 수 없다. 서번트가 되는 것에는 철저한 교육과정이 있고, 자신의 사명에 대해 기도와 성찰의 긴 시간이 있다. 그리고 반드시 공동체 안에서 자신의 특별한 소명을 고백하고, 인준을 받아야만 서번트의 리더로서 구체적인 사역을 할 수 있다. 선한목자 공동체는 서번트 리더들에게 다음과 같이 당부한다.

　　선한목자 공동체 서번트 리더십의 목적은 사회복지 사역이 아닙니다. 사회복지는 시에서 관할하는 위탁사업을 하는 것입니다. 운영비, 인건비에 대해 시의 지원을 받는 것입니다. 그렇게 되면 시의 보조적 역할을 하게 되어 참다운 공동체로서의 소명을 펼쳐나가기 어렵습니다. 무엇보다 공동체는 자발성이 중요합니다. 성령. 그리고 신념을 토대로 공동체가 형성됩니다. 따라서 사회복지와 철저히 구별해야 합니다. 사회복지 모델은 공동체라고 일컫지 않습니다. 단지 사업일 뿐입니다. 대부분의 교회들이 사회복지 일을 하면서 사회복지사들을 중심으로 사업과 일을 추진하려고 하기에 참다운 공동체와 괴리가 생깁니다. 선한목자 공동체는 정부나 지방자치단체의 지원금을 받지 않습니다. 지원금을 받는 순간 아이들은 사업과 평가의 대상으로 전락합니다. 지원금을 받으면 성년이 된 아이들을 대책 없이 내보내야 하는 등 비인간적인 모습들로 운영해야만 하는 위험이 있습니다. 사업과 평가는 조건에 의해서 움직이게 되어 진정한 가족이 될 수 없습니다. 선한공동체는 무한책임을 져야 합니다.

　　선한목자 공동체의 서번트 리더십은 사역을 감당하기 위해 자신의 소명, 자신의 역할에서 출발한다. 사회복지와 공동체 멤버의 재정 출처는 완전히 다르다. 공동체는 자체적인 재정 시스템을 갖고 있다. 선한목자 공동체의 재정 시스템은 교회 재정과 후원 재정을 분리하는 것이다. 즉 후원 재정은 서번트 리더들과 완전히 분리되어 100% 사역을 위해서

만 쓰인다. 서번트 리더들의 재정공유는 자신의 수입과 교회의 헌금—십일조와 감사헌금밖에 없다—중 일부에 불과하다.

선한공동체는 '샬롬빌리지'(청소년대안가정) 외에도 '쉴터'(장애아동지원센터), '함박공동체'(장애인자립생활모임), '물푸레나무'(거리청소년지원센터), '사마리아-인'(청소년예비가정), '두루두루'(식당 겸 카페) 등도 운영 중이다. 정부 지원금도 받지 않으면서 이 많은 일을 어떻게 감당할까? 김 목사는 다음과 같이 비결을 들려준다.

사회복지기관과 아동보호기관들은 인건비와 사업비를 확보해야 복지서비스를 제공할 수 있습니다. 반면 선한공동체는 헌신과 희생으로 이웃을 섬깁니다. 인건비를 받지 않습니다. 위기 가정이 도움을 요청하면 달려갑니다. 중요한 것은 돈이 아니라 아이들의 생명이니까요.

박현주(57) 선한공동체 리더도 다음과 같이 언급한다.

문제 있는 부모들은 아이들을 방임하고 학대합니다. 아이들은 쓰레기 더미 방 안에서 대소변을 보고 자고 먹습니다. 우린 매뉴얼도 없고 돈도 없지만 아이들과 가정이 도움을 요청하면 헌신하고 희생하고 순종합니다. 돈이든 사람이든 필요하면 하나님이 채워 주신다는 것을 경험했습니다. 아무런 대가 없이 10년 동안 도움을 받은 가정이 그 이유를 묻자 제가 한 게 아니라 하나님이 시키신 것이라고 대답했습니다.

폐지 줍는 할머니와 사는 철호(15)도 묵묵히 섬기는 소년 중 한 명이다. 엄마는 떠났고 간혹 나타나는 아빠의 폭력은 끔찍하다. 철호는 선생님을 죽인다고 위협할 정도로 골칫거리이다. 3년 동안 철호를 돌봤다. 집안 청소를 해주고, 밥 해주고, 목욕탕에도 데려가자 많이 밝아졌다. 중학생 철호는 학교 끝나면 쉼터에 와서 놀고 씻고 밥 먹은 뒤에 귀가한다.

4. 대안공동체로서의 선한공동체

교회는 동질성을 공유한 이들끼리 엘리트 집단을 이루거나 스스로 세상과 절연하는 그런 공동체와는 다르다. 교회는 지상의 소금이요, 세상의 빛이며, 드넓게 빛을 비추는 도시다. 교회는 사람들에게 인정될 수 있는 사회질서의 삶을 사는 공동체이며 세상을 위한 교회다. 특히 교회는 대조사회, 대안공동체로서 세상을 바꾸어 놓아야 한다. 교회가 대조성을 상실한다면 소금으로서의 짠맛을 잃게 된다.38 아우구스티누스는 교회의 역할에 대해 정치권력이 이루지 못하는 일을 하는 데 있다고 말하면서 교회는 국가에 대한 대안공동체라고 말했다. 교회는 정치적 행위로가 아니라 그 존재와 삶으로 어떤 정치적 역할을 한다. 교회는 하나님을 관조하고 예배하는 일과 인간관계와 행정에서 지배와 억압이 없는 모범을 보이며, 인류가 지향할 참된 공동체의 모습을 보여야 한다. 이것이 국가에 대한 대안공동체이다.39

김명현 목사는 날마다 '두루두루'에 간다. 부천 원미구 도당동에 위치한 두루두루는 지역 기업인과 시민단체 그리고 선한공동체가 합력하

---

38 Gerhard Lohfink, *Wie Hat Jesus Gemeinde Gewollt?*, 정한교 역, 『예수는 어떤 공동체를 원했나?』(왜관: 분도출판사, 1996), 119-120.
39 양명수, 『한국교회 인문주의에서 배운다』(서울: KMC, 2014), 213.

여 지난해 9월 문을 연 식당 겸 카페이다. 두루두루에는 하루 40~50명의 아이들이 찾아오는데, 핫초코와 스무디 그리고 밥까지 일체 무료이다. 아이들은 행복해졌고 동네는 안전해졌다. 지역공동체가 복원되면서 시장과 골목까지 온 동네에 웃음꽃이 만개하는 중이다.

우리가 어렸을 때, 부모님이 일하러 가시면 이웃집에 가서 밥도 먹고 담소도 나누며 실컷 놀았습니다. 두루두루는 그 시절 이웃집 엄마의 마음을 갖고 우리 마을의 아이들을 돌보고 지키자는 취지입니다. 엄마는 자신의 아이만 돌보고, 가난한 아이는 사회복지사가 돌봐야 한다는 사회의 일반적인 생각을 뛰어넘습니다. 이러한 통념은 양극화를 심화시켜 청소년 쉼터에는 항상 소외된 이들만 옵니다. 두루두루는 내가 내 자녀를 돌볼 뿐만 아니라, 내 이웃에도 관심을 갖고 돌보는 것입니다. 이러한 공간은 최초입니다. 시의 지원, 사회복지사의 인력 없이 운영된다는 것이 매우 놀라울 따름입니다. 지역공동체의 중요한 모델이며, 청소년 문제의 예방적, 근본적 차원에서의 해결책이 될 수 있습니다. 사회복지적 접근과 문제 해결은 궁극적인 대안이 될 수 없습니다. 무엇인가 다른 해답이 필요한데, 그것은 '공동체!'입니다. 정부와 아동 기관만으로 아이들을 지키기엔 너무 버겁습니다. 지역공동체를 만들면 가정폭력과 아동학대, 가출 등의 조기 발견과 보호조치뿐만 아니라 지역에 사는 이들이 서로를 알아가고 돌보는 일들을 자발적으로 하게 됩니다.

중훈(19)이는 초등학생 때부터 동네 옥상과 공원에서 노숙했습니다. 동네 사람들과 지역 기관 등은 알면서도 외면했습니다. 지역공동체를 통해 이 소식을 접한 김 목사는 중훈이를 선한공동체로 데려왔습니다.

자원봉사자 채옥희 권사 등이 대안가정 주방과 책장 앞에서 노고를 아끼지 않고 있다.

처음엔 눈도 잘 마주치지 못했는데 이젠 종종 웃고 이야기도 곧잘 합니다. 지금은 검정고시를 준비하고 있습니다.

두루두루는 은정(15)이 치아를 치료해주기로 했습니다. 방치하면 치아뿐 아니라 소녀의 꿈과 희망도 무너질 수 있습니다. 두루두루 공동체가 500만 원의 치료비 중 50%를, 나머지 50%는 마음씨 좋은 치과 원장님이 부담키로 했습니다. 2년간의 치료를 마치면 소녀는 환하게 웃을 수 있을 것입니다.

"그리스도인은 어떤 사람인가?"라는 물음에 김명현 목사는 이렇게 말한다.

이 땅을 하늘나라로 만드는 사람, 어두움을 밝히는 사람, 헌신과 희생으로 공동체를 세우는 사람, 외치기보다 실천하는 사람, 가난한 사람의 손

부천-중동 전철길 옆 대안가정 샬롬빌리지   지역공동체 카페 겸 식당 두루두루

을 선뜻 잡아주는 사람이 진정한 그리스도인입니다.

내가 진실로 너희에게 이르노니 너희가 여기 내 형제 중에 지극히 작은 자 하나에게 한 것이 곧 내게 한 것이니라(마 25:40).

"목회가 무엇입니까?"라는 물음에는 이렇게 답한다.

목회는 하나님의 일에 참여하고 그 일을 감당하는 것입니다. 땅을 사고 건물을 사서 사람들과 재산을 많이 모으면 성공했다는 목회는 하나님의 일이 아닐 수도 있습니다. 인간의 욕망이 개입될 수 있기 때문입니다. 교회를 개척한 후 주변 임대아파트에 사는 청소년 하나가 가출을 하고 교회로 처음 왔습니다. 가난과 학대와 방임에 찌든 그 아이를 보고, 하나님께서 나에게 그 일을 하라고 보내주신 아이임을 직감했습니다. 그 아이를 치유하고 회복하는 데 3년이 걸렸습니다. 힘들었지만 하나님께서 이끌어 주심을 체험했습니다. 하나님께서 일하시고 이끄심에 참여하며 따르는 것이 진정한 목회가 아닐까요?

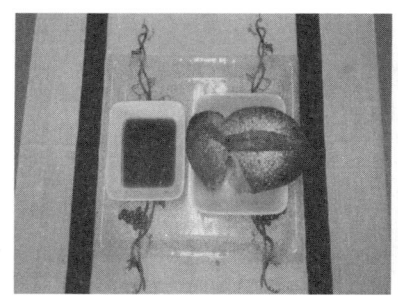

III. 성찬적 삶(Eucharistic Life)을 위한 성찬예배

성찬은 교회 예배의 본질이다. 우리는 개인적으로 빵과 잔을 받지만, 혼자 받는 게 아니라 예수님의 친구들과 그것을 나누어야 한다는 의미를 내포하고 있다.40 맥추감사주일에 선한목자 공동체의 예배에 참석하였다. 여느 교회처럼 화려한 감사절 장식, 성대한 만찬은 없으나 남녀노소 장애우들이 함께하는 모임이 있다. 그 모임 가운데 선포가 있으며 자신의 것을 내어놓는 결단과 나눔이 있다. 매주 행하는 성찬은 이 모든 것들이 희생과 사랑의 삶, 서번트 리더십으로 표출되는 원천이다.

기독교 예배의 영적 중심은 성찬이다. 선한목자 공동체의 영성과 공동선의 추구는 성찬에서부터 출발한다. 매주 실행하는 성찬은 어원적으로 다음과 같은 의미가 있다.

---

40 Andrew C. Thompson, *The Means of Grace*(Tennessee: Seedbed, 2015), 70.

주의 만찬(Lord's Supper): 주님이 행하신 것을 행하라.

성찬(Eucharist): 감사하라.

영적 교제(Communion): 그리스도 안에서 함께 나누라.

IV. 성찬적 삶을 위한 설계도

하나님은 신적인 삶(divine life)을 빵처럼 공급해 주시며, 포도주와 같이 부어주신다. 그 결과 빵과 포도주를 먹고 마신 사람들은 부패하거나 타락하지 않고, 풍부하고 영원한, 새로운 삶을 산출하며 그 삶을 받아들이며 살아간다.

알렉산더 슈메만은 성찬이란 "교회가 하나님 나라의 차원 속으로 들어가는 여정"이라고 말한다. 이는 세상으로부터 도피하는 것이 아니라 세상의 실재 속을 더 깊이 들여다볼 수 있는 위치에 도달하는 것이다. 성찬은 교회를 이루러 가는 길, 보다 정확히 말하면 하나님의 교회로 변모되는 길에 오르는 것이다.[41] 그는 성찬의 순서를 송영-입당-말씀의 예전-봉헌-신적 사랑-마음을 드높임-감사와 처음 기원-삼성창-기억의 기도-승천-성령-중보기도-떠남으로 정하고 각각의 순서에 성서적, 신학적, 실천적 의미를 부여했다.

로버트 마틴은 슈메만의 성찬 순서와 의미를 참조하여 성찬적 삶의 구현을 모임(Gathering)-봉헌(offering)-나눔(sharing)-보냄(sending)으로 구성하고 다음과 같이 설명한다.[42]

---

41 Alexander Schmemann, *For the Life of the World*, 이종태 역,『세상에 생명을 주는 예배』(서울: 복있는 사람, 2008), 36-37.

1. 모임(Gathering): 예배를 위해, 모임을 위해, 베풂을 위해 자신의 것을 가져온다.
2. 선포(Proclamation): 눈에 보이지 않지만 하나님의 말씀을 들으며 마음의 방향을 맞추도록 집중한다.
3. 봉헌(Offering): 우리의 존재와 소유를 모두 봉헌한다. 특히 성찬상에 우리 자신을 빵으로서 내어놓으며, 훈련을 위해 우리의 욕구와 시간 등을 내어놓는다.
4. 변형(Transformation): 성령께서는 우리가 봉헌한 모든 것들, 노력들, 이해들을 변형시켜 다른 이들을 위한 영적 충만함으로 이끄신다.
5. 나눔(Sharing): 풍성한 영적교제로 은사들을 형성하고, 서로와 타인을 위해 내려놓는다.
6. 보냄과 확장(Sending and Extending): 공동체의 경계를 넘어 섬김의 일터로 파송하고 영적교제를 확장한다.

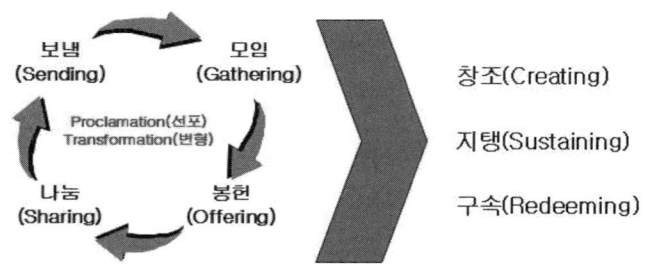

선한목자 공동체의 성찬적 삶의 패턴을 위한 설계도

---

42 Robert K. Martin, "A Eucharistic Blueprint for Congregational Renewal", 「SPST D. Min track」(Kansas city, Rogers Hall, 2009), 1.

선한목자교회·공동체의 성찬 순서는 감리교 예문을 참조하여 성만찬 초대-시작기도-삼성창-성만찬 제정사-기념사-성령임재의 기도-주님이 가르치신 기도-평화의 인사-분병례-분급-성찬 후 감사기도로 구성된다.43 이러한 성찬적 삶의 설계와 예배로 인해 창조하고(Creating), 지탱하며(Sustaining), 회복하는(Redeeming) 다양한 사역들이 지역사회에 확장되고 있다.

V. 나가는 말

서두에 '철저한 제자도'를 설교하면서 예수 그리스도의 제자가 되기 위해 비싼 대가를 치르라고 도전했을 때, 힐스 교회를 떠난 1천 명의 교인들을 생각해 본다. 열방교회 댄 윌리스 목사가 매 주일, 예배 때마다 추첨하여 세 사람에게 도합 1천 달러를 상으로 주겠다고 했을 때 모여든 9백 명의 교인들을 생각해 본다. 이것은 결코 하나님이 원하시는 믿음과 신앙생활이 아니다. 진정한 교회가 되기 위한 교육목회는 개인적인 성결을 사회적인 성화로 연결하도록 부단한 노력을 기울여야 한다. 웨슬리는 "은혜 안에서 성장"하고 "은혜를 위한 은혜로 나아가라"고 말한다.44 이것이 '사랑으로 역사하는 믿음'이다.

서번트 훈련과 성찬적 삶을 실천하는 세이비어교회와 선한목자교회·공동체의 모델을 각 교회의 상황과 환경에 맞게 적용하기 위해 세 가지 패러다임의 변형(paradigm shift)을 제안한다.45

---

43 기독교대한감리회, 『예문1』 (서울: 기독대한감리회, 2006), 55-65.
44 Randy L. Maddox, *Responsible Grace* (Nashville: Kingswood books, 1994), 177.

1. 내적 영감을 받아 안주하는 것이 아니라 새로운 영적 실천의 구조를 창출해야 한다.

예배와 교육을 통해 새로운 정보와 영감을 받는데 국한하지 않고 영적 실천을 위한 새로운 구조를 도모하는 것이다. 설교와 교육도 중요하지만 영적인 것들을 실천할 수 있는 구조와 통로가 중요하다. 원칙을 실천하지 않으면서 다른 이를 지도하거나 이끌 수 없다. 이를 위해 자신을 알고 점검하는 자신과의 소통, 성경에 뿌리를 내린 기도와 깊은 경건의 독서를 통한 하나님과의 소통, 그분의 이름으로 공동체에 녹아들어 비틀거리는 사람들, 낯선 사람들과 삶을 깊이 나누는 다른 사람들과의 소통이 중요하다.[46]

2. 자원봉사 활동에서 끝나지 않고 각자의 재능과 소명을 찾는 분별력과 하나님의 뜻을 파악하는 명상과 기도를 실천해야 한다.

하나님께서 창조하실 때 모든 사람에게 그들의 재능을 주셨다. 그 재능과 은사에 접속할 기회를 주어야 한다. 우리의 재능이 없이는 하나님 나라, 새 창조가 완성되지 않는다는 것을 알고 기회와 시간과 공간을 제공해 주어야 한다. 이것은 그리스도 안에서 들리는 세상과 화해하는 하나님의 선교에 동참하라는 부르심에 응답하는 일이다.[47]

---

45 2016 서번트리더십 컨퍼런스 자료집, "서번트 리더십과 세이비어 교회", 「한국서번트리더십훈련원, 2016」, 4.
46 Elizabeth O'Connor, *Journey Inward, Journey Outward*, 전의우 역, 『세상을 위한 교회, 세이비어교회 이야기』(서울, Ivp, 2016), 39-62.
47 앞의 책, 75.

3. 일반적인 교제(fellowship)에 그치는 것이 아니라 하나님과 깊이 연결되는 공동체를 형성해야 한다.

많은 교회들이 교제(fellowship)를 중요시하고 있지만 깊은 교제를 목격하기란 쉽지 않다. 개인주의가 편만한 시대이지만, 내적 여정과 외적 여정을 연결하여 하나님과 성도들, 이웃들까지 깊은 관계를 형성하도록 하는 공동체가 필요하다.

이 세 가지 틀의 변화를 숙지하고 각자의 상황과 환경에 맞추어 참된 서번트 리더십 교육목회를 적용하여 교회의 갱신과 부흥을 이루어 갔으면 한다.

참고문헌

Foster, Charles R. *The ministry of the Volunteer Teacher*, Nashville: Avingdon Press, 1986.
Maddox, Randy L. Responsible Grace, Nashville: Kingswood books, 1994.
Mattahaei, Sandra. *Making Disciples*, Nashville: Abingdon Press, 2000.
Thompson, Andrew C. *The Means of Grace*, Tennessee, Seedbed, 2015.
WesterhoffⅢ, John H. *Will our children have faith?*, New York: The Seabury Press, 1976.
Bonhoeffer, Dietrich, *Sanctorum Communio*, 유석성, 이신건 역,『성도의 교제』. 서울: 대한기독교서회, 2010.
Deleuze, Gilles, Felix Guattari, *Mille plateux*, 김재인 역,『천개의 고원』. 서울: 새물결, 2003.
Forster, Charles R. 고용수. 문전섭 역,『신앙 공동체를 위한 교육』. 서울: 한국장로교출판사, 1993.
Kokubun, Koichiro, *Deleuze no tetsugaku genri*, 박철은 역,『들뢰즈 제대로 읽기』. 서울: 동아시아, 2015.
Lacugna, Catherine Mowry, God for us, 이세형 역,『우리를 위한 하나님』. 서울: 대한기독교서회, 2008.
Lohfink, Gerhard, *Wie Hat Jesus Gemeinde Gewolllt?*, 정한교 역,『예수는 어떤 공동체를 원했나?』. 왜관: 분도출판사, 1996.
Murray, Andrew, 정혜숙 역,『위대한 영성』. 서울: 브니엘 2007.
O'Connor, Elizabeth, *Journey Inward, Journey Outward*, 전의우 역,『세상을 위한 교회, 세이비어 교회 이야기』. 서울, Ivp, 2016.
Olsen, Roser E. *The Trinity*, 이세형 역,『삼위일체』. 서울, 대한기독서회, 2004.
Schmemann, Alexander, *For the Life of the World*, 이종태 역,『세상에 생명을 주는 예배』. 서울: 복있는 사람, 2008.
Smith, Christopher & Pattison, John, *Slow Church*, 김윤희 역,『슬로처치』. 서울: 새물결플러스 2015.
Tönis. F. *Geneinschaft und Gesellschaft*, 황성모 역.『공동사회와 이익사회』. 서울: 삼성출판사. 1982.
Zizioulas, John, *Being as Communion*, 이세형, 정애성 역,『친교로서의 존재』. 서울: 삼원서원, 2012.
김대식,『영성, 우매한 세계에 대한 저항』. 서울: 모시는 사람들, 2012
기독교대한감리회,『예문1』. 서울: 기독대한감리회, 2006.
김영봉,『사귐의 기도』. 서울: Ivp, 2002.
양명수,『한국교회 인문주의에서 배운다』. 서울: kmc, 2014.
유성준,『세이비어 교회, 실천편』. 서울: 평단, 2005.

유성준, 『세이비어 교회』. 서울: 평단, 2005.
장신근, 김도일, 『기독교 영성교육』. 서울: 동연, 2009.
이후정, 『성화의 길』. 서울: 대한기독교서회, 2001.
한국웨슬리학회, 『웨슬리 설교전집1』. 서울: 대한기독교서회, 2006.
Robert K. Martin, *"A Eucharistic Blueprint for Congregational Renewal"*, SPST D.Min track, Kansas city: Rogers Hall, 2009.
김영봉, "금을 연단하는 불같이", 「와싱톤 한인교회 주일설교」, 2009.12.6.
국민일보, 2016년 3월22일자.
서번트리더십 컨퍼런스 자료집, "서번트 리더십과 세이비어 교회", 「한국서번트리더십훈련원, 2016」

믿음의 다음 세대를 함께 세워가는 교육목회
― 충신교회를 중심으로

신형섭
(장로회신학대학교 교수)

I. 들어가는 말: 만일 이런 교회가 있다면

온 회중이 하나의 공유된 비전과 핵심가치와 사명 아래 함께 양육 받고 성장하는 교회, 강력한 부모교육을 통해 교회학교와 가정이 함께 믿음의 자녀 세대를 아름답게 길러내는 교회, 영아부부터 고등부까지 일관된 커리큘럼아래 영성, 인성, 실력, 현장성을 균형 있게 양육 받으며 자라나는 다음 세대가 있는 교회, 기독교 코칭을 신앙양육의 핵심적 방법론으로 하여 교사와 학생이 함께 하나님 나라를 나누며 동역하는 교회, 연령에 합당한 부서별 예배와 온 세대 예배가 아름다운 균형을 갖추어 드려지는 교회….

서울 용산구 이촌동에 있는 충신교회에서는 위에 나열한 사역들이 매주 실제로 일어나고 있다. 어떠한 교육목회의 걸음이 지금 이러한 아

충신교회 전경

름다운 양육의 현장을 세워가게 하는 것일까?

필자는 앞으로의 한국교회가 모델로 삼을 만한 건강하고 모범적인 기독교교육의 현장 중에서 특히, 온 회중이 공유된 비전과 사명아래 '교회와 가정', '영성과 실력', '코칭과 나눔', '연령별 예배와 온 세대 예배'가 균형을 이루어 아름다운 믿음의 다음 세대를 세워가는 충신교회의 교육목회의 현장을 기독교교육이론과 함께 소개하고자 한다. 충신교회 목회철학부터, 강력한 부모교육의 현장, 다음 세대 리더십 교육의 현장, 다음 세대와 온 세대 예배의 현장을 소개한다.

II. 충신교회 목회사역의 DNA, "온 회중이 하나의 공유된 비전과 사명을 공유하라!"

기독교교육학자 마리아 해리스(Maria Harris)는 자신의 책 *Fashion*

*Me A People*에서 가장 먼저 교회론을 통하여 교육목회의 본질과 나아가야 할 방향을 설명한다. 즉, 교회는 두 가지의 소명을 함께 받은 하나님의 백성들의 모임으로서, 하나는 목회적 소명이요, 다른 하나는 교육적 소명을 지녔음을 상기시킨다.[1] 우리는 하나님으로부터 하나님 나라의 목회적 소명을 함께 받은 소명공동체로서, 그 부름에 합당한 삶을 살아가기 위한 교육과 양육의 소명을 받은 교육공동체가 되어야 한다는 것이다. 해리스는 구약시대 이스라엘 백성들과 신약시대 초대교회 교회공동체가 바로 그렇게 응답하도록 부름 받았음을 언급하며, 지금 이 시대의 교회들은 동일한 부르심 아래서 목회적 소명과 교육적 소명 앞에 응답해야 함을 역설한다.[2] 이 두 가지 소명아래서, 한 교회로 부름 받은 회중 공동체는 성인교육과 다음 세대 교육, 개인 성장과 공동체 교육, 목회와 교육이 분리가 아닌 같은 목적지를 향하여 함께 순례하는 공동체로 초대받았으며, 이 여정을 통하여 하나님은 믿음의 다음 세대를 계속하여 세워 가신다.

마리아 해리스의 영향 아래 1980년대 중반부터 기존의 학교식 교육이었던 주일학교(Sunday school)의 한계를 극복하는 대안적 용어로서 교육목회(educational ministry)라는 단어가 한국교회 안에서 사용되어 왔다. 교육목회와 주일학교의 특징적인 차이점을 간단히 살펴보면 다음과 같다.

---

[1] Maria Harris, *Fashion Me A People* (Louisville, KY: Westminster John Knox Press, 1989), 18.
[2] 위의 책, 62-64.

교육목회와 주일학교의 비교3

분야	교육목회 (educational ministry)	주일학교 (Sunday school)
주된 대상	교회 회중 전체	어린이와 청소년
주된 현장	교회생활의 전 과정과 경험	주일학교 내 활동들
교육의 형태	하나님 나라 백성으로서의 목회적 소명과 교육적 소명에 따르는 삶의 상호작용에서 일어나는 교육 (선포, 예배, 교육, 교제, 선교)	학습교재 탐독, 개념적 지식을 통한 가르침
교회의 교육구조	교회전체가 같은 소명아래 하나의 교육과정을 지닌 공동체	성인교육과 다음 세대 주일학교의 구조적 분리

위와 같은 교육목회는 각 교회가 하나님으로부터 어떠한 목회적 소명과 교육적 소명을 받았는지를 분별하고 확인하는 과정이 선재되었을 때 가능하다. 그러기에, 한 교회공동체가 공유하고 있는 목회비전과 핵심가치는 그들이 지향하고 있는 구체적인 사명을 발견케 하며, 구체적인 사명을 현실화시키기 위한 의도적이고, 체계적이고, 일관적인 목회의 모든 활동이 비로소 합당한 교회 커리큘럼으로 발전된다. 마이클 피터슨(Michael Peterson)은 자신의 책 *Philosophy of Education: Issues and Options*에서 우리의 교육이 목적과 가치에 대하여 보다 깊은 고민과 사고를 하지 않는 "지각없음(mindlessness)"4의 현실 위에 효율적이고 효과적인 방법론만을 추구할 때, 교육이 방향을 잃으며 결국 방향을

---

3 교육목회와 주일학교의 비교
4 마이클 L. 피터슨,『기독교교육을 위한 교육철학』, 김도일 역 (서울: 한국장로교출판사, 1998), 14.

잃을 수 있음을 주장한다.5 그러기에, 합당한 기독교교육은 교육자의 기독교적 세계관을 기초로 한 교육철학인 형이상학, 인식론, 가치론으로부터 파생된 교육의 내용과 방법을 통하여 설정되고 반영된 교육경험을 제공해야 한다고 주장한다.6 로버트 파즈미뇨(Robert W. Pazmino) 역시 자신의 책 *Foundational Issues in Christian Education*에서 기독교교육의 철학적 기초는 기독교교육의 열매에 대한 중요한 뿌리가 되며, 교육자가 어떠한 형이상학, 인식론, 가치론을 갖고 있느냐는 그 공동체의 실제적인 교육적 실천과 경험을 이끌어내는 "사고의 체계적인 계획"을 형성한다고 주장한다.7

이러한 관점에서 볼 때, 충신교회는 박종순 목사가 1976년부터 34년 담임목회로 교회를 섬기시는 동안 일관적으로 강조해 온 하나님 중심, 말씀중심, 교회중심의 "바른신학 균형목회"라고 하는 목회철학이 구체적인 목회사역과 회중의 신앙훈련의 뿌리가 되었으며, 이 목회철학의 적용 현장은 성인 회중만이 아닌 다음 세대의 신앙교육에도 동일하게 실천되어왔다. 그리고 이러한 일관되고 분명한 목회철학은 2010년 현재의 충신교회 담임목사 이전호 목사의 목회에 아름답게 전수되어, "바른신학 균형목회"의 뿌리 위에 "아름다운 하나님의 나라가 임하게 하라"는 비전이 선포되고, 이 비전으로부터 파생된 목회의 5대 핵심가치와 5대 비전문이 선포되었다.

---

5 위의 책, 16-17.
6 위의 책, 108-117.
7 로버트 W. 파즈미뇨, 『기독교교육의 기초』, 박경순 역 (서울: 도서출판 디모데, 2003), 107.

> - 충신교회 비전: "아름다운 하나님의 나라가 임하게 하라"
> - 5대 핵심가치: 하나님 사랑, 영혼구원, 다음 세대, 이웃사랑, 세계선교
> - 충신교회 5대 비전문
>   1) 살아계신 하나님의 영광을 보는 교회
>   2) 세계적인 지도자를 양성하는 교회
>   3) 가정과 일터에서 풍성을 누리는 교회
>   4) 복음으로 도시를 변화시키는 교회
>   5) 하나님 아버지의 심장으로 열방을 끌어안는 교회

이러한 목회비전과 핵심가치와 5대 비전문을 세우고, 이를 성인회중과 다음 세대 아이들 모두와 함께 나누고 결단하기 위한 노력은 이전호 목사의 부임 이후 어떤 사역보다 가장 우선이 되었다. 필자는 이러한 담임목회자의 목회철학과 부임한 교회의 회중적 상황이 만나 세워진 목회비전과 핵심가치를 '목회 DNA'라고 부른다. 이전호 목사는 이러한 목회 DNA를 부임이후 지금까지도 지속적이고 정기적으로 충신교회의 주일설교, 새벽기도, 제직훈련, 교역자 수련회, 교사교육, 지구역장교육, 팀장훈련 등 온 교회 모든 회중에게 선포하고 있다.

그리하여, 충신교회 안에서 발견되는 특징적인 모습은 첫째, 온 회중에게 공유된 목회 DNA는 다양한 연령, 다양한 사명, 다양한 구성원으로 구성된 교회 내 모든 그룹들의 교육과 훈련프로그램의 기반이 되어서, 이를 기초로 부서의 세부목표, 핵심가치, 사명문이 발전되며, 이를 위한 전략과 커리큘럼과 구체적인 프로그램들이 설계되고 실천되고 있

다. 그러기에, 충신교회 성인교육과 다음 세대 교육은 다양한 연령대와 배경, 상황, 세부사역, 현장들이 상이하지만, 교회 안에 공유된 목회핵심 DNA는 모든 부서의 우선순위가 되며, 함께 지켜나갈 기준이 되고, 함께 훈련받아 세워갈 공통의 깃발이 되고 있음이 발견된다.

둘째, 이렇게 공유된 목회 DNA는 충신교회의 각 부서별 사역이 원포인트-비전 사역으로 발전하는 기반이 되었다. 먼저는 수직적 원포인트-비전으로서, "아름다운 하나님의 나라가 임하게 하라"는 교회비전 아래 파생된 5대 비전문은 2010년 이전호 목사가 담임목사로 부임한 이후 해마다 차례대로 선포되어 2011년에는 "살아계신 하나님의 영광을 보는 교회"로, 2012년에는 "세계적인 지도자를 양성하는 교회"로, 2013년에는 "가정과 일터에서 풍성을 누리는 교회로", 2014년에는 "복음으로 도시를 변화시키는 교회"로, 2015년에는 "하나님 아버지의 심장으로 열방을 끌어안는 교회"로 온 교회가 집중하였다. 그리고 2016년에는 다시 5대 비전문의 첫 번째에 해당하는 "하나님의 은혜로 기뻐하는 교회"를 비전문으로 선포하고 온 회중이 여기에 참여함으로 교회비전을 언제나 목회의 중심에 두고 교회가 함께 비전을 향하여 나아가게 인도하였다. 이러한 수직적 원포인트-비전은 해마다 각 부서별 커리큘럼과 세부 프로그램의 개발과 실천에 수평적으로 적용이 되어, 결국 충신교회의 핵심 DNA가 부서별로 서로 긴밀하게 연령-연계적, 사명-연계적 특징을 나타내는 수평적 원포인트-비전이 현실화 되게 하였다.

예를 들면, 2014년도 수직적 원포인트-비전인 "복음으로 도시를 변화시키는 교회"는 성인교구만 참여하는 비전이 아니라, 다음 세대와 청년세대가 모두 함께 참여하는 수평적 원포인트-비전으로 한해를 보내게 되었다. 4월에 충신 새생명 전도축제라는 전도행사를 준비하였는데,

이 과정에서 전도행사의 목적과 비전, 목표와 전략, 훈련과 일정 및 세부 프로그램을 온 세대가 함께 기획하고, 모든 부서에 함께 적용 및 발전시켜, 온 부서 대상의 통합된 전도 커리큘럼과 프로그램을 실천하게 되었고 어린이와 청년들을 포함하여 전 교인의 85% 이상이 이 행사에 주체적으로 참여하게 되었다. 이러한 사역이 가능한 배경에는 바로 부서별로 공유된 목회비전 DNA가 있었다. 온 회중은 다시 한 번 "복음으로 도시를 변화시키는 교회"라는 비전 아래 함께 부름 받은 소명공동체와 교육공동체로서의 인식과 참여를 감당하였으며, 이 과정을 통하여 성인교구와 다음 세대 교회학교, 개인 영성과 공동체 성장, 목회와 교육의 현장은 곧 교육목회의 강력하고도 구체적인 현장이 되었다.

III. 강력한 부모교육, "교회의 영적 부모와 가정의 신앙교사가 한 팀이 되라!"

충신교회는 신앙의 부모세대가 갖는 영적인 책임을 지속적으로 강조하며, 모든 부모세대가 다음 세대의 신앙의 교사가 되어야 함을 강조한다. 그 현장의 자리가 바로 충신아기학교, 충신유치원, 자녀축복기도회, 굿페어런팅(Good-Parenting, 신앙부모학교), 가정심방, 드림예배(부모참여주일예배), 레인보우 프라미스(Rainbow Promise), 충신비전날개 등이다. 이러한 현장에서 다음과 같은 행복한 고백의 소리는 오늘도 계속해서 들려지고 있다. "딸 때문에 충신아기학교에 나왔다가 예수님을 믿게 되었어요." "자녀축복기도회를 통해서 저는 부모로서의 회심을 다시금 경험했습니다." "굿페어런팅을 통해서 가정에서의 신앙교사로서의 저의 사명을 다시 발견하게 되었죠." "드림예배를 준비하며 우리 가정 안에 다시 가정예배를 시작했어요."

미국 남침례 신학교의 교수인 티모시 폴 존스(Timothy P. Jones)는 오늘날 교회가 회중들의 가정 안에서 부모 됨에 대한 교육을 이전의 프로그램 사역모델이나, 가정기초모델을 넘어서서, 이제는 가정구비모델로 나아가야 함을 강조한다.8 먼저, 프로그램 사역모델(programmatic ministry model)은 교회 안에 가정과 부모를 위한 프로그램이나 이벤트는 있으나, 주로 상담이나 치료의 목적을 가진 내용들로 구성된다.9 둘째로, 가정기초모델(family-based ministry model)은 여전히 가정사역과 부모교육이 프로그램에 기반을 두고 있으나, 부모들을 부서별로 흩어진 자녀들의 신앙양육의 현장으로 동참케 하는 프로그램과 사역을 참여케 한다.10 셋째로, 가정구비모델(family-equipping ministry model)은 부모가 자녀의 신앙훈련의 책임자로서 자녀를 제자화시키는 과정에 부모의 역할을 세워주며, 이러한 역할을 감당할 수 있도록 필요한 역량을 구비시켜주는 사역을 감당한다.11 티모시 존스는 바로 이러한 가정구비모델로 오늘날의 교회들이 가정사역과 부모교육의 패러다임을 전환해야 함을 강조한다. 즉, 부모를 가정의 신앙의 교사요, 영적인 리더로서 인식하게 도와주며, 그 구체적인 사역을 가정 안에서 감당할 수 있도록 교회는 적극적으로 도전하고, 지원하고, 협력해야 한다는 것이다.

이와 더불어 론 헌터(Ron Hunter)는 믿음의 다음 세대를 세우는 일

---

8 Timothy Paul Jones, *Family Ministry Field Guide: How Your Church Can Equip Parents to Make Disciples* (Wesleyan Publishing House, 2014), 142-198.
9 위의 책, 41.
10 위의 책, 98.
11 위의 책, 140.

은 교회와 가정이 함께 협력을 하되, 구약성경과 신약성경을 통하여 일관적으로 발견되는 신앙전수 및 양육의 방법인 교회와 가정이 함께 동역하여 그들을 그리스도의 제자로 길러내는 일임을 강조한다.12 이러한 교육적인 전략을 헌터는 이른바 "D6"를 통하여 신앙양육 모델화시켰는데, 그는 신명기(Deuteronomy) 6장에서 보이는 하나님께서 믿음의 다음 세대를 세우시기 위해서 다른 어떤 이들이 아닌 바로 그들의 조부모와 부모와 신앙공동체에게 다음 세대를 향한 신앙양육과 훈련을 명령하셨음을 주목한다. 여기에서 믿음의 부모는 자녀들의 제자로서의 삶을 향한 가르치는 자요, 모델이며, 또한 영적리더로서의 역할을 명령받았으며, 교회는 그러한 부모들이 자녀들을 합당히 인도하기 위한 역량을 길러주는 신학적인 닻(theological anchor)이며, 훈련하는 장(training ground)이고, 제자화를 시키기 위한 자원센터(resource center)가 되어야 한다. 이러한 교회와 가정의 협력은 자녀들의 연령적 발달에 따라 제공되는 교회로부터의 지속적이고 심층적인 제자화 훈련의 교육과정이 함께 동반되어야 함을 강조한다.13

1. 충신 아기학교, "한국 기독교 영유아 양육프로그램의 선두에 우뚝 서다"

충신교회를 통하여 나타나는 강력하고도 다양한 부모교육 커리큘럼과 프로그램들은 바로 티모시 존스와 론 헌터가 강조한 부모가 가정 안에서 신앙교사로서의 역량을 구비하는 능력을 길러주는 좋은 예가 된

---

12 Ron Hunter, "The D6 View of Youth Ministry", *Youth Ministry in the 21st Century: Five Views*, Chap Clark ed. (Grand Rapids, MI: Baker Academy, 2015), 147-148.
13 위의 책, 148.

다. 먼저, 충신아기학교는 1986년 한국교회에 아직 부모와 자녀가 함께 양육 받고 성장하는 기독교 영유아 양육프로그램이 지역교회에 자리 잡지 못하였을 때에, 다음 세대 신앙교육은 영유아 시기부터, 교육의 대상은 아이만이 아니라 아이와 부모가 함께 연령발달과 신앙발달을 고려하여 합당한 기독교적 경험을 해야 한다는 교육철학을 근간으로 1기 46명으로 시작하였다. 현재 2016년 61기 아기학교가 진행되고 있으며, 매 학기 130여 명의 부모님과 생후 13개월부터 48개월까지 영유아 자녀들이 함께 참여하고 있으며, 이 과정을 통해서 부모들에게는 믿음의 부모 됨에 대한 인식과 훈련과 역량을, 자녀들에게는 부모와 함께 말씀과 신앙의 삶을 배우며 성장하는 기쁨을 누리게 하고 있다. 충신아기학교로부터 개발 및 제작되어 나누어지는 커리큘럼과 자료들은 국내 500여 교회와 중국 및 미국의 한인교회들에서 믿음의 다음 세대와 부모님들을 길러내는데 아름답게 쓰임 받고 있다. 특히, 연 2회 4박 5일로 실시하는 아기학교 운영자 세미나에는 실제로 아기학교를 운영하는 교역자와 부장, 그리고 총무교사를 대상으로 아기학교를 실제로 운영함에 있어서 반드시 요구되어지는 교육적이고, 신학적이며, 실제적인 이론과 실무교육을 제공하는데 매 학기 평균 100명 이상이 참석하고 있으며, 아기학교에서 사용되는 찬양을 배우고 지도함을 훈련받는 찬양세미나는 400명 이상이 참석하여 훈련을 받는다. 아기학교 운영자 세미나를 통하여 훈련받는 강의로는 아기학교 운영 목적, 아기학교 운영과 계획, 유아예배와 유아 설교, 유아 찬양인도, 유아 체조의 실제, 교사교육의 관리, 성경학습과 미술활동, 인형의 활용, 야외학습과 문화체험, 연구수업 및 발표, 현장 사례 발표가 있으며, 이와 관련된 풍성한 자료 전시가 함께 제공된다.

2. 충신유치원, "강력한 부모신앙교육을 핵심 커리큘럼으로 세우다"

충신아기학교를 통하여 아기와 함께 믿음의 부모로서 바른 신앙의 부모 됨을 훈련받은 부모들은 자녀들이 유아기에서 유치기로 성장함에 따라, 이제 충신교회에서 설립한 충신유치원을 통하여 지속적으로 부모 됨을 훈련받는다. 충신유치원은 교회로부터 약 도보 5분 거리에 떨어져 있는 이촌역 앞에 위치하고 있으며, 매년 약 200여 명의 5세, 6세, 7세 아이들이 자라고 있다. 충신유치원은 지역에서도 유명할 정도로 모든 부모님들이 보내고 싶어 하는 명문유치원으로서, 그 명성의 뒷면에는 자녀들에게 제공되는 수준 높은 신앙교육, 성품교육, 독서교육, 자연친화교육, 다양한 현장학습과 배움터와 더불어 독특하고도 탁월한 프로그램이 있다. 그것은 바로 오래전부터 좋은나무 성품학교와 커리큘럼 협력을 맺어, 유치원에서 배우는 것과 같은 가치와 같은 교육의 환경을 가정에서도 경험하도록 돕는 강력한 부모교육이다. 하나님의 성품으로 자녀들을 기르기 위한 부모의 신앙 및 대화역량교육으로 부모성품학교,

성품이노베이션, 엄마성품대화학교, 아빠성품대화학교 등의 프로그램을 특별한 이벤트성 교육이 아닌 중요한 커리큘럼으로 자리 잡게 하여 부모들이 가정 안에서도 좋은 신앙의 교사역할을 잘 감당할 수 있도록 돕고 있다.

3. 자녀축복기도회, "충신 다음 세대 사역의 강력한 심장으로 뜀뛰다"

충신교회 부모교육의 심장은 바로 매주 목요일 오전 10시 30분에 충신교회 본당에서 모이는 자녀축복기도회이다. 봄학기와 가을학기 자녀들의 학기가 시작함과 함께 시작하는 자녀축복기도회는 예배의 형태로 이루어진다. 이 자리는 교회학교 학부모님들과 조부모님들, 교회학교 교사, 부서 교역자 등 다음 세대를 위해 동역하는 모든 그룹의 구성원들 약 200여 명이 함께 모이는 현장이다. 자녀축복기도회의 시작은 20분간의 찬양으로 시작되는데, 교육부 찬양 담당 목사와 학부모들로 구성된 오케스트라팀과 찬양밴드의 연합찬양으로 시작된다. 찬양을 마치면 두 번째 순서인 교육부 목사들의 설교가 진행되는데 내용은 신앙의 부모이자 하나님께서 그들에게 명하신 신앙교사로서 가정에서의 역할을 다룬다. 성경적 자녀양육법, 연령별 자녀 이해, 자녀의 생활주기에 따른 부모 역할, 성경적 대화법, 생의 위기에서의 부모역할, 코치로서의 부모, 교사로서의 부모, 가정예배 세우기 등의 구체적이고 실천적인 문제 앞에 학부모의 부르심과 결단에 대하여 다룬다. 세 번째 순서는 설교에서 선포되는 말씀으로 부모들이 자신의 삶을 다시 돌아보고, 구체적인 결단을 하고, 감사하는 시간을 갖는다. 그리고 마지막 시간으로 예배를 통하여 만난 하나님으로 인하여 새롭게 생긴 기도 제목과 중보기도를 제출하게 되는데 이 중보기도 카드는 자녀부서의 담당 교역자에게 바로 전달된다. 매주 그 자리에서 부모님으로부터 받게 되는 기도제목은 해당하는 아이를 위한 심방의 자료가 되며, 자녀에 대한 매우 중요한 목회의 자료이자 나눔이 된다.

4. 굿페어런팅, "부모신앙교육의 현장역량을 극대화하다"

주중에 신앙의 부모교육을 위한 자녀축복기도회가 있다면, 토요일에는 오전 10시부터 12시까지 진행되는 신앙부모학교인 굿페어런팅(Good-Parenting)이 있다. 매학기 30~40명의 부모님들이 모여 훈련을 받는 이 프로그램은 "기독학부모교실"로 잘 알려진 기독교학교교육연구소의 신앙부모교육 커리큘럼과 기존의 충신부모코칭학교의 커리큘럼을 연구하여 충신교회의 목회 상황에 맞게 개정 및 보완한 10주 과정의 신앙부모학교로 진행되고 있다. 본 과정을 통해서 신앙 부모의 정체성, 연령별 자녀 이해, 연령별 학교 이해, 비전과 진로, 연령별 대화와 코칭법, 자녀의 기질과 신앙지도, 가정예배와 하나님 나라, 하나님을 경외하는 교육 등의 강의를 듣게 된다. 2012년도 가을학기부터 시작한 굿페어런팅은 벌써 6기 졸업생을 배출하여 현재 약 220여 명의 학부모님들이 본 과정을 마쳤다. 2016년 가을학기부터는 굿페어런팅 심화 과정을 실시하게 되었는데, 기존의 굿페어런팅이 신앙 부모로서의 인식 변화와 지식적인 역량 습득이 목표였다면, 굿페어런팅 심화 과정은 실질적으로 가정에서 부모 교사로서의 현장 역량을 강화하는 과정이다. 핵심주제로 가정예배를 주로 다루는데, 가정예배를 드림에 있어서 각 부모님들은 다양한 상황 앞에 자신들이 어떻게 자녀들과 가정별 이슈들을 다루어야 하는지 상황별 공개실습을 워크숍 형태와 현장 코칭을 중심으로 참여하게 된다. 이러한 과정은 4주간의 워크숍과 온 가족이 참여하는 1박 2일 가족캠프형태로 진행된다.

5. 가정심방, "다음 세대 사역의 패러다임 전환, 모이는 목회와 찾아가는 목회"

마지막으로, 부모를 신앙의 가정교사로 세우는 사역에 주목할 만한 현장은 바로 가정 심방이다. 충신교회는 이전호 목사가 부임하면서 선포한 비전중의 하나인 "세계적인 지도자를 양성하는 교회"라는 비전을 현실화하기 위한 목회 전략을 세우면서 이제는 교회학교가 보다 적극적으로 "교회로 모이는 목회"와 아이들과 부모님들에게 "찾아가는 목회"를 함께 실천해나가야 함을 강조하게 되었다. 이러한 찾아가는 목회를 현실화시키기 위하여 다각적인 목회적 변화를 주었는데 첫 번째로는, 교회학교 교육부서 교역자를 파트사역자에서 전임 혹은 준전임 사역자로 전환하는 것이었다. 이러한 전략의 적용으로 현재 15개 교육부서 중에서 13개 부서가 준전임 이상으로 바뀌면서, 교육부서의 목회는 이제 주말 동안 교회를 찾아오는 목회에서 주중에 아이들과 부모님들의 삶의 자리인 가정과 학교를 찾아가서 심방할 수 있는 목회적 여건으로 변화되었다. 이러한 변화는 매우 성공적이어서 더 이상 교회학교 목회의 시간과 장소가 주말과 교회에 국한되지 않고 일주일 전체와 아이들의 삶의 전 영역으로 확대되었다. 이로 인해 보다 깊은 신뢰와 돌봄의 관계성 위에 아이들과 부모님들을 교역자와 교사가 함께 목양하는 이른바 전적인 심방사역(total visiting ministry)으로 전환하게 되었다. 이러한 심방

사역을 실현화하면서 거치게 된 두 번째 변화는, 그동안 분리되어 관리되어오던 성인 교구와 다음 세대 교육부서의 교적프로그램의 통합이다. 교육부 교역자가 주중에 가정 심방을 하는 사역을 정례화하면서, 아이들의 가정을 심방하는 사역이 더 이상 다음 세대만을 위한 사역만이 아니라 아이들의 부모님과 조부모님을 포함한 가정 전체를 통합적으로 돌보는 사역이 되었다. 그리하여 이전에 교회를 중심으로 "아이들이 모이던 목회"로부터 통합된 교적프로그램을 통하여 다음 세대 사역에 대한 "모이는 목회"와 "찾아가는 목회"로의 확대는 현실화되었다.

이외에도 충신교회의 다음 세대를 세워가는 자리마다 구석구석 보석같이 믿음의 부모님들을 함께 훈련하고 아름다운 신앙교사의 동역자요 파트너로 세우는 현장은 풍성히 발견된다. 모든 교육부서에서 정기적으로 드려지는 부모와 자녀와 교사가 함께 설계하고, 함께 참여하며 드리는 부모 참여 예배인 드림예배, 아동부 자녀들과 부모님들이 가정에서 매일 함께 하나님의 말씀을 묵상하고 기도하는 주중 묵상 자료집인 레인보우 프라미스(Rainbow Promise), 연중 지속적으로 부모와 자녀가 함께 훈련받고 함께 섬기는 다양한 해외단기선교 프로그램, 소년부부터 고등부의 학생과 교사와 교역자로 구성된 다음 세대 해외단기선교 프로그램인 충신비전날개, 아이들과 부모님이 함께 참여하는 여름캠프 및 수련회 등에서 부모는 다음 세대 신앙양육의 현장에서 가장 핵심적인 신앙의 교사로 섬기며, 우리의 자녀들은 강력한 신앙 생태계 안에서 세계를 복음적 리더십으로 변화시킬 믿음의 지도자로 자라나고 있다.

IV. 다음 세대 리더십학교, "영성, 인성, 실력, 현장성을 갖춘 세계적인 인재를 키우라!"

충신교회의 다음 세대를 향한 헌신과 연구가 발현된, 영아부부터 청년부까지 일관된 교육목표와 동일한 핵심가치, 그리고 연령-연계적인 다음 세대 리더십 커리큘럼과 프로그램이 있다. 그것은 바로 하나님의 거룩한 정원이라는 뜻의 다음 세대 리더십학교 "가들리 가든(Godly Garden)"이다. 이는 "세계적인 지도자를 양성하는 교회"라는 교회핵심 비전을 교회교육의 현장에 구체화시킨 커리큘럼으로서, 이 과정을 통하여 학생들은 충신교회 목회철학의 핵심가치와 긴밀히 연결되는 영성, 비전, 인성, 실력, 현장성을 전문적으로 훈련받고 성장하게 된다. 이러한 리더십 프로그램은 기독교교육 전문가들로 구성된 15개 부서 교육교역자들의 지속적인 연구와 전문성의 열매들로서, 2년간의 정기적인 자체세미나와 연구모임, 현장리서치와 대외 전문기관과의 협력프로젝트를 통하여 마침내 2013년 9월 가들리가든이라는 이름으로 그 모습을 구체화하게 되었다.

가들리가든은 영아부부터 청년부에 이르는 전 연령별 순환 커리큘럼이다. 학생들은 발달연령에 따라서 총 5개의 중그룹인 이삭(영유아유치부), 사무엘(초1-4), 다니엘(초5-중3), 다윗(고1-3), 여호수아(청년부) 과정을 거치게 되며, 각 그룹 안에서는 1단계 영성학교(Godly Life, 가들리라이프), 2단계 인성실력학교(Promise Seeker, 프라미스씨커), 3단계 아웃리치학교(Miracle Hands, 미라클핸즈)를 순환적으로 경험하며 성장하게 된다. 여기서 우리가 주목할 만한 것은 위 과정의 가장 첫 단계가 가들리가든의 예비단계인 "굿페어런팅"(Good-Parenting)으로부터 시작된다는 것이다. "굿페어런팅"은 앞에서 소개한 부모신앙학교로서, 가들리가든에 입학을 소망하는 자녀들의 부모님 들에게 바른 기독교적 신앙양육의 내용과 방법을 먼저 제공하는 과정이다. 가들리가든은 부모를 신앙양육의 핵심적 동역자로 이해하며, 합당한 훈련과 협력을 해야 하기에 이 과정을 수료하지 않은 부모들의 자녀들은 가들리가든에 신청하지 못하는 규정을 시작 첫해부터 지금까지 엄격히 지켜오고 있다. 그리고, 2016년 현재 충신교회에서는 매 학기 이 리더십 학교를 통하여 130여 명의 아이들과 부모님들이 믿음의 지도자와 부모님들로 자라나고 있다.

이와 같은 가들리 가든의 커리큘럼 구성은 신앙교육의 대표적인 이론들과 현재 충신교회 회중에 대한 이해 간의 역동적인 대화를 통하여 만들어졌다. 구조적인 면으로 볼 때, 연령에 따라 신앙적인 과제와 합당한 양육 환경이 필요함을 강조한 제임스 파울러(James Fowler)의 연령별 신앙발달이론(faith development theory)[14]을 고려하였으며, 내용

---

14 James W. Fowler, *Stages of Faith: The Psychology of Human Development and the Quest for Meaning* (New York: Harper Collins Publishers, 1995).

면에 있어서는 신앙의 형성과 변혁은 같은 삶의 목적과 기억과 행동양식을 공유하고 있는 신앙공동체 안에서의 의례와 경험과 활동을 통하여 일어남을 강조한 존 웨스터호프(John Westerhoff III)의 신앙공동체 이론(faith community theory)15과 교회공동체가 다음 세대들에게 신적 신앙공동체로서의 가족과 같은 신앙 환경과 지원들을 제공해야 함을 강조한 챕 클락(Chap Calrk)의 신앙가족이론(faith family theory)16을 비판적으로 분석하여 충신교회 다음 세대 교육현장에 적용하였다. 또한, 교육방법론적인 면으로 볼 때, 최근 긍정심리학의 영향을 받은 사회과학적 행동심리에 기초한 지도방법의 한 형태인 코칭이 전제하고 있는 내담자-코치 간의 쌍방향 대화모델을 극복하여, 하나님-내담자-코치 간의 삼각형 대화모델로 전환한 게리 콜린스(Gary Collins)의 기독교코칭(Christian Coaching)17을 이론적 토대로 삼았다. 또한 학생들의 삶의 이야기와 하나님의 말씀이 만나는 현장을 "삶에서-복음으로-다시 삶으로" 과정으로 이해하여 신앙교육과 형성에 있어서 학생들이 주체적인 참여자로서 자기를 인식하고, 자기의 삶을 돌아보고, 기독교 신앙의 전통과 공동체와의 대화 속에서 헌신과 소망을 갖고 분별 및 새로운 삶을 실천하는 삶을 살아야 가게 돕는 토마스 그룸(Thomas Groome)의 공유적 프락시스(Share Praxis)18도 주된 이론적 토대가 되었다.

---

15 John Westerhoff III, *Will Our Children Have Faith?* (Harrisburg, PA: Morehouse Publishing, 2000), 21.
16 Chap Clark ed., *Youth Ministry in the 21st Century: Five Views* (Grand Rapids, MI: Baker Academy, 2015), 75.
17 게리 콜린스, 『크리스쳔 코칭』 (서울: IVP, 2004), 24.
18 Thomas Groome, *Will There Be Faith?: A New Vision for Educating and Growing Disciples* (New York, NY: HarperCollins Publishers, 2011), 261.

가들리 가든 교육과정 한눈에 보기

"가들리 라이프"(Godly Life)는 가들리가든의 1단계인 영성학교로서, 이 과정을 통하여 아이들은 복음의 핵심을 연령별 신앙교육에 합당한 눈높이 교육과 코칭적 신앙교육 방법을 통하여 신앙성장의 여정을 시작하게 된다. 이 과정은 후에 참여하게 될 2단계 인성실력학교와 3단계 아웃리치학교에 대한 기초적인 신앙훈련과 기독교적 세계관을 정립하도록 도와준다. 영성학교의 수업구성은 부서별 12명 미만의 아이들로 구성되며, 각 그룹 안에는 교역자, 전문멘토, 전담코칭 교사, 학부모가 학생들과 함께 협력하여 수업을 진행하게 된다. 교역자와 전담코칭 교사들은 참여한 학생들 각자에 대한 신앙비전 포트폴리오를 첫 수업시간부터 함께 작성해 나가며, 이 포트폴리오는 마지막 과정까지의 학생 양육과정의 기록이자 평가의 기준이 된다. 수업방법은 강의와 현장수업이 적절히 조화를 이루고 있으며, 앞에서 설명한 게리 콜린스의 기독교

가들리 라이프(Godly Life) 교육과정

부서 (주차)	내 용
영유아부 (6주)	유아세례와 함께 진행되는 성경적 가정세우기를 위한 부모 영성학교
유치부 (8주)	센싱 더 스토리를 활용한 성경으로 떠나는 상상과 체험의 영성학교
유년부 (7주)	성경의 메가스토리를 중심으로 한 성경이야기와 함께하는 영성학교
초등부 (8주)	신앙의 내용을 생활 속에서 실천하기 위한 영성학교
소년부 (8주)	기독교 복음의 핵심을 통하여 자신의 삶을 돌아보게 하는 영성학교
중등부 (8주)	복음과 신앙고백을 통하여 삶의 이슈에 대한 해답을 찾아가는 영성학교
고등부 (8주)	은혜의 가치로 자신을 바라보고 비전을 찾아가는 영성학교
청년부 (9주)	청년을 위한 성경적 영성과 리더십을 배워가는 영성학교

코칭적 대화법과 토마스 그룹의 삶의 실천과 복음적 반추와 나눔은 매우 중요한 교육적 전략이 되어 실천된다.

2단계 인성실력학교 "프라미스 씨커"(Promise Seeker)는 학생들로 하여금 믿음의 터 위에 인성과 실력을 쌓아감으로 하나님께서 주신 언약을 따라 자라나는 백성들을 길러내는 과정이다. 이 과정 안에는 예수성품학교, 성경적 자기주도학습, 비전과 진로학교, 섬김학교가 있으며, 이 과정들은 좋은나무성품학교, 스페셜미(기독교 유아인성학교), TMD 교육그룹, 충신아기학교, 열방네트웍(BTC), 굿윌(Good Will) 등 전문기관들과의 협력 안에서 아이들의 영성 형성위에 인성과 실력을 채워나간다. 또한 충신재능나눔학교를 통하여 연결된 기독전문인들은 학생들의 비전에 따라 멘토로서 연결되어, 학생들의 시기에 꼭 필요한 신앙적

프라미스 씨커(Promise Seeker) 교육과정

과정	내용
예수성품학교	충신아기학교(영유아부), 스페셜미(유치부), 예수성품스쿨(아동부)를 통해 그리스도의 성품을 닮아감.
성경적 자기주도학습	고봉익교수와 TMD교육그룹이 함께 하는 창의적 감성교육과 자기주도학습의 주인공이 되어감.
비전과 진로학교	나를 알고, 세상을 알고, 하나님의 비전을 발견하는 거룩한 행진, 행복한 비전여행을 떠남.
섬김학교	충신이웃사랑 프로그램(장애우섬김, 노숙자섬김, 지역사회섬김 등)과 함께 하여 세상 속에 복음과 사랑을 전함.

이고 실천적인 코치로서의 역할을 감당한다. 3단계 아웃리치학교 "미라클 핸즈"(Miracle Hands)는 1, 2단계를 통하여 영성 위에 인성과 실력을 갖춘 학생들이 선교아웃리치와 비전아웃리치를 통하여 실제로 자신을 빚어 가시는 하나님의 기적의 손길을 경험하는 과정이다. 선교아웃리치는 6주간의 단기선교훈련과 1주간의 해외선교를 통해 열방 속에 하나님 나라를 경험하며, 비전아웃리치는 미국과 캐나다의 유수한 대학과 기관을 중심으로 학생자신에게 주신 비전과 관련된 기독전문인과 만나고, 비전의 현장을 미리 체험하게 된다.

지난 2016년도 여름에는 지난 3년간의 영성학교, 인성실력학교를 거쳐 드디어 아웃리치학교의 마지막 과정까지 수료한 20명의 중고등학생들이 4명의 교사와 3명의 교역자와 함께 미국현장 리더십투어에 참여하였다. 이들은 그동안 자신의 삶의 여정과 가들리가든 3년 여정의 영성훈련을 통하여 하나님께서 꿈꾸게 하시고, 인성실력학교를 통하여 채워내게 하신 자신의 삶의 가치와 비전을 3단계 아웃리치 학교를 통하여 한 단락 매듭짓는 소중한 경험을 하게 되었다. 이 학생들은 자신이 꿈꾸는 복음적 비전을 현재 미국과 북미지역에서 자신의 삶으로 살아내고 있는 삶의 모델이 되는 리더들과 직접 만나 인터뷰도 하고, 강연도 듣고, 그들의 실제 사역현장에 방문도 해보는 20일간의 여정을 마치고 돌아왔다. 처음으로 가들리가든의 마지막 단계까지 마친 학생들이 북미 아웃리치까지 마치고 돌아온 여정은 지난 3년간의 가들리가든의 과정을 기도와 격려와 후원으로 함께 동역해온 충신교회 모든 회중의 가슴에 큰 감동과 감사를 남긴 행복한 사건이 되었다.

V. 교회학교 예배, "연령별 예배와 온 세대 예배의 아름다운 동행"

충신교회의 교육교역자들에게 있어서 부서 목회 중 가장 많은 시간과 연구를 하는 현장은 단연코 예배이다. 매주 부서에서 드리는 교회학교 주일예배는 물론이요, 연초와 연중 정기적으로 학부모님들과 함께 기획하고 참여하여 드리는 부모참여 예배인 드림예배, 해마다 1월이면 갖는 전교인 새벽기도에 연령별로 부서의 아이들과 부모님들이 함께 참여하는 특별 새벽기도 예배, 매달 첫째 주 토요일 새벽에 드리는 온 가족 새벽예배, 2월이면 유치부와 아동부가 함께 참여하는 교회창립 감사예배, 5월이면 조부모님 세대와 부모님 세대와 자녀세대가 함께 설계하고 드리는 온가족 예배, 8월이면 교사와 학생들이 준비하여 드리는 교회학

아웃리치학교 미국현장 리더십투어에 참여한 중고등부 아이들

교 헌신예배, 연중 다음 세대가 주관하여 찬양과 다양한 문화적 퍼포먼스와 말씀과 헌신의 결단으로 드리는 영유아유치부 헌신예배, 아동부 헌신예배, 아동부 찬양팀 헌신예배, 중등부 헌신예배, 고등부 헌신예배, 12월이면 드리는 교회학교 주관 성탄 전야 예배와 송구영신 예배도 지속된다.

이렇게 많고 다양한 예배를 준비함에 있어서 발견되는 특징은 부서별 예배와 온 세대 예배에 대한 갱신과 시도가 지속적으로 진행되고 있다는 것이다. 먼저, 충신교회의 부서별 예배는 교육총괄 목사의 주관하

에 부서별 예배가 충분한 회중 이해와 개혁신학적인 예배의 기초위에 합당히 디자인되었는지를 정기적으로 평가한다. 왜냐하면, 예배 안에서 하나님의 말씀과 은혜는 회중들에게 이해되는 말씀으로, 상황에 합당한 말씀으로, 회중들의 구체적인 삶이 연결되는 선포가 돼야 하기 때문이다.[19] 충신교회 교회학교 안에서 부서별 예배의 평가 기준은 예배의 본질인 은혜와 응답(Grace and Gratitude)으로서, "부서에 참여하는 모든 학생과 교사들에게 하나님의 은혜가 선명히 드러났는지"와 "드러난 하나님의 은혜에 대하여 학생들과 교사들이 풍성하게 반응하게 도와주었는지"를 주된 질문으로 예배의 공간, 시간, 제스쳐, 언어, 상징물, 음악을 중심으로 반추하고 갱신한다. 이러한 예배 갱신의 과정은 유니온 신학교 제인 밴(Jane Vann) 교수의 책 *Worship Matters*를 통하여 안내된 예배갱신의 단계를 따른 것이다. 예배에 대한 이러한 지속적인 갱신과 반추는 부서별 예배만이 아니라 위에서 언급한 다양하고도 지속적인 온 세대 예배 준비 및 섬김에서도 신실히 드러난다.

캘빈 신학교의 하워드 밴더웰(Howard Vanderwell) 교수는 그의 책 *The Church of All Ages*에서 부모 세대와 다음 세대가 함께 모여서 하나님께 예배드리는 온 세대 예배는 하나님께서 성경말씀을 통하여 하나님의 백성들에게 일관적으로 말씀하신 명령(신 29: 10-12, 수 8: 34-35, 대하 20:12-15, 느 8:3, 시 78:1-8)이었음을 강조한다.[20] 그는 말하기를, 성경 안에 아흔 번이 넘게 "(부모와 자녀) 세대들 안에서, 통하여, 가운데"

---

[19] Jane R. Vann, *Worship Matters* (Louisville, KY: Westminster John Knox Press, 2011), 120.
[20] Howard Vanderwell, *The Church of All Ages* (Lanham, MD: Rowman & Littlefield Publishers, 2008), 21-22.

라는 표현이 적혀있음을 상기시킨다.21 간세대 종교교육학자 제임스 화이트(James W. White)는 그의 책 *Intergeneration Religious Education*을 통하여 간세대 간의 종교교육에는 네 가지의 핵심적인 경험이 있는데, 첫째, 공통된 경험(in-common-experiences), 둘째, 연령별 다양한 배움(parallel-learning), 셋째, 연령 간 상호 유익적 사건들(contributive-oc-caions), 그리고 넷째, 공동체 안에서의 나눔(interactive-sharing)이라고 설명한다.22 이러한 관점에서, 충신교회에서 드려지는 온 세대 예배의 디자인과 실무를 총괄하는 강윤호 목사는 온 세대 예배의 핵심은 "예배당에 모든 세대가 다같이 함께 앉아있게 하였는가"보다 "하나님 앞에 모든 세대가 함께 예배를 드리고 있는가"에 주목하며, "예배를 통하여 무엇을 많이 보여주었는가"보다 "예배를 통하여 어떠한 역동성이 하나님과 회중 간에, 그리고 세대와 세대 사이에 일어났는가"에 집중하고 있다고 말한다. 이를 가능하게 하기 위해서, 충신교회 온 세대 예배준비위원회는 기획 단계부터, 준비, 실행, 평가가 어느 한 세대를 대표하는 리더그룹에 의하여 주관되기보다는 그야말로 온 세대를 대표하는 리더그룹인 교역자그룹, 교사그룹, 학부모 그룹, 학생그룹, 그리고 성인교구 그룹간의 긴밀한 협력과 토의를 통하여 창의적이고 감동이 있는 예배를 기획하고 섬긴다.

이러한 관점에서, 충신교회 각부서의 연령별 주일예배와 온 세대 예배는 더 이상 "두 예배 중에 무엇을 선택할까"의 선택의 문제가 아니라 "어떻게 각 예배에서 경험해야 할 풍성한 예배를 서로 상보적으로 드리

---

21 위의 책, 24.
22 James W. White, *Intergeneration Religious Education* (Birmingham, AL: Religious Education Press, 1988), 18.

게 도울 수 있을까"의 질문으로 바꾸어 접근하려고 노력하고 있음을 발견하게 된다. 연중 각부서의 주일예배와 다양한 형태의 온 세대 예배는 어느덧 충신교회 부모 세대와 다음 세대의 예배 안에서 서로 어우러져 아름다운 상보적인 관계를 이루고 있어, 서로의 예배를 의미 있게 그리고 풍성하게 세워가고 있다.

VI. 나가는 말: "온 회중의 공유된 목회 DNA위에", "영성 위에 전문성을 더하여", "교회와 가정이 함께" 복음의 리더를 길러내다

지금까지 살펴본 충신교회 교육목회를 통하여 드러난 하나님의 역사와 부름 받은 온 회중의 섬김은 참으로 귀하고 또한 더욱 기대가 되는 기독교교육의 현장이라고 생각한다. 필자는 본 글을 정리하며 충신교회 교육목회의 기독교교육현장의 특징을 다음의 세 가지로 요약하여 보고자 한다.

첫째, "온 회중의 공유된 목회 DNA 위"에 교회전체가 다음 세대를 길러낸다
충신교회는 온 회중의 공유된 목회 DNA인 목회 비전과 핵심가치와 5대 비전문 위에 다음 세대를 향한 신앙적 책임을 교회 전체가 사명으로 받아들이고, 교회 전체가 참여한다. 그러기에 성인 양육과 다음 세대 교육이 공통적으로 교회의 동일한 비전에 근거하여 계획되고 커리큘럼화 된다. 예를 들면, "세계적인 지도자를 양육하는 교회"라는 비전을 구현하기 위해서, 교회 전체 회중을 향해서는 신앙의 부모 됨과 가정 안에서의 신앙교사 됨의 훈련과정을, 교사를 대상으로는 교사코칭 훈련을, 성

인 교구의 구역장을 대상으로는 코칭 일반 및 심화훈련 등의 비전 연계적이며 특화 대상적인 프로그램을 제공함으로 보다 강력한 신앙교육 환경을 만들어 나간다. 그리고 교회학교에서는 위의 성인들의 훈련과 실천을 전제로 하여, 이와 연계된 가정과 교회 안에서 구체적인 다음 세대의 신앙적 성장과 실천을 기획, 실행 및 평가한다. 그리하여 한 명의 다음 세대를 길러내는 데 담당 교역자와 교사만이 아니라 그들의 부모와 교회 전체가 지속적으로 함께하며 성장시켜오고 있다.

주목할 만한 것은, 충신교회 회중전체가 모여서 드리는 주일예배부터 시작하여, 새벽기도, 수요예배, 특별새벽기도회 등의 예배와 기도의 자리에는 언제나 다음 세대를 위한 중보기도 제목이 있고, 실제적인 뜨거운 기도가 있다는 것이다. 이러한 자리에서 나누어지는 다음 세대를 위한 기도는 특별한 기도 제목이 아니라 충신교회 공동체 안에서 가장 우선순위의 기도 제목 중의 하나이며, 교회의 모든 세대가 집중하는 협력의 자리가 된다.

둘째, 다음 세대 교육은 "영성 위에 전문성을 더하여" 복음적 인재를 기른다

충신교회의 다음 세대를 길러내는 현장에는 언제나 기독교교육의 전문가들로 구성된 교육교역자들의 지속적인 연구와 전문성의 열매들이 있다. 교육교역자들은 대부분 기독교교육을 전공한 목회자들로서 정기적인 자체세미나와 연구모임, 현장 리서치와 협력 프로젝트를 통하여 교육부 내 15개 부서가 연령별로 일관적이며, 체계적이고, 비전 중심적이 되도록 하고 있다. 그리하여, 교육부내 커리큘럼은 정기적으로 개정 보완되며, 이 창조적인 작업에는 교역자를 중심으로 하되, 교사, 부모, 학생들이 적극적으로 참여한다. 교사 그룹 역시 깊은 영성과 교사로서

의 전문성을 가진다. 교사가 되기 위한 교사대학은 연중 20주간의 교육을 수료해야 하며, 20번의 강의는 단지 지식 전달식의 강의가 아닌 충신교회 교육부의 핵심가치인 영성, 비전, 인성, 전문성, 현장성의 균형을 갖추며 해당 분야의 최고의 학자들과 현장 전문가들을 초청하여 수준 높은 강의로 진행한다. 이 교사대학의 과정 안에는 성경일독과 섬기게 될 부서 수련회 참석이 요구되며, 20주간의 교사대학의 마지막 관문은 성경고사와 교직시험 및 연구수업을 치러야 한다. 이렇게 교사대학을 수료한 교사들은 그 이듬해에 해당부서 교역자와의 인터뷰를 마친 후 비로소 정교사로 부서에서 섬길 수 있는 자격이 주어진다. 이렇게 충신교회에서 교사가 되는 길은 결코 헌신만으로 안 되며, 영성과 인성과 전문성과 현장성이 갖추어져야 걸어갈 수 있는 영광스런 여정이기에 한번 교사가 되면 그 소명을 짧게는 10년 길게는 30년이 넘게 교회학교 교사로 섬기는 것이 충신교회 교육부의 문화로 자리 잡았다.

셋째, "가정과 교회가 협력하여" 믿음의 다음 세대를 세우다

충신교회 안에서 자녀를 기른다는 것은 자녀의 인생여정에 따라 해당 부모님들이 함께 성장함을 전제로 한다. 자녀를 갖기 전 태교학교부터 시작하여, 영유아기의 충신아기학교, 유치기의 충신유치원, 아동기와 중고등부의 레인보우프라미스와 가들리 가든, 자녀축복 기도회와 굿페어런팅, 청년기의 일터 사역 및 부부성장학교 등 자녀들의 전인격적 성장과 함께 평생 신앙의 교사의 사명을 받은 부모님들은 지속적으로 함께 배우며, 함께 성장하며, 함께 변화되어져 간다. 이러한 부모세대와 다음 세대 모두의 기도와 참여와 헌신 속에서 충신교회 안에 다음 세대를 향한 하나님의 비전은 실재의 역사로 변화되고 있다. 충신교회 교육부는 종종 선포한다. "우리가 자녀들을 복음으로 제자 삼으면, 저들은 세상을 제자삼아 이 땅을 하나님의 나라로 세워갈 것입니다." 이 위대하고 아름다운 비전과 소망은 오늘도 충신교회, 그 아름다운 하나님의 은혜와 가르침과 길러냄이 풍성한 현장에서 아름답고 향기로운 열매로 맺어지고 있다. 하나님의 비전이 다음 세대 사역 안에 오늘의 감사로 올려지는 충신교회 교육목회의 현장은 하나님께서 오늘도 역사하심을 보는 감격의 자리요, 증언의 자리이다.

참고문헌

Clark, Chap ed. *Youth Ministry in the 21st Century: Five Views.* Grand Rapids, MI: Baker Academy, 2015.

Fowler, James W. *Stages of Faith: The Psychology of Human Development and the Quest for Meaning.* New York: Harper Collins Publisers, 1995.

Groome, Thomas. *Will There Be Faith?: A New Vision for Educating and Growing Disciples.* New York, NY: HarperCollins Publishers, 2011.

Harris, Maria. *Fashion Me A People.* Louisville, KY: Westminster John Knox Press, 1989.

Hunter, Ron. "*The D6 View of Youth Ministry*", *Youth Ministry in the 21st Century: Five Views.* Chap Clark ed., Grand Rapids, MI: Baker Academy, 2015.

Paul Jones, Timothy. *Family Ministry Field Guide: How Your Church Can Equip Parents to Make Disciples.* Wesleyan Publishing House, 2014.

Vanderwell, Howard. *The Church of All Ages.* Lanham, MD: Rowman & Littlefield Publishers, 2008.

Vann, Jane R. *Worship Matters.* Louisville, KY: Westminster John Knox Press, 2011.

White, James W. *Intergeneration Religious Education.* Birmingham, AL: Religious Education Press, 1988.

게리 콜린스. 양형주, 이규창 역. 『크리스천 코칭』. 서울: IVP, 2004.

마이클 L. 피터슨. 김도일 역. 『기독교교육을 위한 교육철학』. 서울: 한국장로교출판사, 1998.

로버트 W. 파즈미뇨. 박경순 역. 『기독교교육의 기초』. 서울: 도서출판 디모데, 2003.

가정을 세우는 부부청년교육
— 하늘꿈연동교회를 중심으로

김성중
(장로회신학대학교 교수)

I. 들어가는 말

필자가 한 교회에서 청년부 담당 목사로 사역할 때 신실한 남자 청년과 여자 청년이 있었다. 남자 청년은 소그룹 리더였고, 여자 청년은 찬양단 반주자였다. 이 두 사람은 청년부에서 가장 열심히 신앙생활하며 봉사하였고, 다른 청년들의 모범이 되었다. 열심히 청년부에서 봉사하다가 남자 청년과 여자 청년은 사귀게 되었고 결국 결혼에 골인하게 되었다. 필자는 너무나도 기뻤으나 한편으로는 이제 두 청년이 청년부를 떠날 수밖에 없다는 생각에 아쉬움이 많았다. 두 청년은 결혼하고 나서 2주 후에 나에게 상담을 요청하였다. 두 사람이 이야기하는 내용이 참으로 뜻밖이었다. 상담내용을 한마디로 말하면, 성인구역으로 가기 싫다는 것이었다. 계속 청년부 예배를 드리고, 청년부 소그룹 모임에 참여하고 싶다는 것이다. 성인들만 드리는 예배는 너무 형식적이고 따분하며, 성인구역에 배정되어서 어른들의 눈치를 보면서 소그룹 모임을 하고 싶지 않다는 것이었다. 두 사람이 워낙 신실한 청년들이었기 때문에 이들의 이야기를 듣고 많이 놀랐다. 결혼했으니까 당연히 성인구역으로 배정되고, 성인 일반 예배를 드리는 것이 당연한데, 그것이 너무 싫다는 것이다. 목회자로서 그 상담을 듣고 갈등이 되었다. 이 두 청년의 이야기를 들어주자니 교회가 정한 제도에 어긋나는 것이고, 그렇다고 무시하자니 두 청년의 신앙생활이 걱정이 되었다. 그래서 담임목사와 상의한 끝에 일 년 동안 청년부에 남아있게 하고, 대신 청년부 안에서는 젊은 청년들의 교사와 같은 역할을 하기로 결정하였다. 그래서 두 청년은 일년 동안 "청년도우미 교사"라는 타이틀을 가지고 청년부에서 예배드리고, 청년부 소그룹 모임에 참여하였다. 물론 청년부 안에서는 일반 청년들이 이 두 사람을 결혼했다는 이유로 어른으로 대접하고, 신앙적으로 성숙한 교사로서 인식했기 때문에 소그룹 모임 때도 자신의 속 이야기와 부족한 신앙의 모습을 쉽게 털어놓고 이야기할 수는 없는 한계가 있었다. 계속 청년부 활동을 하면서 이 부분에 대해 답답함과 아쉬움을 토로하였다.

이러한 경험을 통해 교회 안에 갓 결혼한 부부, 아직 성인구역에 배정되기를 부담스러워 하는 젊은 부부들을 위한 부부청년부서가 교회 안에 마련되어야 한다고 확신하게 되었다. 그리고 더 나아가 부부청년부가 성인구역으로 배정되기 전 단계의 임시적 성격의 부서가 아니라, 목회자가 신앙교육을 하는 엄연한 하나의 독립 부서가 되어야 한다고 확신하게 되었다.

본론에서는 부부청년부의 필요성과 부부청년부가 해야 할 기능을

하늘꿈연동교회 전경

파악하기 위해서 발달이론의 대표적인 학자들인 다니엘 레빈슨, 에릭 에릭슨, 로렌스 콜버그, 제임스 파울러의 이론을 살펴보려고 한다. 그러고 나서 부부청년부가 해야 할 기능에 따른 부부청년부의 모델을 만들고, 부부청년부를 시행하고 한국교회에 보급하기 위해 노력하고 있는 하늘꿈연동교회의 부부청년부를 소개하고 분석하려고 한다.

II. 부부청년부에 대한 발달이론적 기초

부부청년부의 필요성과 부부청년부가 해야 할 기능을 파악하기 위해 발달이론을 주장한 네 명의 학자들—다니엘 레빈슨, 에릭 에릭슨, 로렌스 콜버그, 제임스 파울러—의 이론을 살펴보려고 한다. 다니엘 레빈슨의 이론을 통해서는 부부청년부가 교회 안에서 왜 필요한지 그 필요성을 찾아볼 것이고, 에릭 에릭슨, 로렌스 콜버그, 제임스 파울러의 이론을 통해서는 부부청년부가 어떤 사역적 특성과 색깔을 가져야 하는지 그 기능에 대해서 살펴볼 것이다.

1. 다니엘 레빈슨

다니엘 레빈슨은 남성의 성인기에 대해서 집중적으로 연구한 학자이다. 레빈슨은 "인생주기"라는 용어를 사용한 학자이며, 인생에는 발달 단계가 있음을 인식했던 학자이다. 즉, 그는 인생이란 탄생에서부터 죽음까지 가는 인생의 단계들이 있음을 인지하며 자신의 이론을 전개해 나갔다.

1) 성인 초기 전환기(17-22세) : 성인 이전기에서 성인 초기로의 이동

성인 초기 전환기에 있어서 발달과제는 성인되기 전 단계를 벗어나기 시작하는 것인데, 이것은 성인이 되기 전에 경험한 세계의 본질에 대해 질문을 던지는 것이다. 그리고 그 세계 안에서 자신의 위치는 어떠했는지 질문을 던져보며 성찰하는 것이다. 성인 초기 전환기에는 인간관계에 변화가 오는데, 성인되기 이전 단계에서 관계를 맺은 중요한 공동체와 사람들, 기관들과의 관계를 수정하거나 끝맺는다. 이런 과정을 통해서 성인되기 이전 단계에서 맺어진 관계들 속에 형성된 자아를 성찰하고 평가하는 기회를 갖는다. 성인 초기 전환기의 또 하나의 중요한 발달과제는 성인의 세계 속으로 들어가는 것이다. 즉, 본인이 성인이라는 것에 대한 정체성을 갖고, 성인으로 살아가기 위해 준비해야 할 것들을

생각하고 선택하는 경험을 가지게 된다.[1]

2) 성인 입문기(22-28세) : 첫 번째 성인 인생 구조[2]

성인 입문기의 발달과제는 자신의 소중한 자아와 성인 사회를 연결시켜줄 수 있는 구조를 내적으로 형성하는 것이다. 즉, 성인 입문기에는 성인기의 삶이 어떨 것인지에 대한 가능성을 탐구하면서 동시에 어떻게 하면 안정적인 인생이 될 수 있는지에 대해 관심을 갖는다. 성인 입문기 때는 자신이 성인 이전까지 살아오면서 형성한 인생구조가 흔들릴 수 있는 시기이다. 성인 입문기 때 새로 형성하는 인생구조와 이전에 견지해 온 인생구조 사이에는 약간의 상당한 불연속성(discontinuity)이 있기 마련이다.[3]

3) 30대 전환기(28-33세) : 첫 인생 구조의 수정

30대 전환기의 발달과제는 성인 입문기 때에 형성한 인생관에 문제가 있는 것을 발견하고, 수정하는 것이다. 또한 이 시기는 성인 초기 시대를 마무리하는 데 있어 필요한 좀 더 견고하고, 만족스러운 인생관을

---

[1] 김재은, 『기독교 성인교육』 (서울: 한국기독교교육학회, 2004), 103-105.
[2] "구조 (structure)" 라는 말은 원래 언어학에서 사용한 용어이다. 피아제는 "구조는 변화의 체계"라고 정의했다. 즉, 구조는 요소들이나 자질들의 단순한 집합이 아니기에 변화의 법칙을 포함한다는 것이다. 구조는 "전체성", "변화", "자기-규정"의 개념들로 구성되어 있다. 박원호, 『신앙의 발달과 기독교교육』 (서울: 장로회신학대학교출판부, 1996), 49-51.
[3] 김재은, 105f.

구축하기 위해 기반을 마련하는 시기이다. '전환기'라는 단어는 약간의 '위기'를 전제한다. 전환기는 새로움을 위해 긴장감이 조성되는 시기이다. 이 '위기'를 '발달적 위기'라고 부른다. '발달적 위기'란 개인이 한 시기의 발달과제를 해결하는 데 큰 어려움을 가질 때 생기는데, 이 위기가 30대 전환기에 찾아온다.[4]

4) 안정기 (30대 말-40세) : 두 번째 성인 인생 구조

안정기의 발달과제는 첫째, 사회적 존재로서 자신이 사회에서 해야 할 일을 찾고, 있어야 할 자리를 찾기 위해 노력하는 것이다. 둘째, 목표를 가지고 성취하기 위해 열심히 노력하는 것이다. 즉, 인생의 목표와 시간표를 세우고, 그 목표와 시간표에 맞춰서 승진하고 발전하기 위해 부단히 노력하는 것이다.[5]

이상으로 살펴본 레빈슨의 발달단계 중에 부부청년부에 해당하는 시기는 보통 30대 전환기와 안정기이다. '발달적 위기'를 극복하는 과제를 위해서는 또래 공동체의 형성이 필요하다. "백지장도 맞들면 낫다"라는 속담이 있듯이 자신의 발달적 문제와 고민, 스트레스를 함께 나누고, 진솔한 대화를 나눌 수 있는 진정한 공동체가 필요하다. 또래 공동체는 함께 문제를 인식하고 있기 때문에 공감할 수 있는 큰 장점이 있고, 함께 그 문제를 해결하는 데 있어 큰 힘이 될 수 있다. 그리고 남성발달의 경우 사회적 존재로서 사회에서 해야 할 일을 찾고, 열심히 일하면서

---

4 앞의 책, 106f.
5 앞의 책, 107-109.

목표를 이루고, 발전하기 위해 노력하다 보면 가정에 소홀해지기가 쉬운 시기이다. 이럴 때 부부청년부는 교회에서 부부가 함께 활동하면서 부부의 소중함을 깨달을 수 있고, 부부와 함께 시간을 보내면서 관계가 더 단단해지고 깊어질 수 있다. 그리고 다른 부부들과의 대화와 교제를 통해서, 서로 실질적으로 도와줌을 통해 신혼 초의 관계의 어려움과 육아의 고민을 함께 해결해나갈 수 있는 길이 마련될 수 있다. 정리하면, 부부청년부를 위한 사역은 또래 공동체를 중심으로 관계 지향적인 방향으로 나아가야 하며, 서로 대화하고 이야기를 진솔하게 나눌 수 있는 교제가 이루어져야 함을 알 수 있다. 레빈슨의 이론은 '부부청년부'라는 조직이 왜 교회 안에 필요한지 그 필요성에 대해 뒷받침해 주는 역할을 해준다고 보인다.

2. 에릭 에릭슨

에릭 에릭슨은 인간 발달의 전 생애 이론을 제시한 대표적인 학자이다. 그는 인간의 심리사회 발달 이론을 전개하면서 주목받은 학자이다. 에릭 에릭슨은 8단계로 이루어진 인간의 발달단계를 제시하였다. 첫 번째 단계는 0세에서 18개월에 해당하고, 두 번째 단계는 18개월에서 3세에 해당하고, 세 번째 단계는 3세에서 6세에 해당하고, 네 번째 단계는 6세에서 12세에 해당하고, 다섯 번째 단계는 12세에서 18세에 해당하고, 여섯 번째 단계는 성인 전기에 해당하고, 일곱 번째 단계는 성인 중기에 해당하고, 여덟 번째는 성인 후기에 해당한다. 에릭슨은 단계에 따라 겪게 되는 심리사회적 위기와 이루어야 할 발달과업을 제시하는데, 첫 번째 단계의 심리사회적 역동은 신뢰감 대 불신이고, 이루어야 할 발달과업은 신뢰감의 형성이다. 두 번째 단계의 심리사회적 역동은 자율성 대 의심이고, 이루어야 할 발달과업은 자율성의 확립이다. 세 번째 단계의 심리사회적 역동은 주도성 대 죄의식이고, 이루어야 할 발달과업은 주도성의 확립이다. 네 번째 단계의 심리사회적 역동은 근면성 대 열등감이고, 이루어야 할 발달과업은 근면성의 확립이다. 다섯 번째 단계의 심리사회적 역동은 정체감 대 역할 혼미이고, 이루어야 할 발달과업은 정체감의 형성이다. 여섯 번째 단계의 심리사회적 역동은 친밀감 대 고립감이고, 이루어야 할 발달과업은 친밀감의 형성이다. 일곱 번째 단계의 심리사회적 역동은 생산성 대 침체이고, 이루어야 할 발달과업은 생산성의 확립이다. 여덟 번째 단계의 심리 사회적 역동은 자아 통합 대 절망이고, 이루어야 할 발달과업은 자아 통합이다.[6]

이 중 부부청년부에 해당되는 단계는 보통 일곱 번째 단계이다. 일곱 번째 단계에서 중요한 '생산성'은 "다음 세대를 기르고 이끌어 주는 데에 대한 관심"을 뜻한다. 이 '생산성'은 자신의 아이를 키우면서 발달할 수도 있지만, 다음 세대 아이들을 지도하고 가르침을 통해서도 발달할 수 있다. 이 단계에서 요구되는 '생산성'이라는 발달과제를 제대로 이루지 못하면, 삶의 침체와 우울이 찾아오게 되고, 대인관계의 부족을 느끼며, 결국 자기 자신에 대해 몰두하게 된다.[7] 이렇게 되면, 이기주의적인 삶의 자세가 굳혀지게 되고, 인간관계의 풍성함을 통해서 스트레스를 해소하는 것이 아니라 컴퓨터 게임이나 쇼핑 등을 통해서 스트레스를 해소하려는 경향이 나타나게 된다. 이렇게 되면 '중독'의 문제가 생겨나게

---

[6] William C. Crain, 서봉연 역, 『발달의 이론』 (서울: 중앙적성출판사, 2000), 261-267.
[7] 신명희 외 3인, 『교육심리학의 이해』 (서울: 학지사, 1998), 73.

된다. 그렇기 때문에 부부청년부는 가정 안에서 자라나는 자녀들을 어떻게 성경적으로, 하나님께서 기뻐하시는 방식으로 양육할 수 있는지를 서로 이야기하고 나눌 수 있는 장이 되어야 한다. 더 나아가 산후 우울증이나 부모로서의 스트레스를 어떻게 해소할 수 있는지도 서로 나누어 대화 가운데 그 문제를 해결할 수 있도록 해야 한다. 이것은 '동료상담' 효과의 측면이다. 동료끼리의 대화를 통해 문제를 같이 공유하고 있다는 것을 인식하며 그 안에서 동질성을 가지고 솔직한 대화를 통해서 문제를 같이 해결할 수 있는 길을 찾게 하는 것이다.

이 밖에도 일곱 번째 단계의 주요 발달과제인 '생산성'이라는 필요를 충족하기 위해 부부청년부 구성원들이 교회 안에서 교회학교 교사로 사역할 수 있도록 격려하고 도와주어야 한다. 부부청년부는 젊은 감각을 가지고 있기 때문에 교회학교 어느 부서에 가도 눈높이를 맞춰서 아이들을 잘 가르칠 수 있을 것이다. 그리고 청년부에도 선배 입장에서 참여해서 청년들의 어려움을 들어주고, 그들을 위로하고 세워주는 귀한 봉사의 역할도 감당할 수 있을 것이다. 이 단계의 발달과업을 이루지 못했을 때 나타나는 위기인 '침체'의 문제를 예방하기 위해서는 전문가를 모셔서 특강이나 세미나를 정기적으로 열면 좋을 것이다. 예를 들어, 여러 중독의 문제—성, 알코올, 쇼핑, 게임—를 다루면 이 중독의 문제에 대해 경각심을 가지게 되고, 자기 침체에 빠지지 않도록 노력하게 될 것이다.

에릭슨의 이론을 근거로 하면, 부부청년부는 '교제의 장', '봉사 격려의 장', '주제교육의 장'이 되어야 함을 확인할 수 있다.

3. 로렌스 콜버그

로렌스 콜버그는 발달 이론 중에 특히 도덕성 발달을 주장한 학자이다. 콜버그는 인습 이전 수준과 인습 수준, 그리고 인습 이후 수준으로 이루어진 도덕 발달 단계를 주장하였다. 인습 이전 수준에서는 발달 단계 1과 2가 포함되고, 인습 수준에는 발달 단계 3과 4가 포함되고, 인습 이후 수준에는 발달 단계 5와 6이 포함된다. 구체적으로 살펴보면, 인습 이전 수준에는 9세 미만의 아동들과 문제를 일으키는 범법 청소년, 그리고 범법 성인이 포함된다. 인습 수준에는 대부분의 청소년과 성인들이 포함된다. 인습 이후 수준에는 소수의 성인들이 포함된다. 단계별 특징을 알아보면, 발달 단계 1은 타율적, 도덕성의 단계이며, 발달 단계 2는 개인주의, 도구적 목적, 교환의 단계이며, 발달 단계 3은 개인 상호간의 기대, 관계 맺음, 동조의 단계이며, 발달 단계 4는 사회체제와 양심의 단계이며, 발달 단계 5는 사회계약 내지 유용성과 개인권리의 단계이며, 발달 단계 6은 보편적, 윤리적 원리의 단계이다.[8]

여기서 부부청년부에 해당하는 단계는 발달 단계 3과 4이다. 발달 단계 3은 자기와 가까운 사람들의 기대를 인지하고, 기대에 부응하려고 노력하는 단계이다. 그렇기 때문에 남자의 경우 남편으로서, 여자의 경우 아내로서 자신의 역할에 대해 상대방이 기대하는 바에 따라 행동하려고 노력하는 단계이다. 발달 단계 4는 자기 스스로 맞다고 동의한 의무를 지키는 단계이고, 그 의무를 지킴으로써 자기가 소속된 집단과 사

---

8 L. Kohlberg, 이기문, 이동훈 역, 『도덕교육철학』 (서울: 대한예수교장로회총회교육부, 1985), 69-73.

회에 공헌하는 것이라고 믿는 단계이다.

그렇기 때문에 부부청년부에서는 아내가 원하는 남편, 그리고 남편이 원하는 아내와 같은 주제를 가지고 상담 프로그램이 수시로 진행되면 부부청년들에게 유용한 교육이 될 것이다. 이뿐만 아니라, 부부청년들의 도덕발달에 의하면 이들은 이성적으로 동의한 적절한 의무를 원하기 때문에 부부청년부 안에서 적절한 의무를 설명해서 지키도록 하고, 봉사를 소개하고 참여를 장려하는 가운데 부부청년부라는 공동체가 더 발전할 수 있도록 노력해야 한다.

콜버그의 이론을 근거로 하면, 부부청년부는 '상담의 장'과 '공동체 내 봉사의 장'이 되어야 함을 확인할 수 있다.

4. 제임스 파울러

제임스 파울러는 신앙에도 발달 단계가 있음을 주장했다. 즉, 영아기와 미분화된 신앙, 제1단계 직관적-투사적 신앙, 제2단계 신화적-문자적 신앙, 제3단계 종합적-인습적 신앙, 제4단계 개별적-반성적 신앙, 제5단계 결합적 신앙, 제6단계 보편화된 신앙의 단계를 제시했다.[9] 각 단계별 사고의 특징들을 살펴보면, 영아기와 미분화된 신앙에서 영아들은 생각하는 능력이 발달되어 있지 않기 때문에 주로 감각이나 운동기관들을 사용해서 환경과 교류한다. 1단계에서는 논리적 사고보다는 직관이나 상상력을 주로 사용한다고 주장한다. 2단계에서는 원인과 결과 도식이 가능해져서 논리적 사고를 사용한다고 주장하고, 3단계에서는

---

9 James W. Fowler, 사미자 역, 『신앙의 발달단계』 (서울: 한국장로교출판사, 1987), 7.

논리가 완전히 발달되어 추상적이고 가상적인 사고까지 가능하다고 주장하고, 4단계에서는 여러 문제들에 대해서 이분법적인 사고를 사용해서 이것이냐, 저것이냐의 태도를 가지게 된다고 주장한다. 5단계에서는 개방성을 가지고 다른 사람들의 입장도 수용하는 태도를 갖게 되어 변증법적인 사고를 하게 되고, 6단계에서는 이분법적인 사고와 변증법적인 사고를 뛰어넘어 모든 견해들을 수용하는 통합적, 포용적 사고를 하게 된다고 주장한다.[10]

부부청년부에 해당하는 발달단계는 주로 다섯 번째 단계인 결합적 신앙의 단계이다. 이때는 주로 개방성을 가지고 다른 사람의 입장을 수용하는 태도를 가진 사고를 하기 때문에 자신의 생각이 틀리다는 것을 인지하면 자신의 생각을 수정할 수 있는 여유가 있다. 이러한 사고의 특징을 이해한다면 부부청년부에서 신앙이 크게 성장하고 성숙할 수 있는 가능성이 있다. 부부청년부가 단지 교제하는 모임이 아니라, 목회자를 통한 체계적인 성경공부와 가르침이 이루어진다면, 자신이 지금까지 쌓아 왔던 신앙을 점검하고 발전과 성숙을 위해 수정하는 계기가 될 수 있을 것이다. 부부청년부가 단지 청년부도 아닌, 그렇다고 성인부서에 바로 올리기도 애매한 사람들이 거쳐 가는 임시 부서로 생각한다면 교제 위주의 모임이 될 수밖에 없을 것이다. 그러나 부부청년부의 시기는 변증법적인 사고를 통해서 신앙을 점검하고 수정하며 성숙으로 나아갈 수 있는 중요한 시기임을 인지하며, 목회자가 부서를 책임지고, 이들의 신앙발달을 위한 신앙교육, 예배를 통한 신앙교육을 체계적으로 시행해

---

10 박원호, 110-112.

나가야 한다.

파울러의 이론을 근거로 하면, 부부청년부는 '신앙교육의 장'이 되어야 함을 확인할 수 있다.

III. 부부청년부 세우기

부부청년부에 대한 발달이론들을 살펴보면서 비슷한 또래로 구성되는 부부청년부가 교회에서 하나의 독립 부서로 세워져야 함을 확인할 수 있었다. 그리고 부부청년부는 '교제의 장', '봉사 격려의 장', '주제교육의 장', '상담의 장', '공동체 내 봉사의 장' 그리고 '신앙교육의 장'이 되어야 함을 알 수 있었다. 이 여섯 가지의 특징은 부부청년부의 색깔인 동시에, 부부청년부가 중점을 두어야 하는 사역이기도 하다.

1. 교제의 장

부부청년부는 비슷한 또래의 구성원들이 공유하는 삶의 주제와 문화를 나누는 장이 되어야 한다. 부부청년부 구성원들의 공통점은 첫째, 결혼을 했다는 점이다. 둘째, 청년의 특징을 가지고 있다는 점이다. 즉, 아직 청년의 문화 속에 있다는 점이다. 셋째, 출산과 육아에 관심을 가지고 있다는 점이다. 부부청년부는 결혼한 지 얼마 되지 않았기 때문에 아이를 낳았어도 그 아이들은 아직 어리다. 그리고 아이를 낳지 않은 부부는 출산에 대해 관심을 가지고 있다. 즉, 부부청년부는 출산과 육아에 깊은 관심을 가지고 있다. 넷째, 함께 모이고 싶다는 점이다. 부부청년들은 함께 모이고 싶은 갈망이 있다. 결혼했기 때문에 청년들 속에서 함께 어울리기는 어렵고 그렇다고 성인 구역에는 배정되어 활동하기는 부담스럽기 때문에 부부청년들은 비슷한 사람들끼리 함께 모여서 밥도 같이 먹고, 대화도 나누기 원한다. 이러한 부부청년들의 필요를 채워주기 위해 부부청년부는 교제의 장으로서의 역할을 해야 한다. 즉, 교회의 코이노니아적 기능을 온전히 수행할 수 있어야 한다. 매주 정기적인 모임을 통해서 부부청년들이 함께 모이고, 그 안에서 예수 그리스도의 사랑을 느낄 수 있어야 한다. 부부청년들은 대부분 직장생활을 한 지 얼마 안 된 상황에서 어떻게 하면 하나님께서 기뻐하시는 직장생활을 할 것인지, 크리스천다운 사회생활을 할 것인지에 대해 허심탄회하게 대화할 수 있어야 한다. 그리고 출산에 대한 정보들을 서로 공유하고, 어떻게 하면 하나님께서 기뻐하시는 아이로 키울 수 있는지 육아에 대해 진솔한 대화를 할 수 있어야 한다. 즉, 서로 공유하고 있는 삶의 주제들을 나눌 수 있어야 한다. 부부청년부 안에서 만나는 사람들이 서로 진실한 친구가 되어야 한다. 마틴 부버의 용어에 따르면, '나와 너'의 관계가 되어야 한다. '나와 너'의 관계는 상호 인격적인 관계이다. 상대를 이용하기 위한 '나와 그것'의 관계가 아니라, 인간 대 인간, 인격 대 인격의 진실한 만남이 이루어지는 관계이다. 숨기는 것 없이 자신의 모든 것을 내어 놓을 수 있고, 서로 존중받을 수 있는 따뜻한 만남의 관계인 것이다.[11]

---

11 고용수,『관계이론에 기초한 만남의 기독교교육사상』(서울: 장로회신학대학교출판부, 1994), 38-39.

2. 봉사 격려의 장

　부부청년부는 그저 단순히 교제하고 스트레스 해소하는 장이 아니라, 봉사를 권장하고, 격려하는 장이 되어야 한다. 부부청년부 구성원의 발달특성인 '생산성'에 초점을 맞추고 부부청년부 구성원은 교육부서에 들어가서 교사로서 봉사할 수 있어야 한다. 부부청년부는 어느 교육부서에 들어가도 아이들 눈높이에 잘 맞춰서 교사의 역할을 감당할 수 있다. 영, 유치부의 경우는 부부청년부 구성원 대부분이 실제 자신의 자녀들의 연령대에 맞기 때문에 부모 같은 교사로서 역할을 제대로 감당할 수 있다. 아동부 및 중, 고등부는 부부청년부의 구성원들이 젊은 감각을 가지고 있기 때문에 아이들의 눈높이에 쉽게 맞출 수 있고, 아이들도 청년 교사가 가지지 못한 넓은 이해의 폭을 가지고 있는 젊은 부부청년 교사들을 좋아하게 된다. 더 나아가 청년부에서도 부부청년들은 선한 영향력을 발휘할 수 있다. 청년들의 선배로서 청년들이 겪고 있는 고민과 어려움, 문제들을 누구보다 잘 알기 때문에 공감의 폭이 넓고, 선배의 입장에서 다양한 조언들과 격려들을 해 줄 수 있다. 나아가 결혼을 앞둔 청년들에게 결혼을 준비하는 노하우나, 좋은 가정을 이루는 노하우를 알려줄 수 있다. 그리고 결혼 후에 자연스럽게 청년들이 부부청년부에 들어올 수 있도록 홍보할 수 있는 효과까지 있다.

3. 주제교육의 장

　부부청년들은 그 시기에 맞는 발달과제를 이루지 못하면 여러 중독의 문제에 빠질 수 있다. 그렇기 때문에 예방적 차원에서 여러 중독의 문제(성, 알코올, 쇼핑, 게임)와 관련된 주제를 가지고 전문가를 초청해 교육을 진행하면 좋을 것이다. 나아가 아름다운 가정을 가꾸는 법, 부부 간의 대화법, 언제 아이를 가질 것인가, 어떻게 출산을 준비할 것인가, 아이를 바르게 키우는 법과 같은 교육을 진행하면 부부청년들의 필요에 정확히 맞을 것이다. 더 나아가 이러한 교육을 교회 밖에 홍보해서 불신 자들도 자연스럽게 이 교육에 참여할 수 있도록 하고, 그럼으로써 불신 자들이 부부청년부에 참여하다가 교회에 정착할 수 있게 도울 수 있어 야 한다.

더 효과적인 교육을 위해서 일방적인 교육이 아닌, 강의와 토론이 병 행된 세미나 형식의 교육이 진행된다면 교육에 참여하는 구성원들의 만 족도가 훨씬 좋을 것이다. 외부의 강사진을 모셔 와서 교육을 진행하면 좋지만, 교회 안에서 충분히 강사진을 섭외할 수 있다. 교회 어른 중에 심리학 교수, 상담사, 정신과 교수가 있다면 이들을 활용하면 되고, 교 회 안에 부부 사이가 좋다고 소문난 집사님, 권사님, 장로님 내외를 강사 로 초대하거나 자녀들을 훌륭하게 키운 어른 집사님, 권사님, 장로님을 강사로 모시면 된다. 이렇게 되면, 예산절감의 효과도 있고, 교회 안의 어른들과 자연스럽게 교제하고 친해지는 계기가 될 수 있다.

4. 상담의 장

부부청년들은 스트레스가 다른 연령대에 비교해서 더 많다. 처음 가 정을 이뤄서 부부가 서로 맞춰가야 하는 스트레스, 출산과 육아에 대한 스트레스, 사회생활을 시작하고 적응하면서 생겨나는 스트레스 등 스트 레스의 내용이 다양하고, 지수도 높다. 그렇기 때문에 부부청년들은 부부청년부에 참여하면서 자신이 가지고 있는 어려움과 삶 속에서 겪는 문제들을 서로 나누고 진솔하게 대화하면서 스트레스를 해소할 수 있어야 한다. 즉, 부부청년부 구성원들이 서로서로 상담사가 되어 주는 것이다. 한 사람이 이야기하면 다른 사람들이 들어주고 조언해주고, 또 다른 사람이 이야기하면 공감하고 맞장구쳐주고 조언해 줌으로 말미암아 '동료 상담'의 효과가 나타날 수 있다. 이 밖에도 부부청년부의 특징은 부부가 함께 참여하기 때문에 부부 사이에 더 친밀한 관계를 위한 상담 프로그램이 진행될 수 있다. 예를 들어, '아내가 원하는 남편, 그리고 남편이 원하는 아내'와 같은 주제를 가지고 한 커플이 앞에 나와서 상대방으로부터 받기 원하는 것, 상대방에 대한 불만 등을 이야기하고 다른 구성원들은 이에 대해 서로 동의하고, 반대도 하고, 타협도 하면서 부부 상담이 이루어질 수 있다.

상담은 공감할 수 있는 사람과 함께해야 효과가 나타난다. 상담 전문가들은 공감할 수 있도록 훈련되어졌기 때문에 내담자의 이야기에 공감할 수 있다. 그러나 동일한 문화 속에서 동일한 문제를 경험하고 있는 동료들은 공감이 자연스럽게 일어날 수 있다. 그래서 상담의 효과가 더 극대화된다. 이런 면에서 동일한 문화 속에 동일한 문제들로 고민하고 씨름하고 있는 부부청년들은 서로가 상담사가 되어 이야기를 나누게 되면 위로와 힘을 얻고, 어려움을 극복하고 해결해가는 노하우를 얻게 된다.

5. 공동체 내 봉사의 장

부부청년들은 자신이 이성적으로 동의한 의무에 대해서는 헌신하려는 발달 단계의 특징이 있다. 그렇기 때문에 부부청년부의 발전을 위해 부부청년부 안에서 여러 봉사 프로그램을 진행해야 한다. 부부청년부가 운영되기 위해서는 일단은 회장, 부회장, 총무와 같은 임원들이 필요하다. 그리고 소그룹 모임을 진행하려면 소그룹 리더들이 필요하다. 이 밖에 예배를 드리려면 예배실을 세팅하는 봉사의 손길이 필요하다. 그리고 식사를 하기 위해서는 식사 준비하는 봉사가 필요하고, 여러 프로그램을 시행하려면 프로그램 진행을 담당하고 도와주는 봉사가 필요하다. 이러한 봉사들에 참여할 때 부부청년들의 재능을 잘 체크해서 재능에 맞는 봉사를 할 수 있게 도와주어야 한다. 자신이 이성적으로 동의한 의무의 경우는 대부분 자신의 재능과 맞아 떨어지는 경우이다. 자신의 재능과 은사에 맞을 때 즐겁게 헌신할 수 있다. 그리고 그 봉사를 통해서 부부청년부가 교회 안의 독립 부서로 더더욱 발전할 수 있다.

6. 신앙교육의 장

부부청년부도 엄연히 교회의 독립부서이다. 즉, 부부청년부는 교회이다. 교회의 여러 가지 기능에서 제일 중요한 기능은 바로 신앙교육의 기능이다. 그렇기 때문에 부부청년부도 목회자가 담당해야 하고, 목회자를 통한 체계적인 성경공부와 제자훈련 등이 이루어져야 한다. 그리고 위에서 살펴보았듯이 이 시기에 부부청년들은 변증법적인 사고를 하기 때문에 일방적인 주입식 신앙교육보다는 더 생각하고 탐구하고, 깨닫게 하는 교육이 이루어져야 교육의 효과가 크다. 신앙교육은 예배에서 가장 극대화될 수 있다. 사실 부부청년들이 성인구역에 배정되기 싫어하는 이유 중의 중요한 하나는 바로 예배문화의 변화 때문이다. 청년부를 벗어나면 전통적인 성인 예배에 참여해야 하고, 그것이 부담스럽기 때문이다. 따라서 예배도 부부청년들이 따로 드리면 좋지만, 교회 여건상 그것이 어려우면 청년부와 함께 예배를 드리면 좋다. 그다음 부서 모임을 나눠서 하면 된다. 경배와 찬양 중심의 예배, 도전적인 메시지를 던지는 설교가 있는 예배, 열정적으로 기도하는 예배를 드린다면 부부청년들이 계속 신앙이 성장할 수 있을 것이고, 청년부와의 연계도 계속적으로 이루어질 수 있어서 청년부서와 부부청년부서 간에 시너지 효과가 날 수 있을 것이다. 그리고 청년들이 결혼하면 자연스럽게 부부청년부로 올라가는 문화가 교회 안에서 생겨나게 될 것이다. 교회 입장에서는 청년들이 결혼 후에 방황하거나 이탈하는 문제를 방지할 수 있을 것이다.

IV. 부부청년부 모델 - 하늘꿈연동교회

1. 하늘꿈연동교회 소개

하늘꿈연동교회는 대한예수교장로회 통합 측에 소속된 교회로서, 장동학 목사가 담임목사로 사역하고 있다. 장동학 목사는 연동교회 상담 부목사로 사역을 하다가 1999년 10월에 수원연동교회를 개척하여 꾸준히 성장을 거듭했고, 2009년에 수원시 장안구 천천동 577-2에 새 성전을 건축하고 입당했으며, 교회 이름을 하늘꿈연동교회로 바꾸었다. 하늘꿈연동교회의 비전선언문 내용은 "목적에 깨어있는 지체들로서 예배를 통해 하나님을 만나고, 제자훈련을 통해 1인 1사역자가 되어 섬기고, 상담훈련을 통해 교회와 가정공동체를 세우고 그 힘으로 세상을 품고 복음을 전하는 교회"이다. 이 비전선언문 아래 한 영혼이 두 영혼을 전도하고 삼천 명의 교회를 이루어 사십 명의 선교사를 돕고 다섯 가정의 자체 선교사를 파송하는, 일명 "하이파이브"라는 비전운동을 펼치고 있다. 이 교회가 가지고 있는 사역의 두 가지 키워드는 '가정'과 '선교'이다. 가정이 참여하는 교회 프로그램이 많고, 가정 사역에 온 힘을 쏟는 교회이다. 게다가 광범위한 선교가 아닌 한 지역을 품는 선교를 강조하다. 이 교회는 발칸반도를 선교지역으로 정해서 선교 프로그램을 진행하고 있다. 그래서 교회를 홍보할 때도 "발칸을 품은 하늘꿈연동교회"라고 홍보한다. 구체적으로 발칸반도에 대한 선교 방법은 첫째, 한 마을에서 한 선교사 자립 돕기, 둘째, 개인이 선교헌금 확대하기, 셋째, 선교지 땅 밟기 준비하기, 넷째, 선교지 중보기도 하기이다.

이러한 가정사역과 선교사역에 대한 강조를 가지고 온 교회 부서가 활발히 활동하고 있다. 특히 청년부가 "청년교회"라는 명칭으로 독자성을 확보하고 있으며, 결혼하지 않는 청년들은 "엎드림(UP DREAM)"이라는 청년부서에 참여해서 활동하고 있으며, 결혼한 청년들은 "부부청년부"로 모여서 활동하고 있다.

2. 부부청년부 소개

하늘꿈연동교회의 부부청년부를 만든 장동학 담임목사는 젊은 감각을 가지고 있어서 청년들의 문화를 존중하는 사역자이며, 미국 Fuller 신학교에서 가정사역을 공부한 목사이기 때문에 청년들이 이루는 가정에 대해 관심을 가지는 사역자이다. '청년'과 '가정'이라는 두 키워드가 만나 부부청년부가 이루어졌다. 그래서 하늘꿈연동교회의 부부청년부는 결혼한 지 5년 이하로서, 만 40세 미만인 부부들이 참여할 수 있다. 좀 더 자세히 말하면, 만 40세 미만의 부부들 중에 아기가 없거나 한 살 이하의 아기가 1명 있는 부부들이 참여할 수 있다. 즉, 신혼부부 중심의 공동체라고 말할 수 있고, 실제로는 20대 초중반부터 늦은 30대까지, 청년이라 하기에는 장년 같고 장년이라 하기에는 청년 같은, 계속 청년이고 싶은 성도들이 모여서 활동하고 있다. 그러나 엄격한 제한을 두고 있는 것이 아니기 때문에 부부청년부 대상자가 아니더라도 본인이 원하면 부부청년부 모임에 참여할 수 있다.

하늘꿈연동교회의 부부청년부는 장년들의 조직과 다르게 지역별 구역조직이 아닌 순장제로 운영하고 있으며, 부부청년부는 2012년 9월에 3개 조로 시작했다. 2016년 현재는 5개 순으로 조직되어 있다. 부부청년부 대상자가 교회의 새가족으로 등록하게 되면 자동으로 부부청년부로 배정되는 것이 아니라, 본인이 원하면 선택하게 된다. 만약에 원하지 않으면 장년 구역모임에 참여하게 된다. 부부청년부에 참여하는 성도들 대부분이 신혼부부이기 때문에 육아, 출산 등의 고려사항이 있기 때문에 조 편성 및 개편은 기본적으로 1년 단위로 하나, 부부청년부 특성상 필요에 따라 하기도 한다. 매 주일 오후 1시 30분에 함께 모여 모임을 가지며 모임 순서는 경배와 찬양, 기도, 새가족 소개, 공지사항 알림, 10분 특강, 순 모임 등으로 진행하고 있다. 10분 특강은 담임목사 사모께서 담당하고 계시는데, 성경적 부모관에 관한 주제에 초점을 맞추어서 특강을 해 주신다. 모임은 1시 30분에 시작해서 일반적으로 3시, 늦으면 3시 30분 정도까지 진행된다. 부부청년부 회원들은 모임만 참여하는 것이 아니라, 주일 전체 예배에 참여하고 그러고 나서 부부청년부 모임에 참여하는 것이다. 그래서 부부청년부 순 모임 때는 주일 예배 설교말

쏨으로 나누는 시간을 갖는다. 그리고 부부청년들의 관심사인 임신계획, 임신, 육아, 자녀교육 등의 이야기를 나누며 삶의 이야기가 있는 교제를 진행한다. 부부청년부 안에 활동하고 있는 성도들은 서로 비슷한 상황이기 때문에 누구보다 더 서로를 잘 이해하고 걱정하며, 함께 기도하는 끈끈한 공동체이다. 부부청년부에서는 전체모임과 별도로 제자반 훈련과정을 진행한다. 이 제자반 훈련과정을 통해서 리더를 훈련하고, 이 훈련과정이 예비리더를 준비시키는 역할을 한다.

부부청년부에 참여하는 성도들도 교회 전체 봉사에 참여한다. 부부청년부가 주일 3부 예배 콰이어를 담당하고 있다. 예배 준비 찬양에서 찬양단과 함께 찬양 부르는 봉사인데, 임신으로 배가 부르고, 때로는 아기를 안고 봉사에 참여하기도 하지만, 그 모습 때문에 많은 성도들이 은혜를 받고 따뜻함을 느낀다. 또한, 절기별 교회 전체 청소 때도 활발히 참여해서 봉사의 역할을 한다. 그리고 발칸반도를 위한 선교는 교회 전체의 비전이기에 다른 장년 성도들과 마찬가지로 활발하게 참여하고 있다. 이 외에도 개인적으로 특정한 교회 봉사에 참여하기를 원하면 신청하고 참여할 수 있다. 부부청년부 내에서는 모임 후 모임 장소 청소를 순별로 돌아가며 진행하고 있다.

부부청년부의 조직구조를 보면, 담당사역자는 담임목사 사모이고, 한 명의 안수집사, 한 명의 권사가 부서장으로 사역하고 있고, 임원(회장, 총무)이 선출되어 일 년씩 봉사하고 있으며, 순장은 순 안에서 선출되며 순이 바뀌기 전까지 그 역할을 감당한다.

3. 부부청년부에 대한 분석

위의 이론적인 부분에서 살펴본 이상적인 부부청년부는 '교제의 장', '봉사 격려의 장', '주제교육의 장', '상담의 장', '공동체 내 봉사의 장', '신앙교육의 장'의 역할을 감당해야 하는데, 하늘꿈연동교회 부부청년부는 이 6가지의 역할 중에 어느 면이 잘 되고 있고, 어느 면에서 보완이 필요한지 분석해보도록 하자.

먼저 하늘꿈연동교회 부부청년부는 '교제의 장'으로서 기능을 충실히 잘 감당하고 있다. 교회 안에서 모이기 애매했던 신혼부부들이 함께 모여서 교제를 나눌 수 있기 때문에 부부청년부 구성원들의 만족도가 아주 높다. 함께 모여서 음식도 나누고, 다양한 삶의 주제를 가지고 대화함을 통해 친밀도를 높이고, 서로 격려하고 힘을 얻으면서 즐겁게 신앙생활을 하고 있다. 조금 더 발전적인 방향을 제언하면 서로의 취미를 공유하면서 함께 운동을 한다든가(테니스, 베드민턴 등), 그림을 그린다든가, 음악 감상을 한다든가, 영화를 보고 토론을 하는 등 동아리 성격의 교제가 주중에 한 번 이루어지면 좋을 것 같다. 주중에 한 번 더 모여서 취미를 같이 한다면 일상 속에서 받는 스트레스도 해소하고, 부부청년부 구성원 간의 친밀도도 더욱 높일 수 있고, 삶의 만족도 또한 높아질 수 있다.

'봉사 격려의 장'에 대한 부분을 살펴보면, 부부청년들이 주일 3부 예배 콰이어를 담당하고 있고, 교회 청소에도 적극적으로 참여하고 있는 점에서 '봉사 격려의 장'으로서의 역할을 잘 감당하고 있는 편이다. 다만, '교육' 봉사에 더 강조점을 두어서 교회학교 교사로서 사역할 수 있도록 적극적으로 격려해야 하고, 선배 입장에서 청년부의 후배들을 돕는 역할도 감당할 수 있어야 한다.

'주제교육의 장'에 대한 부분을 살펴보면, 담임목사 사모께서 이 부서를 담당하면서 '성경적 부모관'에 대한 특강을 지속적으로 해 주시기 때문에 '주제교육의 장'으로서의 역할을 잘 감당하고 있는 편이다. 다만 부부청년들의 삶과 연관된 다양한 영역의 주제들(가정, 이웃, 사회, 국가, 세계관 등)에 대해서 전문가를 모셔서 세미나 중심의 교육을 지속적으로 실시할 필요가 있다. 그리고 부부청년부는 아빠(남편), 엄마(아내)로 구성되어 있기 때문에 한 쪽에 치우치지 않고 이들의 필요를 균형 있게 반영한 주제교육이 이루어져야 한다.

'상담의 장'에 대한 부분을 살펴보면, 하늘꿈연동교회 부부청년부 안에서는 서로 대화하고 나눔을 진행하면서 '동료상담'이 자연스럽게 이루어지고 있기 때문에 '상담의 장'으로서의 역할을 잘 감당하고 있는 편이다. 이에 더 나아가 '문제상담'에 대한 시스템이 마련되면 더욱 좋겠다. 즉, 어떤 부부가 힘든 일이 있을 때 목회자와 상담 받고 문제를 해결 받을 수 있는 시스템을 마련해야 하고, 또한 아빠(남편), 엄마(아내) 개인이 가정 안에서 힘든 일이 있을 때 비밀을 보장 받고 안전함을 느끼면서 목회자나 교회 안의 상담전문가와 상담을 받고 문제를 해결 받을 수 있는 장치를 마련해야 한다. 부부 간의 역동에서 다양한 문제가 발생될 수 있기 때문에 이에 대한 상담 시스템, 해결 시스템이 부부청년부 안에, 교회 안에 마련되어야 한다고 보인다.

'공동체 내 봉사의 장'에 대한 부분을 살펴보면, 공동체 구성원들이 자발적으로 모임을 준비하고, 정리하고, 음식을 준비하면서 '공동체 내 봉사의 장'의 역할을 잘 감당하고 있다. 더 나아가 매년 임원들이 선출되기 때문에 많은 구성원들이 임원으로 참여해서 봉사하게 되어 있고, 임원이 되면 헌신적으로 봉사하기 때문에 "공동체 내 봉사의 장"으로서 하늘꿈연동교회 부부청년부는 잘 운영되고 있다고 보여 진다.

마지막으로 '신앙교육의 장'에 대한 부분을 살펴보기 위해서는 부부청년부의 신앙교육의 내용을 알아야 한다. 그러기 위해서 '순 모임'에서 어떤 교재를 가지고 어떤 신앙교육이 이루어지고 있는지를 살펴보아야 한다. 하늘꿈연동교회의 '순 모임'에서는 주일예배 때 들은 설교를 갖고 나눔을 진행하고 있다. 오늘 들은 주일예배 설교 내용을 가지고 나눔을 진행하기 때문에 생생한 나눔과 적용 중심의 역동적인 나눔, 새신자도 자연스럽게 참여할 수 있는 나눔이 될 수 있다는 장점이 있다. 하지만 신앙의 연륜에 따라 신앙적 필요가 다를 수 있기 때문에 체계적이고 단계적인 신앙교육, 제자훈련이 병행되어 이루어지면 좋겠다. 또한 신앙교육에 있어 가장 중요한 부분을 차지하고 있는 예배에 있어서도 부부청년들이 일반예배에 참여하는 것도 좋지만, 부부청년들만의 예배가 따로 이루어지면 부부청년들의 문화와 연령대에 맞는 맞춤형 예배가 이루어질 수 있을 것이다. 교회 형편상 이것이 현실적으로 불가능하다면, 예배에 있어서 청년부와 함께 예배드리는 방안도 생각해볼 필요가 있다. 청년들과 함께 예배를 드리면서 부부청년들에게 익숙한 경배와 찬양 중심의 예배문화를 계속 경험할 수 있고, 함께하는 예배를 통해 청년부서와 부부청년부서가 긴밀하게 협력할 수 있는 길도 열릴 수 있다.

4. 부부청년부에 대한 인터뷰

부부청년부를 만든 장동학 담임목사와 실제적으로 부부청년부 사역에 참여하고 있는 담임목사 사모의 지면 인터뷰 내용을 정리했다.

▶ 부부청년부의 장점을 말씀해주세요.

첫째, 청년의 감성을 그대로 가지고 있는 갓 결혼한 신혼부부들이나 아기가 없는 부부들이 부부청년부에 참여하는데, 이들이 장년부 모임에 참여했을 때는 공감대를 갖기 어려워 적응을 잘 못 했는데 부부청년부에서는 서로 공감도 잘 되고 필요한 정보도 교환하므로 적응을 잘합니다. 둘째, 결혼과 바쁜 직장생활로 식은 청년 때의 열정이 같은 고민을 가지고 있는 또래들과의 만남을 통해 회복됩니다. 셋째, 교회활동의 중심에서 소외될 수 있는 여건이었으나 그룹을 형성해 줌으로 주인의식을 갖게 해 줍니다. 부부청년부를 통해서 부부청년들이 소외된 집단이 아니라, 가장 역동적인 교회의 구성원임을 알게 해 줍니다.

▶ 부부청년부 운영의 어려운 점을 말씀해주세요.

첫째, 갓 결혼한 신혼부부들은 여기저기 인사 다니는 행사가 많아서 수시로 모임에 빠지게 되어 순모임이 불안정합니다. 둘째, 임신, 출산으로 오랜 기간 예배에 못 나오는 부부가 많아집니다. 셋째, 몸조리를 끝낸 후 모임에 나오더라도 아기를 돌보느라 나눔에 집중하기가 어렵습니다. 넷째, 서로 직장생활과 육아에 지쳐 있으므로 필요할 때 서로 도움 주기가 쉽지는 않습니다.

▶ 부부청년부와 청년부와의 연계성은 있는지 말씀해주세요. 청년부랑 예배를 같이 드린다든가, 아니면 청년들이 결혼하면 부부청년부로 갈 수 있도록 교회 문화가 형성되어 있는지 알고 싶습니다.

특별한 프로그램은 없습니다. 자연스럽게 청년들이 결혼하면 부부청년부로 올라옵니다. 본인의 의사에 따라 장년부로 갈 수도 있지만 장년부를 원하는 청년들은 없었습니다. 대부분 결혼을 하게 되면 그 해는 그대로 청년부 모임에 참석하고 다음 해에 부부청년부로 올라옵니다. 배우자가 다른 교회에 다니다가 결혼과 동시에 우리 교회로 함께 합친 경우 청년부보다 부부청년부에서 더 잘 적응합니다.

▶ 부부청년부에 대한 교회의 시각, 교회 어른들이나 당회원들의 시각이 어떤지 알고 싶습니다. 부부청년부에 대해 교회가, 교회의 다른 구성원들이 적극적으로 관심을 갖는지 알고 싶습니다.

현재의 경우는 부부청년부 소속 회원들이 청년부에서 결혼하여 온 경우보다는 대부분 결혼과 동시에 새로운 교회를 찾아 우리 교회로 온 경우가 많습니다. 청년도 아닌, 장년도 아닌, 애매한 정체성을 가지고 있는 세대라 적응이 쉽지 않은데 부부청년부라는 부서가 있어 교회 공동체에 잘 정착하고 있습니다. 젊은 교회라는 이미지를 주는 것에 큰 역할을 하고 있으며 교회 양육 훈련과정을 통해 장년들과 함께 사역에도 적극 동참함으로 교회나 당회원들의 관심과 사랑을 받고 있습니다.

▶ 부부청년부가 전도의 관점에서 어떤 효과를 주는지 알고 싶습니다. 부부청년부를 통해 신혼부부의 정착률이 높아졌다든가, 전도에 좋은 영향을 주었는지의 여부를 알고 싶습니다.

우리교회에 부부청년부가 있다는 것을 알고 오는 신혼부부들이 많이 있습니다. 또래집단으로 서로 공감대가 많아 정착률이 높습니다. 전도보다는 홈피를 통해 정보를 듣고 오는 경우가 많습니다.

- ▶ 한국교회에 부부청년부가 많지 않은데, 부부청년부를 운영하고 선구적인 역할을 하시는 입장에서 한국교회에 제언할 점은 무엇인지 알고 싶습니다.

갓 결혼한 청년들은 애매한 정체성을 가지고 있습니다. 마음은 여전히 청년이고 외모도 청년이지만 결혼하지 않은 청년들과는 분명히 구별된 새로운 문화 속에 살고 있어 공감대를 갖기가 어렵습니다. 그렇다고 아이들이 있는 장년들과도 쉽게 동화되기 어려운 그런 위치에 있는 신혼부부들을 같은 입장에 있는 또래집단으로 형성해 주면 교회에 쉽게 적응하고 마음의 문을 열며 서로의 고민들을 나누게 됩니다. 서로 정보도 나누고 지혜도 나누면서 믿음으로 새 가정을 시작하는데 큰 힘이 됩니다. 교회에서 이들을 영적으로 도울 수 있는 지도자를 세워 도와준다면 믿음이 약해지고 해이해질 수 있는 이 시기를 믿음 안에서 잘 보내게 됩니다. 부부청년부는 교회공동체에서 누수 될 수 있는 집단을 묶어 교회공동체의 중심으로 끌어올리는 중요한 대안이라 생각됩니다.

그렇기 때문에 구체적으로 부부청년부가 한국교회에 잘 정착하기 위해 필요한 점은 첫째, 일단 각 교회가 갓 결혼한 부부들의 모임을 형성해야 합니다. 담임목사가 부부청년부에 대한 마인드를 가지고 적극적으로 후원해서 모임을 만들어야 합니다. 둘째, 중심멤버가 될 수 있는 세 부부 정도를 확보해야 합니다. 처음에는 이들의 헌신을 통해서 부부청년부가 세워질 수 있습니다. 셋째, SNS 등을 통하여 멤버들의 결속력을 다져야 합니다. 페이스북 클럽, 카톡 등을 통해서 온라인에서 서로 교제할 수 있도록 도와야 합니다. 넷째, 청년의 열정을 일깨울 수 있도록 그들만의 프로그램을 자발적으로 만들도록 독려해야 합니다. 부부청년들이 주축이 되어서 그들이 필요한 프로그램을 만들 수 있어야 합니다. 다섯째, 나눔 이외에 부부가 함께하는 성경공부 모임이 있어야 합니다. 부부청년부는 신앙공동체이기 때문에 신앙적인 배움이 있어야 합니다. 여섯째, 아기를 출산하고 육아로 시달리는 젊은 엄마들을 대상으로 마더와이즈 프로그램과 같은 평일 낮 프로그램이 있어야 합니다. 그러기 위해서는 평일 낮 프로그램에 엄마들이 참여할 때 아이들을 돌보아줄 인력이 교회 안에 필요합니다. 평일 낮 프로그램이 잘 정착되면 전도에 있어서도 큰 효과를 발휘할 수 있을 것입니다.

5. 하늘꿈연동교회 부부청년부 활동사진

V. 나가는 말

보통 교회들은 교회 안에 청년 부서를 따로 둔다. 그만큼 청년들의 예배문화와 모임문화가 40대 이상 장년들과는 다르다는 뜻이다. 청년들의 예배문화를 살펴보면 대개 순서가 많고 형식적이고 딱딱한 스타일보다는 순서가 간결하고, 역동적인 스타일을 선호한다. 그래서 경배와 찬양 중심의 집회 형식의 예배를 선호하고, 지성적이지만 열정이 느껴지는 역동적인 설교를 좋아한다. 소그룹 모임에서도 자기들의 삶에 밀

접한 이야기를 공유하는 것을 좋아하고, 식사하면서 편안하게 대화하고, 영화를 같이 보는 등 문화생활 하는 것을 좋아한다. 이러한 청년부서 안에서 예배드리고, 소그룹 모임에 참여하는 사람이 결혼을 하게 되면 답답해진다. 왜냐하면 보통의 교회에서는 바로 성인 구역에 배정되어서 전통적인 예배를 드려야 하고, 서리집사 직분을 받고 교회 봉사에 뛰어들어야 하며, 어른들과 같이 한 주에 한 번 부담스러운 구역모임에 참여해야 하기 때문이다. 그래서 요즘 청년들 중에 결혼하고 나서 교회 활동이 줄어들며, 주일예배만 참석하는 경우가 많아지고 있다. 이러한 상황 속에서 마음과 문화는 계속 청년이면서 결혼한 사람들을 위한 부부청년부가 만들어져야 하는 것은 시대적 요청이며, 중요한 선교적 과제이기도 하다. 부부청년부의 활성화가 교회 안의 청년층의 감소와 청년 선교의 어려움 속에 새로운 돌파구이자 사역의 블루오션이 될 수 있다.

마지막으로 부부청년부가 한국교회 안에 제대로 자리 잡기 위해서 필요한 제언을 한다면 첫째, 담임목사가 부부청년부의 필요성을 정확하게 인식하고, 뜨거운 관심을 가져야 하고, 부부청년부 모임을 만들기 위해 부단히 노력해야 한다. 만드는 것에서 그치는 것이 아니라, 부부청년부가 교회의 중요한 독립부서임을 인지하여 담당하는 교역자를 세우고, 정기적으로 부부청년들을 만나서 그들의 필요를 들어주며 지속적인 관심을 가져야 한다. 한국교회 문화 속에서 담임목사의 역할은 절대적이다. 담임목사의 관심과 지원 여부에 따라 부부청년부가 발전할 수도 있고, 형식적인 부서가 될 수도 있으며, 아니면 아예 존재하지 못할 수도 있다.

둘째, 부부청년들, 특히 어린 아이를 둔 엄마 청년의 경우 잠시나마 육아에서 해방되어 영적인, 육적인 쉼을 가지기 원한다. 그렇기 때문에 부부청년부를 발전시키는 노력과 병행해서 교회 안에서 어린아이를 둔 엄마들을 위한 프로그램들을 만들어야 한다. 위에서 하늘꿈연동교회 담임목사부부가 말했듯이 "마더와이즈"와 같은 엄마들을 위한 평일 낮 프로그램 만들어야 한다. 이 외에도 "엄마들을 위한 부흥회", "엄마들을 위한 기도회" 등도 만들어야 한다. 그러기 위해서는 자신의 아이들을 편안하게 맡길 수 있는 시스템을 교회가 마련해야 한다. 엄마들이 참여하는 프로그램을 진행할 때는 그 아이들을 교회가 전적으로 맡아서 돌보아주어야 한다. 유아교육에 전문성을 가진 교회 성도들이 자원 봉사해서 아이를 돌보아주면 좋고, 교회에 나이 많은 장로님, 권사님, 집사님 부부들이 이 봉사를 해 주면 좋다. 요즘은 맞벌이 시대로 아이를 할아버지, 할머니들이 키운다는 말이 있다. 많은 교회에 가보면 할아버지, 할머니들이 손자, 손녀를 안고 업고 다니는 모습들이 보인다. 그래서 요즘은 할아버지, 할머니들이 아이를 더 잘 키운다고 말하기까지 한다. 일리가 있는 것이 아버지, 어머니 때는 아이를 키워본 적이 없기 때문에 미숙한 점이 많으나, 할아버지, 할머니가 되어서는 아이를 키워본 경험이 이미 있기 때문에 더 전문적으로 아이 눈높이에 맞춰서 잘 양육할 수 있다는 것이다. 그래서 교회 안에서 어른 장로님, 권사님, 집사님 부부가 젊은 엄마들이 교회 프로그램에 참여할 때 아이를 돌보아준다면 은퇴하고 시간 많으신 어르신들도 봉사의 기쁨을 누릴 수 있을 것이고, 교회가 진정한 한 가족이 되어 훈훈한 모습으로 더욱 성장해갈 것이다.

참고문헌

Crain, William C. 서봉연 역.『발달의 이론』. 서울: 중앙적성출판사, 2000.
Fowler, James W. 사미자 역.『신앙의 발달단계』. 서울: 한국장로교출판사, 1987.
Kohlberg, Lawrence. 이기문, 이동훈 역.『도덕교육철학』. 서울: 대한예수교장로회총회교육부, 1985.
Palmer, Parker J. 이종태 역.『가르침과 배움의 영성』. 서울: IVP, 2006.
고용수.『관계이론에 기초한 만남의 기독교교육사상』. 서울: 장로회신학대학교출판부, 1994.
김재은.『기독교 성인교육』. 서울: 한국기독교교육학회, 2004.
박봉수.『교육목회의 이해』. 서울: 한국장로교출판사, 2008.
박원호.『신앙의 발달과 기독교교육』. 서울: 장로회신학대학교출판부, 1996.
사미자.『종교심리학』. 서울: 장로회신학대학교출판부, 2001.
신명희 외.『교육심리학의 이해』. 서울: 학지사, 1998.

저 자 소 개

|김도일|

장로회신학대학교 기독교교육과 교수. 기독교교육사상 전공. 현재 가정, 교회, 마을을 연계하는 교육생태계를 만드는 데 주력하고 있다.
대표 저서로는『제자직과 시민직을 위한 기독교교육』(역서, 1999),『기독교적 양육』(역서, 2004),『맑은 영성 맑은 가르침』(2003),『현대 기독교교육의 흐름과 중심사상』(2010),『미래시대, 미래세대, 미래교육』(공저, 2012),『조화로운 통일을 위한 기독교교육』(2013),『참스승』(공저, 2014),『다음세대 신학과 목회』(공저, 2016) 등이 있다.

|조은하|

목원대학교 신학대학 기독교교육학 교수.
〈가정 교회 마을 연구소〉 공동대표로 가정 교회 마을이 연대하는 교육운동과 기독교교육의 이론과 현장을 연결하는 교육을 추구하고 있다.
대표 저서로는『통전적 영성과 기독교교육』(2004),『미래시대 미래세대 미래교육』(공저 2012),『참스승』(공저 2014),『기독교교육 학습공동체』(공저2014)가 있다.

|장화선|

안양대학교 신학대학 기독교교육과 교수, 기독교 유아·아동 교육 전공. 현재 대학의 기독교교육과와 현장과의 연계 및 실무 교육에 주력하고 있다.
대표 저서로는『기독교 아동교육』(공저, 2008),『학교교육에 대한 기독교적 이해』(공저, 2010),『어린이 신앙교육 길라잡이』(2011),『종교교육론』(공저, 2013),『기독교교육학 어떻게 공부할 것인가?』(공저, 2016) 등이 있다. 최근 논문은 "개혁주의 기독교교육 관점에서의 인성교육"(2014), "우리나라 교회교육의 회복을 위한 방안: 어린이 및 청소년 교회학교를 중심으로"(2015), "기독교교육의 관점에서 역량 중심 교육에 관한 고찰"(2015), "기독교교육과 학생들을 위한 진로 지도 방안"(2016) 등이 있다.

| 김인옥 |

장로회신학대학교 기독교교육과 초빙교수, 기독교교육방법론 전공. 미학적 접근을 통한 기독교교육방법론을 연구하고 있다. 기독교의 진리와 가치를 소통하는 창의성을 키우고 발휘하는 일에 관심이 많다.
주요 논문 및 저서로는 『통전적 영성 추구의 동반자로서의 예술』(2015), 『신학교육의 선교적모델』(2013), 『여성의 경험말하기'와 '대안적 이론'을 통합하는 모델로서의 신학교육』(2013), "한국교회 안에서 평신도의 신학하기를 함양하기 위한 성경연구방법"(2011), "자유는 사랑처럼: 가정의 민주화를 위한 대화적 교육"(2009), 『세상을 사는 그리스도인』(성경공부교재: 2013), "말씀에로의 초대"(성경공부교재: 2006) 등이 있다.

| 임애경 |

한세대학교 기독교교육학과 교수. 기독교 교육공학과 교수-학습 전공.
현재 다양한 교수와 학습에 대한 이론들을 연구하면서 어떻게 하면 기독교교육 학습자에게 가르침과 배움에 있어서 도움을 줄 수 있을까에 관한 연구를 하고 있다.
대표 저서로는 『기독교 교수-학습이론』(2014)이 있으며 대표 논문으로는 "유의미 성서학습"(2013) 등이 있다.

| 양승준 |

협성대학교 신학부(기독교교육학) 초빙교수. 교육신학 및 교수학습방법, 예전과 교육 전공. 스승인 임영택 교수와 함께 감리교교육문화연구원에서 교육목회 이론과 교회현장을 연계하는 일에 주력하고 있으며, 감리교 교육국 교재편찬 위원으로 활동하고 있다.
대표 저서로는 『CREDO: 감리교 청소년 입교교육매뉴얼』(2015, 역서), 『사순절 묵상집』(2016, 공저)이 있으며, 논문으로는 "교회학교 교사의 기능적 이미지 연구"(2002), "청소년기 자아정체성과 신앙형성을 위한 입교교육과정 연구"(2014), "A Weselyan Model of Congregational Renewal in Korea through an Innovative Practice of the 'Love Feast'"(2009) 등이 있다.

| 신형섭 |

장로회신학대학교 기독교교육과 교수. 예배와 교육 전공. 현재 주일학교 예배갱신 및 가정 예배회복을 통한 교육목회의 패러다임 갱신에 관한 연구에 주력을 하고 있다.
대표 저서로는 『예배갱신의 사각지대 교회학교 예배』(저서, 2014), 『예배를 디자인하라』(역서, 2015), *Building a Eucharistic Pedagogy for the Presbyterian Church of Korea*(저서, 2013), 『주님, 우리로 화해하게 하소서』(공저, 2015), 『잠언』(공저, 2015) 등이 있다.

|김성중|

장로회신학대학교 교수. 교육학 전공. 현재 글로컬현장교육원을 담당하며 교육과 현장을 잇는 사역을 하는데 주력하고 있다.

대표 저서로는 『비전을 심어주는 청소년 사역 매뉴얼』(2007), 『비전으로 인생을 연주하라!』(2009), 『출애굽기, 그 다음이 뭐였더라?』(공저, 2011), 『기독교교육행정학의 이론과 실제』(2015), 『너는 커서 어떤 나무가 될래?』(2016)가 있고 최근 논문으로는 "A Study on a Teaching Model for Youth in Korean Church"(2016), "신학교 진로교육을 위한 멘토링 프로그램에 관한 연구"(2016), "Education for Liberation Based on The Paradigm Mission for Liberation"(2016) 등이 있다.

한국기독교교육학회